関正生の

The Rules

英語長文

問題集

2

入試標準

別冊 問題編

旺文社

大学入試

関正生 の

The Rules

英語長文

問題集

2 入試標準

別冊 問題編

Contents

問題編 目次

Lesson 1

アポロ 13 号に学ぶ
問題解決法

「いきなり国立大の問題？」と思うかもしれませんが，重要なポイントが目白押しで，長文の勉強を始めるには最高の素材です。英文を読んでいて知らない動詞が出てきたとき，「文型に注目して意味を推測する方法」や，文法で教わる「倒置」が長文の中でどう使われるのか，そして，中学レベルでありながら大半の高校生が知らない「you の使い方」などを学びながら，国立大レベルの英文でも読み解ける実力を養成していきます。

目標
⇒「文型」に注目して，「意味」を推測しよう！

語数：268 語　　　出題校：茨城大学

Lesson 1

試験本番での
目標時間
20 分

この本での
目標時間
25 分

▶解答・解説 本冊 p.14

次の英文を読み，設問に答えなさい。

Everybody knows the story of Apollo 13: Astronauts head to moon, explosion on spacecraft, nail-biting return to earth. (1) In the 1995 movie version, there's a scene where the team at Mission Control gathers around a blackboard to form a plan.

5　Gene Kranz, the flight director, grabs a piece of chalk and draws a simple illustration on the blackboard. It shows the damaged spacecraft's path from outer space, around the moon, and (hopefully) back to the earth's surface. The goal is clear: To get the astronauts home safely, Mission Control has to keep them alive and on the right course for every minute of that journey.

10　Throughout the film, Kranz returns to that goal on the blackboard. In the chaos of Mission Control, the simple illustration helps keep the team focused on the right problems. First, they correct the ship's course to ensure it won't move suddenly into deep space. Next, they replace a failing air filter so the astronauts can breathe. (2) And only then do they turn their attention to a safe landing.

15　(3) When a big problem comes along, it's natural to want to solve it right away. The clock is ticking, the team is in panic, and solutions start popping into everyone's mind. (4) But if you don't first slow down, share what you know, and prioritize, you could end up wasting time and effort on the wrong part of the problem.

20　If Mission Control had worried about the air filter first, they would have missed their window to keep the correct path to earth. Instead, NASA got organized and sorted their priorities *before* they started on solutions.

(Jake Knapp, John Zeratsky and Braden Kowitz, *Sprint: How to Solve Big Problems and Test New Ideas in Just Five Days*, Simon & Schuster Paperbacks, 2016. 一部変更)

問1　下線部(1)を日本語に訳しなさい。

問2　下線部(2)を日本語に訳しなさい。

問3　下線部(3)を日本語に訳しなさい。

問4　下線部(4)を日本語に訳しなさい。

Lesson 2

コーヒーの歴史

身近な「食物の歴史」は頻出で，「コーヒー・チョコレート・砂糖・コショウ・お茶」などは世界の文化・政治・経済に大きな影響を与えた食物として，よく入試や資格試験の長文で取り上げられます。

また，今回は文法として大切な内容（前置詞＋関係代名詞・仮定法の倒置など）がいろいろ使われており，「長文といえども文法が大事」だということを示してくれる，とてもよい素材です。文法の大切さを実感するとともに，さらに「具体例の発見方法」や「対比」に関する長文での重要ルールも習得していきましょう。

目標
⇒文法力を駆使して，正しく英文を読む！

語数：370語　　　出題校：甲南大学

Lesson 2

次の英文を読み，設問に答えなさい。

While it is common to speak of the "Silk Road," no one seems to mention a "Coffee Road" even though some of its segments would be equally ancient and the relationships established just as lasting.

Originating sometime (1) prior to 525 in the Ethiopian province of Kaffa (from which the drink gets its name), coffee was first used as an aid to religious prayer. By the mid-15th century, coffee drinking had sailed from Yemen up the Arabian Peninsula, leaving in its path the world's first coffee farms. Indeed, coffee always traveled in easy partnership with Islam. The world's earliest coffee houses opened in Mecca and from there spread throughout the Arab world.

Each culture along the Coffee Road left its (2) mark on the drink. In Yemen, which held a global monopoly on coffee for hundreds of years, the roasting of coffee became a custom. Yemeni people traded the beans (3) via the Red Sea port of Mocha (after which, centuries later, Americans would name their chocolate-flavored coffee). In Turkey, various spices including cinnamon were added. The Tunisians improved the drink with orange-flower water, and the Moroccans added dried rose blossoms as well as balsamic*1 spices.

Coffee was considered a problem by many people from the start. Catholic officials wanted it banned from Europe. After all, Christians drank wine but Muslims drank coffee. Had Pope*2 Clement VIII not been willing to try the drink of the non-believers, the Coffee Road might never have reached Europe. But (4) banning it, in 1600, the Pope declared it delicious and blessed the coffee. His decision effectively threw open the gates to a lively new culture — the European coffee house.

Within the next 100 years, cafes sprung up all over Europe, starting in Venice. Given the delight in the stimulating drink and its commercial potential, Europeans brought the coffee plant to their colonies in Indonesia and the Americas. Around this time, the Coffee Road took a surprising new turn and entered Japan through the back door. Dutch merchants in Japan, who were permitted to live only on the small artificial island of Dejima off Nagasaki, were enthusiastic coffee drinkers. From 1641, knowledge of coffee began to flow little by little into Japan, through this fan-shaped island.

語注 ＊1 balsamic ＜ balsam バルサム（芳香のある含油樹脂；香料・薬品用）
　　 ＊2 Pope ローマ教皇（法王）

問1 下線部(1)，(2)，(3)に代わる語句として最も適切なものを選択肢から選びなさい。

(1) prior to　　① around　　　　　② closer to
　　　　　　　　③ earlier than　　　④ quicker than

(2) mark　　　 ① characters　　　 ② influence
　　　　　　　　③ memories　　　　④ signal

(3) via　　　　 ① along with　　　 ② by way of
　　　　　　　　③ throughout　　　 ④ within

問2 空所（ 4 ）に入る最も適切なものを選択肢から選びなさい。
① in charge of　　② in return for　　③ instead of　　④ in terms of

問3 第1，2パラグラフの内容と一致するものを選択肢から2つ選びなさい。

① The "Silk Road" is the term more commonly used to refer to the Coffee Road.

② The word "coffee" derives from Kaffa, a name of one of the regions of Ethiopia.

③ The custom of drinking coffee did not become widespread throughout the Arabian Peninsula until the middle of the 1500s.

④ The fact that the first coffee houses in the world were opened in Mecca is an indication that coffee and Islam got along well with each other.

問4 第3，4パラグラフの内容と一致するものを選択肢から2つ選びなさい。

① Yemen, which developed a tradition of coffee roasting, had exclusive control of the coffee trade for a long time.

② In their effort to improve the flavor of coffee, the Moroccans replaced balsamic spices with dried rose blossoms.

③ If Pope Clement VIII had been unwilling to try coffee, it might have been impossible for the Coffee Road to get to Europe.

④ The Pope's declaration and decision about coffee in 1600 disclosed the secret of the gates that led to European culture.

問5 第5パラグラフの内容と一致するものを選択肢から1つ選びなさい。

① Europeans were so delighted and stimulated by coffee that they decided to send the drink to their colonies abroad.

② Surprisingly when the coffee road entered Japan, it had returned to its origins.

③ The first coffee drinkers in Japan were the foreigners who were restricted to living on the island of Dejima.

Lesson 3

人間とある動物の関係

今回は，人間とある動物との関係を歴史的に探っていく英文です。内容は少し難しく，つかみどころがないように感じられるかもしれませんが，入試で「動物」の話は意外とよく出るので，それに慣れるよい機会にもなります。

また，英文の「意味」をとるのが難しいときほど，「形」に注目することで突破口が開けることがよくあります。今回は特に「文法」面をきちんと意識することで，設問がかなり解きやすくなります。まずは「形」に注目する姿勢を身につけると同時に，〈this＋名詞〉という読解でとても役立つルールを習得していきましょう。

目標
⇒内容が難しいときこそ，「文法」に注目しよう！

語数：366語　　出題校：藤女子大学

次の英文を読み，設問に答えなさい。

1 Most likely, it was wolves that approached us, not the other way around, probably while they were hunting around garbage dumps on the edge of human settlements. The wolves that were bold but aggressive would have been killed by humans, and so (1) only the ones that were bold and friendly would have been
5 tolerated.

2 Friendliness caused strange things to happen in the wolves. They started to look different. Domestication gave them spotty coats, hanging ears, wagging tails. In only several generations, these friendly wolves would have become very distinct from their more (　2　) relatives. But the changes did not just affect
10 their looks. Changes also happened to their psychology. These protodogs evolved the ability to read human gestures.

3 As dog owners, we take for granted that we can point to a ball or toy and our dog will bound off to get it. But the ability of dogs to read human gestures is remarkable. Even our closest relatives — chimpanzees and bonobos — can't read
15 our gestures as readily as dogs can. Dogs are remarkably similar to human infants in the way they pay attention to us. (3) This ability (4) accounts for the extraordinary communication we have with our dogs. (5) Some dogs are so attuned to their owners that they can read a gesture as subtle as a change in eye direction.

20 **4** With this new ability, (6) these protodogs were worth knowing. People who had dogs during a hunt would likely have had (7) an advantage over those who didn't. Even today, tribes in Nicaragua depend on dogs to detect prey. Moose hunters in alpine regions bring home 56 percent more prey when they are accompanied by dogs. In the Congo, hunters believe they would starve without
25 their dogs. Dogs would also have served as a warning system, barking at hostile strangers from neighboring tribes. They could have defended their humans from predators.

5 So, far from a benign human adopting a wolf puppy, it is more likely that a population of wolves adopted us. As the advantages of dog ownership became
30 clear, (8) we were as strongly affected by our relationship with them as (9) they have been by their relationship with us. Dogs may even have been the catalyst

for our civilization.

問 1 下線部(1)の内容として最も適当なものを下から1つ選び, その記号を書きなさい。
① 肝が太く忍耐力をもったオオカミだけは, 人間に殺されなかった。
② 度胸があり動物好きな人間だけが, オオカミに受け入れられた。
③ やや太めの愛らしいオオカミだけが, 人間に好意をしめした。
④ 勇敢で人なつっこいオオカミだけが, 人間に受け入れられた。

問 2 空所(2)に入る最も適当な英単語を第1パラグラフから抜き出して書きなさい。

問 3 下線部(3)はどのような能力を指しているか, 英単語4語を本文から抜き出して, 下の表現を完成させなさい。
a dog's ability (　　　) (　　　) (　　　) (　　　)

問 4 下線部(4)の意味に最も近いものを下から1つ選び, その記号を書きなさい。
① calculates　　② estimates　　③ explains　　④ occupies

問 5 下線部(5)の内容として最も適当なものを下から1つ選び, その記号を書きなさい。
① 犬の中には, 飼い主にとても慣れているので, 視線の変化のような微妙なジェスチャーを読み取ることができるものもいる。
② 犬の中には, 飼い主の声の調子に上手く合わせ, 細かい動きをすることができるものもいる。
③ 犬の中には, 飼い主のジェスチャーを読み取り, 視線を飼い主に向けることによって意思疎通ができるものもいる。
④ 犬の中には, わずかな声の変化も聞き逃さず, 常に飼い主の呼びかけに反応することができるものもいる。

問 6 下線部(6)を下のように書き換えるとき, 空所に入る最も適当な語を1語ずつ書きなさい。
it was worthwhile to (　　　) (　　　) (　　　)

問7 下線部(7)について，狩猟に犬を連れていく利点として筆者が挙げていないものを下から1つ選び，その記号を書きなさい。

① 高山地域のヘラジカの猟師は，犬を同伴させたときの方が56パーセント多く獲物を得ることができる。

② コンゴでは，犬がいないと飢え死にしてしまうと信じられている。

③ ニカラグアの部族は獲物を見つけるために犬を頼りにする。

④ ムース川流域の猟師は，犬にジェスチャーで指示することによって，効率よく狩りをすることができる。

問8 下線部(8)と(9)の例として，本文中で筆者が述べているものをそれぞれ2つずつ選び，その記号を書きなさい。

① a psychological change in wolves

② changes in the appearance of wolves

③ decrease in the number of friendly wolves

④ improved safety for human communities

⑤ increase in friendliness between wolves and dogs

⑥ increased efficiency in hunting

問9 本文全体を読んで，犬が発達させた能力の具体例として最も適当なものを下から1つ選び，その記号を書きなさい。

① A dog and its owner will glance anxiously at one another upon hearing bad news on TV.

② Dogs watch our everyday behavior, so they sometimes come to share our tastes in music.

③ Dogs understand the peace sign and make the same gesture back to us.

④ When we say "Good job!" to dogs and make a thumbs-up sign, they feel happy and move their tails.

Lesson 4

サヴァン症候群の原因とは?

精神障害などを持ちながら，あることにおいてズバ抜けて優れた能力を発揮する人・症状を「サヴァン症候群（savant syndrome）」と言い，映画の主人公に取り上げられることもあります。自閉症や発達障害との関連が考えられていますが，その原因やメカニズムは解明されておらず，だからこそ，多くの論文が発表され，それが入試に出るわけです。

今回の英文では「因果表現」が多用されています。学問の世界では「原因と結果」を正しく把握することが不可欠なので，入試では因果表現がよく狙われるのです。さらに，新たな「具体例の発見方法」や「構文反復」などのルールも習得していきましょう。

目標
⇒「因果関係」を正しく把握する！

語数：512語　　　　**出題校：成蹊大学**

Lesson 4

Read the passage and answer the questions.

For a long time, how horses ran was a mystery. Did all four hooves leave the ground? Or was one hoof always planted? It wasn't until the 1880s when a British photographer named Eadweard Muybridge settled the debate with a series of clever photographs. The images made him famous.

5　Muybridge could be a strange person. His odd behavior was blamed on a head injury he'd sustained in a stagecoach accident that killed one passenger and wounded the rest. Now, researchers believe that this may have been partially responsible for his artistic brilliance. He may have been an *acquired savant*, somebody with extraordinary talent but who wasn't aware of it and who didn't 10　learn the skills later. In fact, Muybridge's abilities had apparently been buried deep in his mind the whole time, and the accident had simply unlocked them.

It sounds crazy, but Muybridge is only one of several people who've suddenly developed abilities as a result of brain injury. Orlando Serrell was struck in the head with a baseball as a 10-year-old and could remember the weather for each 15　day following his accident. Derek Amato woke up after hitting his head at the bottom of a pool and became a master pianist at 40, despite lacking any musical training. Alonzo Clemons has a mental age of three due to a head injury but can make incredible sculptures of animals in minutes.

It wasn't until recently that scientists began figuring out what causes savant 20　syndrome[1]. In 2003, researchers found that some patients with a degenerative[2] brain disease gained amazing abilities as their condition worsened. "What happens is that there is injury," says Darold Treffert, an expert in savant syndrome. After this, any brain tissue that still works is repurposed. "There is rewiring [of brain signals] through that intact tissue, and then there is the release 25　of potential within that area." In other words, savants may be unlocking parts of the brain the rest of us simply can't use.

Or (1) can we? It seems incredible, but ordinary people may be capable of gaining savant-like skills for short periods of time. Thanks to a device called the Medtronic Mag Pro, one researcher has managed to recreate (2) the effect for 30　short periods. I took part in an experiment. My brain was given a series of electromagnetic pulses, but I felt nothing. The researcher asked me to draw a cat.

Two minutes after I did the first drawing, I tried again. After another two minutes, I tried a third cat, and then a fourth. Then the experiment was over. The first cats were unconvincing. But after about 10 minutes of magnetic ³⁵ stimulation, (3) their tails had grown more alive and their faces were convincing. They were even beginning to wear clever expressions.

Naturally, a few drawings don't prove much. But researchers are developing new, better ways of recording the changes the Medtronic device causes. Imagine a future where people carry around portable brain machines to use for an extra ⁴⁰ burst of intelligence. Maybe some people will choose to be permanently brilliant, at the cost of some verbal ability.

語注　＊1 syndrome 症候群　＊2 degenerative 退行性の

問Ⅰ　According to paragraph one, why did Eadweard Muybridge become famous?
① Because he answered a question about horses.
② Because he was a clever person.
③ Because he was a photographer.
④ Because he was good at debate.

問2　According to paragraph three, what happened to Orlando Serrell, Derek Amato, and Alonzo Clemons after head injuries?
① They all became more intelligent.
② They all developed better memories.
③ They all gained remarkable skills.
④ They all suddenly improved existing talents.

問3　Choose a statement that is true about savant syndrome as explained by Darold Treffert.
① Dead tissue is reorganized to send brain signals.
② Savant syndrome could be caused by incidents other than brain injury.
③ The patient's potential is enhanced but kept hidden within an area of the brain.
④ None of the above.

問4 What would be the most appropriate answer to the underlined question (1) can we?

① Yes, we can, if we try hard to draw pictures for short periods.

② Yes, we can, if we use a device to excite the brain.

③ No, we can't, because the brain feels nothing.

④ No, we can't, because drawings don't prove much.

問5 What does (2) the effect refer to?

① brain tissue growth   ② electromagnetic pulses

③ savant-like skills   ④ the Medtronic Mag Pro

問6 What does the sentence (3) their tails had grown more alive and their faces were convincing imply?

① The author became a famous artist.

② The author's brain didn't respond to the pulse.

③ The cats that the author drew were an illusion.

④ The experiment led to results.

問7 Choose two statements that the passage clearly supports.

① Eadweard Muybridge proved that one hoof is always planted when horses run.

② Orlando Serrell developed savant syndrome and lost the ability to remember the weather since that time.

③ Alonzo Clemons had his brain injured in surgery and, as a result, became an artist.

④ Scientists have only lately discovered what leads to the changes in the brains of those with savant syndrome.

⑤ Darold Treffert is someone who can explain how the brain works when someone gets brain damage and loses various abilities.

⑥ In the experiment the author participated in, the electromagnetic pulses lessened his senses.

Lesson 5

現代の若者にまつわる，とある現象

今回の英文は，昔から超頻出の内容に加えて（タイトル問題があるのでここでは伏せます），最近の傾向がプラスされた英文になっています。特に本書が扱うレベルでは「ベタ×最新」のテーマがよく出題されるので，今回の英文はその典型的なパターンと言えるでしょう。また，今回の英文では様々なデータや説明が羅列され，少しまとまりのない感じを受けるかもしれませんが，そんなときこそ「読解ルール」が大活躍します。「具体例の発見方法」や「過去と現在の対比」といったルールを新たに習得することで，漠然とした英文を，きちんと整理しながら読めるようになるはずです。

目標
⇒「主張と具体例」や「過去と現在の対比」を整理しながら読もう！

語数：687 語　　　　出題校：龍谷大学

Lesson 5

試験本番での
目標時間

この本での
目標時間

20 分　**25** 分　▶解答・解説 本冊 p.76

次の英文を読み，設問に答えなさい。

　Hillary Yip is a 13-year-old student from Hong Kong who has designed a smartphone app[*1], which connects children from around the world so that they can learn each other's mother tongue. Yip is an example of the generation that has grown up in a world where language learning is easier than before thanks to
5 an increasingly culturally mixed global population. This group is also benefiting from the spread of educational apps and games.

　Cultural diversity is increasing globally, especially due to increasing levels of ア international movement. Today, 258 million people live in a country other than their country of birth — an increase of 49% since 2000. More people, from
10 more mixed backgrounds, are coming into contact with each other in cities around the world.

　ィ Angela Creese, a professor of educational linguistics[*2], said "Many young people today have a positive approach to social and linguistic differences. They are more likely to be creative and interested in other languages. In traditional,
15 single language environments people were often slightly nervous about different languages."

　Young people are speaking（**ウ − a**）languages. A recent study found that 77% of young people in Europe can speak more than one language. On the other hand, older European people are（**ウ − b**）likely to speak a second, or third,
20 language. Many European companies are promoting foreign language training for their staff. In addition, globalization has encouraged many more people to travel for both business and pleasure, another process that promotes language learning.

　ェ In the United States a record of 65 million people speak another language
25 at home, a number that has doubled since 1990. Many of these foreign language speakers are not immigrants: half of the growth in foreign language speakers since 2010 was among those born in the US. ォ A similar trend is happening in Canada, where the number of people who speak a language other than English or French has risen by 14.5% since 2011.

30 　ヵ Tom Roeper, a linguistics professor, says that classrooms around the world could soon be filled with children who might speak six or more languages.

Teachers, he says, should appreciate this diversity and make use of it in the classroom.

Today, it is common for teenagers to make new friends online through social media and online games. Any teenager with a smartphone and an internet connection can have a video conversation with friends who speak different languages on the other side of the world. In the past, making friends in another language was hard work. You had to go to the other country, spend some time there, and make friends in a second language. (　キ　) has made the whole process of meeting people in other countries much easier.

Language learning has also been encouraged by the rise of cheap or free apps that make learning fun. This is especially important for children who, unlike adults, are often not even aware that they are learning something, ク when they actually are. Children are good at learning in informal situations and through playing games. Through doing something they like they can learn another language.

As children become teenagers, they are more likely to be self-conscious and fear making mistakes in front of others. An online environment, where a teenager can get instant feedback and can experiment, is less frightening. Teenagers are also more likely to guess and to take risks in situations where there is no audience, something that promotes learning.

However, technology works best when it is seen as a support to real-world communication. If a language learner really wants to get better, there comes a point where they need to start talking with native speakers. In the future, however, it may be possible to practice conversation in a second language with computers powered by artificial intelligence.

The benefits of speaking many languages are clear. Developing language ability keeps our thinking young, improves concentration and problem-solving, and allows many to earn more money. But the spread of language ability among modern children may also bring benefits to society as a whole. Adults perhaps think too often about the differences that keep us apart. However, ケ for a kid, everyone is just a kid.

語注　＊1 app アプリケーション，アプリ　＊2 linguistics 言語学

問 | 下線部**ア** international movement について，本文の内容と一致するものを1つ選びなさい。

① 国外に移住した人の数は2000年以来2億5,800万人増加した。

② 世界中の都市でいろいろな背景を持った人々が接触している。

③ 世界の人口の49％が自分の生まれた国以外の国に移住している。

④ 文化的多様性は，国際的な人の動きの増加には特に左右されない。

問2 下線部**イ** Angela Creese の見解として，本文の内容と<u>一致しないもの</u>を1つ選びなさい。

① 今日の若者の多くは，社会的相違や言語的相違に対して肯定的である。

② 今日の若者の多くは，前の世代の人々よりも外国語に関心を持っている。

③ 前の世代の人々は，1か国語しか話せない人々に対して寛容であった。

④ 前の世代の人々は，異なった言語に対してやや身構えてしまうことが多かった。

問3 空所**ウ－a**と**ウ－b**に入れるのに，もっとも適当な組み合わせを1つ選びなさい。

① **a** less　**b** less　　② **a** less　**b** more

③ **a** more　**b** less　　④ **a** more　**b** more

問4 下線部**エ**について，1990年に自宅で他の言語を話していた人の数にもっとも近いものを1つ選びなさい。

① 325万人　　② 1,300万人　　③ 3,250万人　　④ 1億3,000万人

問5 下線部**オ** A similar trend の内容として，もっとも適当なものを1つ選びなさい。

① More immigrants are learning their mother tongue.

② More immigrants are refusing to learn the local language.

③ More people are speaking foreign languages even though they are not immigrants.

④ More people are speaking foreign languages because they are immigrants.

問6 下線部**カ** Tom Roeper の見解として，本文の内容と一致するものを1つ選びなさい。

① 子どもがさまざまな言語を話すという状況を教師は正しく認識し，それを教室で活用すべきである。

② さまざまな言語を話す子どもを教師は積極的に評価し，授業において彼らを他の子どもの模範とすべきである。

③ 6つ以上の言語を話せる子どもの数を世界中で増やすべきである。

④ 6つ以上の言語を学べる学校を世界中で増やすべきである。

問7 空所**キ**に入れるのに，もっとも適当なものを1つ選びなさい。

① Economic growth　　　　　② International trade
③ Technological progress　　　④ World poverty

問8 下線部**ク** when they actually are のあとに語句を補うとすれば何が入りますか。もっとも適当なものを1つ選びなさい。

① aware that they are learning something　② encouraged to have fun
③ having fun　　　　　　　　　　　　　④ learning something

問9 下線部**ケ**によって筆者が主張したい内容として，もっとも適当なものを1つ選びなさい。

① お互いの違いについて考えすぎるのはただの子どもだ。

② 子どもはあくまでも自立した存在である。

③ 子どもはいつまでも子どもである。

④ 子どもはお互いの違いを気にしない。

問10 本文の表題として，もっとも適当なものを1つ選びなさい。

① The Benefits of Artificial Intelligence
② The Best Method of Meeting Online
③ Young People and Language Learning Today
④ Young People and Smartphone Use

Lesson 6

絵文字の歴史

今回は「絵文字」に関する歴史を探る，非常に興味深い英文です。日本ではおなじみの「絵文字」は2007年ごろ英語で使われるようになり，2017年にはアメリカで *The Emoji Movie* という映画も公開されました。絵文字は「言語」の新たな側面を持つため，大学入試の長文や英作文でよく出題されるのです（ボクは自分が書いた単語帳に *emoji* という単語を採用したほどです）。

頻出テーマの対策に加えて，新たな「具体例の発見方法」を習得していきます。「固有名詞」や〈A＋名詞〉だけでなく，実は他にも具体例の合図になる意外な単語があるのです。さらに，これまで学んできた「対比表現」「内容一致問題の解法」なども大活躍しますよ。

目標
⇒「具体例の発見」「対比表現」「イコール表現」といったルールを活用する！

語数：638語　　　　出題校：國學院大学

Lesson 6

試験本番での
目標時間

この本での
目標時間

25 分　**30** 分　▶解答・解説 本冊 p.98

次の英文を読み，設問に答えなさい。

Tiny smiling faces, hearts, a knife and fork, or a clenched fist[*1] have become a global language for mobile phone messages. Successors to ancient hieroglyphics[*2], in a sense, pictures of those *emoji* are now displayed in the Museum of Modern Art in New York.

5　Despite their almost universal presence, they started in 1998 with one Japanese man: a then 25-year-old employee of a mobile phone company called NTT DoCoMo, who created the first set of 176 *emoji* in one month as he rushed to make a deadline. "I ☐ **A** ☐ arrive at the idea. If I hadn't done it, someone else would have," said Shigetaka Kurita, who now is a board member of another
10　technology company in Tokyo. "Digital messaging was just getting started, so I was thinking about what was needed."

Here was Kurita's challenge: NTT DoCoMo's mobile Internet service at that time, named "i-mode," limited messages to 250 characters, which definitely called ☐ **B** ☐ some kind of new tool to write quickly and easily. "Japanese tend
15　to be outstanding when making the most of limitations. It's a small nation filled with limitations," said Kurita. "We (1) do well at carrying out tasks within a framework, rather than being given a free hand."

In addition, a message saying "What are you doing now?" could be threatening or annoying. Adding a smiling face, however, could calm the tone
20　down.

Kurita collected common images including public signs, weather symbols, and comic book style pictures. Then, with simple lines, he made five faces — happy, angry, sad, surprised, and puzzled. A smiling happy face is still one of his favorites. Following i-mode's launch in 1999, the *emoji* became an immediate hit
25　in Japan.

As we all know, (2) some visual images cross cultural gaps. A drop of sweat rolling down a cheek can represent anxiety in almost any culture. So, it was no surprise that major Western enterprises like Apple or Google soon made *emoji* a global phenomenon. "Perhaps because of the popularity of the iPhone, Apple's
30　*emoji* style became extremely influential, to the point that when most people on this planet think of *emoji*, they bring to mind Apple's," said Jason Snell, a

technology journalist.

Kurita doesn't   C . The dozen-member team that designed i-mode was
making something for Japan, not for the rest of the world, long before
35 smartphones were invented. "Japanese are always too ahead of our time," Kurita
said. "I think Galapagos is OK. It's cool," he said, referring to the name of the
remote Pacific islands with uniquely evolved animals, used in Japan to describe
its own insularity*3. "After all, how can Japan hope to win from the start as a
global standard? We always go ahead with our own ways in Japan, and then
40 people abroad will see it as wonderfully Japanese."

Some people, as always, were opposed to using the newly invented items at
first. They argued that *emoji* were mere pictures, too childish and too Japanese.
But Tomoya Yamakawa, a technology expert in Japan, says, "Companies that
saw Japan as an important market have won." (3) What began as primitive digital
45 drawings are now growing into an elaborate tool for communication with not
only pictures but also animation, such as Apple's latest Animoji.

Working on a new project of his own now, (4) Kurita [① *emoji* today, because /
② evolved / ③ much with / ④ far beyond / ⑤ doesn't feel / ⑥ they have /
⑦ involved] his original set. After all, he receives no royalties*4, and is little
50 known in Japan outside technology circles. Last year, he paid his airline fare to
New York by himself to see the Museum of Modern Art exhibit, which named
him as the inventor of *emoji*.

He was overcome with emotion.

"There they were, something I'd been involved with. Although I'm neither an
55 artist nor a designer, the museum saw value in the design that had the power to
change people's lifestyles."

語注 ＊1 clenched fist 握りこぶし ＊2 hieroglyphics 象形文字 ＊3 insularity 島国であること
＊4 royalties 著作権使用料

問1 空欄 A へ入れるのに最もふさわしいものを，次の①～④の中から1つ
選びなさい。
① couldn't   ② was never able to   ③ may   ④ happened to

問2 空欄 B へ入れるのに最もふさわしいものを，次の①～⑤の中から1つ
選びなさい。
① on   ② up   ③ back   ④ for   ⑤ off

問3 下線部(1)の内容として最もふさわしいものを，次の①〜④の中から1つ選びなさい。

① perform much better if we have total control of the situation

② can make most of what we already have, only when given a free hand

③ always carry out tasks without limitations

④ do our best when given restrictions, not complete freedom

問4 下線部(2)の内容として最もふさわしいものを，次の①〜④の中から1つ選びなさい。

① Pictures or images can be interpreted the same way across cultures.

② To get over cultural differences, we try to understand visual images.

③ Visual images from some cultures can hardly be understood in another.

④ Even if we make use of visual images, it is impossible to get over cultural gaps.

問5 空欄 ┃ C ┃ へ入れるのに最もふさわしいものを，次の①〜⑤の中から1つ選びなさい。

① work　　② sleep　　③ care　　④ run　　⑤ play

問6 下線部(3)の内容として最もふさわしいものを，次の①〜④の中から1つ選びなさい。

① What primitive men drew on walls of caves have now evolved into different languages.

② What were written digitally in the beginning are now written physically for better communication.

③ Starting as simple digital pictures, they have now turned into sophisticated instruments for communication.

④ Born as elementary digital drawings, they are now turning into pictures painted with advanced techniques.

問7 下線部(4)が「自分のオリジナルの絵文字をはるかに超えて進化しているため，Kurita は，今日の絵文字にはそれほど関わりがあると感じていない」という意味になるように [　　] 内の語句を並べ替えるとき，2番目と6番目にくるものは何か。次の①〜⑦の中からそれぞれ1つずつ選びなさい。

① *emoji* today, because　② evolved　③ much with　④ far beyond

⑤ doesn't feel　　　　　⑥ they have　⑦ involved

問8 本文の内容に合致するものを，次の①〜⑦の中から2つ選びなさい。

① 「いま何してるの？」という文面に笑顔の絵文字を添えても，文の調子
は変わらない。

② Kuritaが今でも唯一気に入っているのは，笑顔の絵文字である。

③ 一滴の汗が頬を伝っている絵は，どんな文化でも「疲れ」を表現するも
のと読める。

④ Kuritaは，日本人は常に時代の先端を行きすぎると考えている。

⑤ 絵文字を使うことに抗った人たちも，当初は存在した。

⑥ 日本を重要な市場と考えた企業が成功を収めたと，Jason Snellは述べて
いる。

⑦ ニューヨークの美術館に展示された作品に，Kuritaの名前は添えられて
いなかった。

Lesson 7

アメリカへの入植の歴史

今回は「アメリカの歴史」に関する英文で，記述問題
も多く含まれますが，分詞構文や〈V A as B〉の形を
とる動詞など「文法・語法」面が大きなポイントにな
ります。記述問題の解法をマスターするとともに，記
述問題であっても文法力が生かせることを実感できる
英文と設問です。それに加えて，これまでに出てきた
「因果表現」や〈this＋名詞〉なども意識して取り組ん
でみてください。

目標
⇒記述問題でも「文法」に注目する姿勢を身につけ
　る！

語数：693語　　　　**出題校：札幌大学**

Lesson 7

試験本番での
目標時間

この本での
目標時間

25 分 **30** 分 ▶解答・解説 本冊 p.116

次の英文を読み，設問に答えなさい。

(A) The New England region, located in the northeast part of the United States, was one of the first areas where English-speaking people came over, sailing across the Atlantic Ocean. For this reason, the New England states were very important in the early history and cultural development of the United
5 States. Even today, many people think of New England towns, with their white churches and shared green fields (originally used for feeding cattle and as an open-air meeting place), as "(1) typically American."

New England was named by the English explorer John Smith, who trained the first settlers to farm and work when the Jamestown colony[*1], the first
10 permanent English settlement, was established. He travelled along the coast of Maine[*2] and Massachusetts[*3] in 1641 looking for gold, fish, and furs. This coastal area with its mountains, valleys, rivers, and rolling[*4] hills reminded him of his native country, so he called it "New England." In addition, he made a good map of the New England coast, and wrote about the area when he returned to
15 England, (ア) encouraged and supported the British colonization[*5] of North America.

Among the thirteen English colonies, the State of Massachusetts was very important as the starting point of the American Revolution. In particular, the town of Boston was the center of opposition between the colonists[*6] and the
20 British government. In the beginning of 1770, there were 4,000 British soldiers living there with 15,000 inhabitants[*7], and tensions between them were running high. Specifically, the presence of British troops in Boston was increasingly (イ) because of high taxes imposed by the British government.

As a result of this high tension, a riot occurred on King Street between Boston
25 citizens and a troop of British soldiers. The riot was caused when British officials ordered the removal[*8] of all residents of the Boston Manufactory House[*9] — a building for people living in poverty, those who were ill, and those who were homeless — so that the British soldiers could be stationed there. However, the Manufactory House's homeless people put up resistance. On
30 March 5th, angry townspeople surrounded a British soldier, shouting insults[*10] and throwing stones and sticks at him. The soldiers then fired into the crowd,

killing three people on the spot, and wounding eight others, two of whom died later. This awful event is known as the "Boston Massacre[*11]."

Another key event leading up to the American Revolution was the "Boston Tea Party[*12]," which occurred in 1773. In the 1760s, Britain was deep in debt due to its involvement in a lot of wars and because it kept an army in America, so the British Parliament imposed a series of taxes on American colonists to help pay those debts. The British government felt that the taxes were fair since much of its debt was caused by fighting wars on the colonists' behalf.

At that time, tea was a favorite drink among the British and the people in the colonies. In May, 1773, the British Parliament passed the Tea Act, which allowed the British East India Company to sell tea to the colonies duty-free and much cheaper than other tea companies. However, the tea was still taxed when it reached colonial ports. In addition, the colonists were told that they could only buy tea from the British East India Company. (B) They had to pay high taxes on the tea but they thought it unfair for the British government to impose the taxes.

On the morning of December 16, a meeting was held at the Old South Meeting House where a large group of colonists voted to refuse to pay taxes on the tea. That night, a group of men called the Sons of Liberty dressed up as Native American Indians, boarded three trade ships in Boston Harbor, and threw 342 chests of tea into the water. The act of wearing American Indian dress was meant to express to the world that the American colonists identified themselves as "Americans" and no longer considered themselves British. However, their Native American costumes confused the British soldiers and only one of the members was arrested. The incident was the first major act of open resistance to British rule over the colonists.

語注　＊1 colony 植民地　＊2 Maine メイン州　＊3 Massachusetts マサチューセッツ州
　　　＊4 rolling ゆるやかに起伏している　＊5 colonization 植民地化　＊6 colonists 植民地住民
　　　＊7 inhabitants 住民　＊8 removal 退去
　　　＊9 Boston Manufactory House 元々は亜麻糸で織物を作る工場だった建物
　　　＊10 insults 侮辱的な言葉　＊11 Boston Massacre ボストン虐殺事件
　　　＊12 Boston Tea Party ボストン茶会事件

問1　(1)の "typically American" とは何のどのような様子のことを指しているのか，本文に沿って日本語で説明しなさい。

問2　（　ア　）に入る適切な語を下から選びなさい。
　　　① where　　② what　　③ which

問3　（　イ　）に入る適切な語を下から選びなさい。
　　　① welcome　　② unwelcome　　③ important　　④ challenging

問4　最後の段落を読み，なぜ the Sons of Liberty が Native American Indians
　　　の服装をしたのかを本文の内容に沿って日本語で説明しなさい。

問5　(A)，(B)を和訳しなさい。

問6　以下の文のうち本文の内容に合っているものに1を，それ以外の場合は2
　　　を記しなさい。ただし，すべて同じ番号を記入した場合は採点の対象とし
　　　ない。
　　　① John Smith had a great influence on the expansion of colonies governed
　　　　　by the British government.
　　　② British officials told the people living in the Boston Manufactory House
　　　　　to leave the building because they planned to rebuild it.
　　　③ The British government insisted that its colonies should pay taxes
　　　　　because it spent a lot of money to fight wars for them.
　　　④ Thanks to the Tea Act, all tea companies could sell tea to the colonies
　　　　　duty-free.
　　　⑤ The Sons of Liberty boarded three trade ships to protest against the
　　　　　taxes on the tea.

Lesson 8

共通テスト型「広告問題」

12題ある本書の英文も，すでに半分以上が終わりました。ここでは終盤に入る前に，少し路線を変えて，共通テストや資格試験でよく見られる，広告・スケジュールなどの英文に取り組みます（私大の入試でもこの形式の出題は増えていくと思われます）。

スケジュール表や料金表などが含まれていて，どう読んでいけばいいのか，いまいち自信が持てない人も多いでしょうが，広告問題の「解法」や「特有表現」をきちんと解説していきますので，心配無用です。

目標
⇒広告問題での「特有表現」をマスターする

語数：241語　　　　**出題校：駒澤大学**

Lesson 8

次の英文を読み，設問に答えなさい。

The following is from an advertisement for an African tour.

Nairobi to Cape Town Overland Camping (56 Days)
Tour Overview

Beginning in Nairobi, Kenya, this ultimate African trip adventure takes us south
5 through Uganda, Tanzania, Malawi, Zambia, Zimbabwe, Botswana and Namibia
before coming to an end in Cape Town, South Africa.
- **This tour includes a ride to the dormitory from the airport and 1 pre-night accommodation there.**

Tour Style	Camping
Countries Visited	Kenya, Uganda, Tanzania, Malawi, Zambia, Zimbabwe, Botswana, Namibia, South Africa
Group Size	Max 28 - 30
Age Range	16 - 65 Years and Older
Length	56 Days
Tour Price per Person	$2,905 **+ Masai Village Visit (Optional) $2,190** **+ Gorilla Trekking Permit (Optional) $780**

Included
10 - Meals as indicated on the itinerary[1]
- Accommodation
- Registered guides
- Transport as per itinerary

Excluded
15 - International flights
- Travel and medical insurance
- Visas

- Passports
- Vaccinations
- Personal taxes (including airport departure and border taxes)
- All optional activities
- Sleeping bags
- Pillows
- Restaurant meals
- Laundry

Important Touring Tips
- The travel plan is a guide ONLY and is subject to change.
- There is a mix of different nationalities, ages and cultures.
- Space in the truck is limited — **PLEASE DON'T BRING TOO MUCH LUGGAGE!**
- All meals are served from the truck unless specified otherwise.

Pre-departure Meeting
- Attendance is very important because vital information is shared and you will feel more at ease once you know what to expect.
- The pre-departure meeting lasts roughly an hour.
- The meeting is also a great ice breaker.

(adapted from the website of *African Overland Tours*)

語注　＊1　itinerary：travel plan

問 1 - 5　Read the passage and select the best option for questions 1-5.

問 1　How much does one tourist need to pay if he/she wants to enjoy this tour without any options?
① $5,875　② $5,095　③ $2,190　④ $2,905

問 2　Which of the following does a tourist NOT need to do by themselves?
① pay airport departure taxes　② get travel insurance
③ prepare their visa　④ book accommodation

問3 Which of the following should a tourist prepare by themselves, if necessary?

① pillows

② a ride from the arrival airport to a dormitory

③ guides

④ transport as per itinerary

問4 According to the Important Touring Tips section, which of the following statements is correct?

① This tour is limited to people who share the exact same cultural background.

② The itinerary will be carried out without any change.

③ Luggage should not be too big.

④ Only people under 15 years old can join this tour.

問5 Which of the following statements about the pre-departure meeting is correct?

① The meeting will be held in a cold place.

② The meeting will take about 60 minutes to complete.

③ The meeting is not necessarily important.

④ The meeting offers important information to help participants feel insecure.

Lesson 9

共通テスト型「図表問題」

前回に引き続き共通テスト型の問題で，今回は「図表」からの情報の読み取りがたくさんある問題です。慣れていないと，変わった形式と感じるかもしれません。しかし「図表問題」の出題は増えていますし，「英語力」が土台になっていることに変わりはありません。

今回は，特に「設問・選択肢」を正確に理解する英語力が必要となります（設問と選択肢を勘違いしてしまうと，当然正しい答えは選べませんよね）。図表問題であっても，単語・熟語に加え，比較や関係詞といった「確固たる文法力」が欠かせないと実感できるよい素材です。語数が少ないからといって油断せず，文法に忠実に取り組んでみてください。

目標
⇒ 図表の情報を正しく読み取る

語数：285語　　**出題校：駒澤大学**

Lesson 9

試験本番での
目標時間

この本での
目標時間

15 分 **20** 分 ▶解答・解説 本冊 p.149

Read the following passage and look at the chart.

For many Americans, going online is an important way to connect with friends and family, shop, get news and search for information. Yet, 11% of U.S. adults do not use the internet, according to a 2018 Pew Research Center survey. The size of this group has changed little over the past three years, despite
5 ongoing government and social service programs to encourage internet use. But that 11% figure is much lower than in 2000, when the Center first began to study the social impact of technology. That year, nearly half (48%) of American adults did not use the internet.

Who's not online?

% of U.S. adults who do not use the internet (2018)

U.S. adults	11%
Men	11
Women	12
White	11
Black	13
Hispanic	12
18-29	2
30-49	3
50-64	13
65+	34
<$30K	19
$30K-$49,999	7
$50K-$74,999	3
$75K+	2
Less than HS	35
High school	16
Some college	7
College+	3
Urban	8
Suburban	10
Rural	22

A 2013 Pew Research Center survey found some key reasons why some
10 people do not use the internet. A third of non-internet users (34%) did not go
online because they had no interest in doing so or did not think the internet was
relevant to their lives. Another 32% of non-users said the internet was too
difficult to learn. Cost was also a barrier for some adults who were offline —
19% mentioned the high expense of internet services or owning a computer.

15 As shown in the chart, the 2018 survey found that internet non-use is related
to a number of factors, including gender, race, age, household income,
educational level and community type.

[Adapted from: "11% of Americans don't use the internet. Who are they?", by Monica
Anderson, Andrew Perrin and Jingjing Jiang, http://www.pewresearch.org, March 5, 2018]

Select the correct answer to each of the following questions (問 1 - 5) *and
indicate your response* (①-④) *on the answer sheet.*

問 1　Compared with 2000 the percentage of Americans who do not use the
　　　internet in 2018 has ...
　　　① changed little.
　　　② gradually increased.
　　　③ decreased a lot.
　　　④ remained the same.

問 2　There is very little difference in the percentage of American adults who do
　　　not use the internet in 2018 concerning the different categories of ...
　　　① age.
　　　② educational level.
　　　③ race.
　　　④ community type.

問 3　Based on the chart, which statement below is true?
　　　① The higher the level of education, the higher the percentage of U.S.
　　　　 adults who do not use the internet.
　　　② The less urban the type of community, the higher the percentage of U.S.
　　　　 adults who do not use the internet.
　　　③ The lower the household income, the lower the percentage of U.S.
　　　　 adults who do not use the internet.

④ The higher the age, the lower the percentage of U.S. adults who do not use the internet.

問4　Based on the chart, which statement below is not true?
　① More than 95% of U.S. adults with a household income of $75,000 or more use the internet.
　② Fewer than 88% of U.S. adults aged 50-64 use the internet.
　③ More than 86% of black U.S. adults use the internet.
　④ Fewer than 65% of U.S. adults with less than HS level of education use the internet.

問5　Which of these four groups of U.S. adults has the lowest percentage of internet use in 2018?
　① Those who live in rural communities
　② Those with less than HS level of education
　③ Those with a household income less than $30,000
　④ Those aged 65 years or older

Lesson 10

バイリンガル能力がもたらす影響とは?

言語論は昔からの定番・頻出テーマですが, 今回は「バイリンガル」について新たな研究結果を紹介する内容です。

今回の英文は, SVをきちんと把握するといった堅実な力が試されるものです。丁寧に読む力に加えて,「イコール表現」などの長文を読む上で欠かせないルールを習得していきましょう。さらに, assume や question といった「ちょっとした語句」に反応することで,「深く正しく読める」ルールも扱います。すべて記述問題ですが, ルールを駆使することで, まったく恐れるものではないことがわかるでしょう。

目標
⇒きちんとSVを把握して, 確実に英文を読む!

語数：298語　　　**出題校：東京福祉大学**

Lesson 10

試験本番での
目標時間

この本での
目標時間

(20) 分 (25) 分 ▶解答・解説 本冊 p.160

次の英文を読み，設問に答えなさい（固有名詞はそのまま使用してよい）。

As the world becomes more interconnected[*1], it is increasingly apparent that bilingualism[*2] is the rule and not the exception. Not only do some countries support bilingual populations because of cultural and linguistic diversity[*3] within its citizenry, but also increased global mobility has enlarged the number of
5 people who have become bilingual at all levels of society. ①For example, a recent survey of language use in the United States reported that approximately 20% of the population spoke a non-English language at home, a proportion that has increased by 140% since 1980. These numbers are higher when considering ②world figures: David Crystal estimates bilingualism that includes English and
10 another language represents about 235 million people worldwide and that two thirds of the children in the world are raised in bilingual environments.

Recently, evidence indicating that this common experience has a systematic and significant impact on cognitive[*4] functioning has accumulated[*5]. ③For many years it was assumed that while bilingualism might be an asset for adults — in
15 terms of culture, travel, and trade, for example — it was a handicap for children in the educational system. The idea was that learning in two languages imposed an additional burden on schoolchildren who must learn two vocabularies, two sets of grammar, and probably two sets of cultural habits and expectations.

This negative view of bilingualism was at least questioned by the results of
20 ④a study by Peal and Lambert. They gave a battery[*6] of intelligence tests to French-speaking children in Montreal who were also fluent English speakers. They expected to find that monolingual[*7] and bilingual children would be equivalent on measures of nonverbal[*8] intelligence but that bilinguals would obtain lower scores on verbal measures. To their surprise, however, bilingual
25 children outperformed[*9] their monolingual peers[*10] on virtually all of the tests, including tests of nonverbal intelligence.

出典："Bilingual Minds." *Psychological Science in the Public Interest* Dec. 2009（一部改変）

語注 ＊1 interconnected 相互に連結した　＊2 bilingualism バイリンガル能力（2か国語を使える能力）
＊3 linguistic diversity 言語の多様性　＊4 cognitive 認知に関する　＊5 accumulate 蓄積する
＊6 battery バッテリー（測定に用いられる一連のテスト）　＊7 monolingual 1言語のみ話す
＊8 nonverbal 非言語的な　＊9 outperform 優れている　＊10 peer 同級生

問1　下線部①を日本語に訳しなさい。

問2　下線部②はどのようなことを指すのか，日本語で具体的に述べなさい。

問3　下線部③を日本語に訳しなさい。

問4　下線部④では，どのような結果が得られたのか，日本語で具体的に述べなさい。

Lesson 10

Lesson 11

飢えが与える影響

今回の英文は「幼少期の飢えが与える影響」に関する新たな研究結果を紹介してくれます。最近の入試では，どんなテーマでも「実験・研究を通して客観的な事実を述べる」英文が増えているため，あらかじめ「実験・研究」における頻出表現をマスターしておく必要があります（今回は，語彙問題でもたくさん問われます）。また，大半の人が「butの後は主張」と考えるのですが，現実にはbutは消えることが非常に多く，そこで「どうやって消えたbutに気づくか？」がポイントになります。このLessonを通して「消えたbutに気づく」方法を習得し，自分で主張を見抜けるようになりましょう。

目標
⇒「実験・研究」系の英文を攻略する

語数：927語　　　　**出題校：琉球大学**

試験本番での
目標時間 ③⓪分

この本での
目標時間 ㉟分

▶解答・解説 本冊 p.176

次の英文を読み，設問に答えなさい。

Growing up in a hungry household in the first couple of years of life can hurt how well a child performs in school years later, according to a new study. An estimated 13.1 million children live in homes without enough food, according to the most recent figures from the U.S. Department of Agriculture (USDA). Many of those children experience hunger during their first few years of life, or their parents are hungry and stressed out about food during those years — the most important time for a child's development.

The new study, published in the latest issue of the journal *Child Development*, suggests that such early experiences of hunger in the family are likely to make those children less ready for kindergarten than their classmates who came from homes with enough to eat. It shows that kids who experienced food insecurity in their first five years of life are more likely to fall behind in social, emotional, and learning skills when they begin kindergarten.

Anna Johnson, a psychologist and an author of the new study, says that kids who start kindergarten delayed in their learning tend to stay behind and never catch up. Johnson and her (1) colleague used data from an older study by the U.S. Department of Education (2) conducted between 2000 and 2006, which followed about 10,700 children born in low-income households in 2000. It asked the parents of (A) these children about various aspects of their lives, including the quantity and quality of food in their households. Johnson says researchers asked parents a range of questions that are part of a standardized USDA measure for food security, like "In the last 12 months, did you worry your food would run out before you could buy more? In the last 12 months, could you afford to eat balanced meals? In the last 12 months, were you ever hungry because there wasn't enough food?" The researchers collected the data at different time points in the children's lives: when they were 9 months old, when they were 2 years old, and when they were in nursery school. When the children started kindergarten, the scientists tested the kids on their math and reading skills (measures of their learning development). They also worked with the kids' teachers to (3) assess their ability to pay attention in class, their tendency to have a bad temper or be over-excited, and their desire to learn (all measures for emotional and social skills).

Looking carefully at this data, Johnson found that high levels of hunger in the household at a young age were strongly related with poor performance in kindergarten. Moreover, the younger the children were when the family struggled with hunger, the stronger the effect on their performance once they started school. In other words, Johnson says, "When children were 9 months old, those who experienced food insecurity were more likely, five years later in kindergarten, to have lower reading and math scores than similar low-income 9-month-olds who didn't experience food insecurity." They were also more likely to be over-excited and have a bad temper in the classroom.

Experiencing hunger at age 2 had a similarly strong negative effect on children's social, emotional, and mental abilities in kindergarten. Hunger experienced at preschool also seemed to affect reading scores and how the children approached learning, (a). Johnson says that nursery school children are at least getting some access to food in their nursery school classrooms or their child care centers. Little babies and very young children, on the other hand, don't have this option.

However, these effects aren't necessarily because the children themselves went hungry. They could also be an indirect result of parents being hungry, which also affects a child's development, says Johnson. According to her, previous research shows that when parents are hungry, they tend to be easily annoyed, (4) harsh, and less patient with their children. They can also be careless or unhappy (b). "They're not getting down to their children's level, for example by doing a puzzle and talking about colors, or holding the child in their lap and singing songs to them," she says. "All of these things we know to be important for supporting early brain development."

"The findings from the study weren't surprising, in the sense that they're consistent with previous research," says John Cook, the lead scientist at Boston Medical Center's Children's Health Watch. A growing number of studies in brain science and social science show that hunger experienced early in life can have serious (5) consequences for a child's development. Cook says the strength of the new study is in showing (c). He also says that it makes clear "the effects that food insecurity can have on a child's readiness to learn, which is a vital factor for them to achieve better results in school."

The findings further show the importance of government food assistance programs, says Cook. "These programs are very (6) effective in ensuring both the

food security and the health of school children and enabling them to go to school ready to learn," he says. Making sure kids get enough to eat is good for society in
70 the long run, he says, because hunger experienced early in life can really set the direction for a child's "ability to compete in the job market and to earn enough money to survive as a member of society."

Adapted from Fishel, D. Retrieved from http://www.npr.org/sections/thesalt/520997010/
出題の関係上，タイトルと日付は省略した。

問 I 本文の下線部(1)～(6)の各語句について，置き換え可能な同意語句を選択肢①～④の中から１つ選び，記号で答えなさい。

(1) colleague
　① college　　② relative　　③ professor　　④ associate

(2) conducted
　① focused on　② carried out　③ cooperated with　④ devoted to

(3) assess
　① tax　　　② access　　③ evaluate　　④ criticize

(4) harsh
　① positive　② unpleasant　③ gentle　　④ desperate

(5) consequences for
　① differences of　② impacts on　③ successes for　④ penalties for

(6) effective
　① affectionate　② influential　③ rough　　④ welcoming

問 2 以下の**ア**～**ウ**は本文から抜き出したものである。本文中の(**a**)～(**c**)にあてはまるものを，それぞれ１つずつ選び，記号で答えなさい。

ア but the overall effects were weaker than food shortages at earlier ages

イ how hunger as a baby and in early childhood can result in slight but significant differences in learning abilities later in childhood

ウ and easily annoyed, careless, and unhappy parents engage less with their children

問 3 下線部(**A**)が示す内容を，具体的な日本語で書きなさい。

48

問4 次の(1)～(6)について，本文を読んで正しいと判断できるものには○，正しいと判断できないものには×を記入しなさい。

(1) All of the children who came from homes with enough to eat succeeded in kindergarten.

(2) Children who experience food insecurity early in life are readier to learn when they start kindergarten.

(3) Anna Johnson's research includes questions about food insecurity, nutritional balance, and food shortages.

(4) The effects of experiencing hunger are stronger in earlier stages of life.

(5) Children's brain development is affected by their parents' hunger.

(6) According to Cook, Johnson's findings prove the importance of government food assistance programs for supporting children's development.

問5 本文の要約として最も適切な文はどれですか。以下の①～④より1つ選び，記号で答えなさい。

① Kids who were raised in a poor community suffer when they become parents.

② Kids who fail in school need parents with a better understanding of their job.

③ Kids who suffer hunger in their first years fall behind their classmates.

④ Kids whose parents are rich may know the importance of food in childhood.

Lesson 12

家族や犬との思い出

今回は堅い英文ではなく，筆者が過去の体験を振り返って書いたものです。内容自体は抽象的で難解というわけではないのですが，知らない単語や表現が出てきて，読み進めるのに苦労する人も多いでしょう。そんなときこそ，文法・語法が大きなヒントになります。また，このような英文では「感情表現」がとても大事です。設問でよく狙われるわりに，まとめて対策する機会はほとんどなかったでしょうから，ここで完璧にチェックしておきましょう。

目標
⇒「従属接続詞」と「感情表現」をマスターしよう！

語数：828語　　　　出題校：宇都宮大学

次の英文を読み，設問に答えなさい。

In January 1997, when I was nine years old, my family experienced a sudden and tragic loss.

One afternoon, while working the fields, my uncle John became very sick and fainted. My father rushed him to the small clinic in Wimbe, where the doctor
5 diagnosed him with tuberculosis, a deadly disease that seizes the lungs. They advised him to go right away to Kasungu Hospital — an hour's drive. But Uncle John's truck wasn't working. And (1) by the time my father managed to borrow another car, his brother was dead.

It was the first time I experienced someone dying, and the first time I ever saw
10 my parents cry. I especially felt bad for Geoffrey, who was now left without a father. All the following day, people came by his house to comfort his mother and to pay their respects. Every so often, I saw him walk out of his house, crying and looking confused.

"Cousin, what next?" he asked me. "What will happen?"
15 All I could think to say was, "I don't know."

Following Uncle John's death, things became very difficult. Now that my father's brother and business partner was gone, he had to manage the farm alone. It was now (　2　) to me and Geoffrey to help keep the farm successful. We all feared that difficult times were on their way.

20 Not long after Uncle John's funeral, my uncle Socrates lost his job at a big tobacco estate in Kasungu. The family's home was also there, which meant they were forced to move back to our village. Uncle Socrates had seven daughters, which was great news for my sisters. I myself could not care less about a bunch of girls. But as I helped my uncle unload the moving truck, something leaped out
25 onto the ground.

At my feet stood a big slobbering[*1] dog.

"Get back!" Socrates shouted, and shooed the dog away. But it came right back, its eyes looking straight up at me.

"That's our dog, Khamba," he said. "I figured we'd bring him along to guard
30 the chickens and goats. (3) That's what he did best at the estate."

Khamba was the most unusual thing I'd ever seen. He was all white with large black spots across his head and body, as if someone had chased him with a bucket of paint. His eyes were brown and his nose was peppered with bright pink dots.

35   Unlike most other Malawian dogs, Khamba was also big — but still just as (4) <u>skinny</u>. In most other parts of Africa, dogs are used to protect homes and farms. No one buys them as pets like they do in America, and they certainly don't lavish them with rubber toys and fancy food. In Malawi, dogs lived on mice and table scraps. In all my life, I'd never seen a fat dog.

40   As Khamba sat there watching me, a thick strand of drool[*2] hung from his tongue. And he smelled funny, like moldy fruit. As soon as Socrates walked inside, he jumped on his hind legs and planted both paws on my chest.

    (5) "*Eh*, get away!" I shouted. I didn't want people thinking I was friends with a dog. "Go chase some chickens or something!"

45   But Khamba didn't move a bit. I swore he even smiled at me.

    Early the next morning, I tripped over something on my way to the toilet. It was Khamba, lying square in my doorway, ears raised and waiting.

    "I thought I told you to leave me alone," I said, then stopped. I certainly didn't want people to see me *talking* to a dog.

50   Walking back, I met Socrates in the courtyard. He pointed to the thing now attached to my shadow.

    "I see you found a friend," he said. "You know, the good Lord blessed me with seven children, but all of them are girls who don't take much interest in dogs. I think Khamba is happy to have found a pal."

55   "I'm no friend to a dog," I said.

    Socrates laughed, "Sure, sure. Tell that to *him*."

    After that, I gave up trying to get rid of Khamba. In fact, I started to enjoy his company. And as much as I hated to admit it, he and I became friends. He slept outside my door each night, and when it got cold, he snuck inside the kitchen 60 and curled up by the pots and pans. And just like Socrates said, he made a good watchdog over our chickens and goats, protecting them from the hyenas and wild dogs that roamed the dark countryside.

    Even still, Khamba liked to play games with baby animals. He chased them around the compound, causing the little goats to bleat and the mama hens to flare 65 their wings and hiss. Whenever this happened, my mother would lean out of the kitchen and pitch one of her shoes at his head.

    "Stop that, you crazy dog!" she'd scream, and my sisters and I would laugh.

Look who's talking to animals now!

(Adapted from *The Boy who Harnessed the Wind*, 2015 by William Kamkwamba and Bryan Mealer)

語注 ＊1 slobber よだれを流す ＊2 drool よだれ

問 I 下線部(1)を，his brother が誰を指しているか明らかにして，日本語に訳せ。

問2 空所（ 2 ）に入る語として最も適切なものを以下の中から選び，記号で答えよ。
① at ② for ③ off ④ through ⑤ up

問3 下線部(3)は具体的に何を指しているのか，日本語で説明せよ。

問4 下線部(4)と反対の意味を持つ英単語1語を同じ段落から抜き出せ。

問5 下線部(5)のように語り手が言ったのはなぜか，日本語で説明せよ。

問6 次のそれぞれの英文について，本文の内容に合うものには○，合わないものには×を記入せよ。
① Uncle John had managed the farm with the narrator's father before he passed away.
② Khamba was white all over and smelled strange.
③ In most other parts of Africa people kept dogs at home for pleasure rather than for work.
④ According to Socrates, Khamba saw his daughters as friends.
⑤ The narrator's mother looked happy when Khamba took care of baby animals.

出典一覧

Obunsha

学ぶ人は、
変えて
ゆく人だ。

目の前にある問題はもちろん、

人生の問いや、

社会の課題を自ら見つけ、

挑み続けるために、人は学ぶ。

「学び」で、

少しずつ世界は変えてゆける。

いつでも、どこでも、誰でも、

学ぶことができる世の中へ。

旺文社

関正生の The Rules 英語長文問題集

2 入試標準

はじめに

長文読解に必要な3つの力をルールにまとめました

　大学入試の長文読解には，3つの知的作業が求められると考えます。一文をしっかり把握する「構文力」，英文の展開を理解する「読解力」，設問の狙いを見抜いて解く「解法力」です。この3つの力は目新しいものではありません。しかしながらこの3つの力に関して，明確な手順・ルールに従って「読み・解き進めている」受験生はかなり少ないと思います。その場しのぎの作業で乗り切ってしまっているのではないでしょうか。

　そういった場当たり的な勉強では，「英語力の経験値」が蓄積されないので，そのままでは，世間でよく聞く「たくさん長文やってるんだけど，どうも伸びない」という状態になってしまうのです。

　「なんとなく読み解く」の対極が，「確固たるルールに基づいて読み解く」ことです。この本では，大学入試に出る長文対策として，僕の30年ほどの英語講師としての経験から練り上げ，極限まで洗練させた法則を "RULE" としてまとめました。

　本書のタイトルで使われている，The Rules は〈the＋複数形〉の形で，これを英文法の観点から解説すると，〈the＋複数形〉は「特定集団」を表すと言えます。昔はバンド名などによく使われました（The Beatles など）。また，the United States of America「アメリカ合衆国」は「（50の州が集まった）特定集団」ですし，the United Arab Emirates「アラブ首長国連邦（UAE）」は「ドバイなどの首長国が集まった特定集団」です。

　本書のルールはその場しのぎのものではありません。僕自身が30年前から洗練させてきたもので，それが近年の問題でも通用することを本書の解説で証明していきます。英文を正しく読む，つまり英語の真の姿を理解するために受験で大活躍し，さらにその先でも使える，「厳選された，強力なルールの特定集団」という意味を持つのが，The Rules です。

関　正生

Contents

関 正生 せき・まさお

1975年東京生まれ。埼玉県立浦和高校, 慶應義塾大学文学部 (英米文学専攻) 卒業。TOEIC®
L&Rテスト990点満点取得。現在はオンライン予備校『スタディサプリ』講師として, 毎年,
全国の中高生・大学受験生140万人以上に授業, 全国放送CMで「英語の授業」を行う。著
書に『英単語Stock3000』(文英堂),『英語長文ポラリス』(KADOKAWA),『サバイバル英
文法』(NHK出版),『東大英語の核心』(研究社) など100冊以上。

編集協力：株式会社オルタナプロ
校正：入江泉, 大磯巖, 株式会社シナップス,
　　　大河恭子, Jason A. Chau
組版：日之出印刷株式会社
録音：ユニバ合同会社

ナレーション：Ann Slater, Guy Perryman
装幀・本文デザイン：相馬敬徳 (Rafters)
装幀写真撮影：曳野若菜
編集担当：清水理代

本書の特長

● どのレベルでも使える長文読解のための「ルール」

学んだことは，試験本番で「再現」できないと意味がありません。本書で扱うルールは，大学や英文のレベル・問題形式を問わず再現性が高い，一生モノのルールです。

● わかりやすい圧倒的な解説力

本書をスムーズに進めるために，そして入試問題を解く上で必要十分な解説を施しました。これは実際に解説を読んでいただければすぐに実感できると思います。

● 解説でも英語力を高められる

解説中では，できるだけ本文から「英文」を引用していますので，本文に戻らずスムーズに解説を読めます。また，本シリーズ4つのうちレベル1・2では「英文と共に和訳」を入れますが（基礎力完成を目指す段階なので），レベル3・4では「英文のみ」です。これによって日本語を読んで理解した気になることがなくなり，「英語で考える」習慣が養成されます。

●「思考力問題」対策も万全

具体的に「どういった思考を要するのか」を「ここが思考力！」のコーナーで解説しています（⇒「思考力を問う問題」について詳細はp.5）。

● 全文の「文構造の分析」と「音読用白文」

英文すべてに構文の解析をつけてありますので，精読の練習としても使えます。また，音読用の白文も用意しました（⇒音読と音声についての詳細はp.10, 11）。

● 記述問題も豊富に収録

記述問題も多く採用しています。「自分の志望校には記述問題はないから」という受験生も，ぜひトライしてみてください。どれも「英語の実力」をつけるのに効果的なものばかりで，記述の力をつけておくと，マーク問題の精度も格段に上がります。

本書の使い方

❶ まずは目標時間を意識して問題にトライ！

「この本での目標時間」を目指して問題を解いてみてください。その後，時間を気にせず気になるところ，辞書で確認したいところなどにじっくり取り組むのも実力養成になります。

❷解説をじっくりと読み，ルールを身に付ける！

　正解した問題も，解説を読むことで，正しい考え方・解き方・補足事項などが身に付きます。解説中に出てくる長文読解のルール（⇒詳細はp.7）を自分のものにしていきましょう。

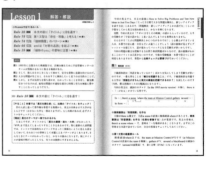

> 思考力……「思考力を問う問題」に付しています。
>
> **難易度★★★**……設問ごとの難易度を，★〜★★★の3段階で表示しています。
>
> ※難易度はあくまでそれぞれのレベルでターゲットとする大学を基準にしています。

❸「文構造の分析」で構文と語句をチェック！

　わからない英文は，ここでじっくりと確認してください。

> 〈　〉……名詞句・節
> ［　］……形容詞句・節
> （　）……副詞句・節
> S V O C ……主節の要素
> S′ V′ O′ C′ ……従属節の要素
> (S)(V)(O)(C)……節中のさらなる細かい
> 　　　　　　　　　要素
> ▢……従属接続詞　▨……相関表現
> ⬚……等位接続詞　{ }……省略可能
> φ　……関係詞節内で目的語が欠ける場所（名詞が本来ある場所）

❹「音読」で仕上げ！

　英文の仕上げは音読です。まず音声を聞いて，正しい発音・英文のリズムなどを確認し，声に出して読みましょう。英文を読むスピードアップや理解力の向上につながります（⇒詳細はp.10）。

> // ……必ず切りたい
> / ……切ってもOK

採用した英文について

●「語数」にこだわらず，レベルに応じた「優れた英文」を採用

語数と難易度は関係ない

「短いから易しい」「長いから難しい」というのは思い込みです。東京大・大阪大・早稲田大では必ず短い文章が出ますが，難易度はかなり高いです。本書では長さにとらわれることなく「優れた英文・設問」を採用しました。

中堅大学であっても，長文はすごく「長い」

基礎・標準レベルの問題集は，とにかく短めの文章を採用しがちですが，志望校が決まっていれば，ぜひその過去問を見てください。想像以上に「長い」ことがほとんどだと思います。本書はあくまで実際の入試に沿っているので，結果的に他の問題集よりも長い文章が多くなりますが，それは現実を踏まえた結果だと考えています。

●英文の掲載順について

ルールを習得するために，一番効率的な順番に載せています。最初は「読む」が中心になるため，どうしても難しい英文が前半にきます（難しい英文でも「読める」ルールを解説するため）。その後，「解く」や「細かいこと」を扱うルールが増えるため，後半のほうに易しい英文がくることもありますが，それは本文が全体で1つの授業，1つのストーリーになっていることの結果です。

※そもそも同レベルの大学の問題を収めているので，不都合なほど差が出ることはありません。

「思考力を問う問題」について

これからの入試で重要となる「思考力を問う問題」には 思考力 マークを付けています。ただし，本書では「要約問題」や「タイトル選択問題」などの「形式」だけで「思考力を要する問題」だと判断することこそ思考力の欠如とみなしており，たとえ普通の四択問題であっても，そこに複雑な思考を要するものは ここが 思考力 ▶ として補足説明をしています。具体的には，「暗記事項を当てはめるとミスするもの／受験生の知識レベルを超えているもの，英文の構造や文脈から考えれば解答を導けるもの／単純な直訳では対応できないもの」などに「どんな思考が求められるのか」という解説を追加しています。

補足　近年（特に2019年以降）の入試問題は，英字新聞・ネット記事などからの出題が増えており，「情報を提供する」英文が主流をなしています（早稲田大・慶應大などを中心に）。そういった英文はそもそも要約に向かないので，大学側も設問として出題していません。そこに無理やり要約問題を追加したり，英文の展開図を示すことは，受験生をいたずらに惑わせることになると思います。

※決して「要約問題なんていらない」ということではなく，「要約に向かない英文を（出題者の意図を無視して）要約させることは効果的な勉強とは言えない」ということです。

「ルール」について

●3種類のルール

本書に出てくるルールは，大きく次の3種類に分類できます。

読解 読解ルール……「英文の主張・具体例などをつかむ」ための，英文のつながり・
展開などに関するルール

解法 解法ルール……「読めても解けない状態を解消する」ための，設問解法のルール

構文 構文ルール……「一文をしっかり読む」ための，構造把握に必要な文法・構文に
関するルール

●1冊の中で同じルールが何度も出てくる

この1冊の中で，何度も出てくるルールもあります。その理由と目的は以下の通りです。

●その解法が様々な問題で使えることを実際の入試問題の中で実感できる

●大事なルールの復習になる

●入試の「偏っている現実」がわかる：たとえば固有名詞は「具体例」の合図！（***Rule
12***）や，〈this+ 名詞 〉は「まとめ」を作る！（***Rule 4***）は，ものすごくたくさんの
入試問題で使えるルールです。そのようなルールは，本書の中でも何度も出てくる
ので「入試の現実」を体感できる。

※ちなみに，ルールが最初に出てきたときに「詳しくは後ほど」と言う場合もあります。こ
れは「そこで扱うと冗長になる／後のLessonで扱うほうがそのルールを詳しく解説で
きる」などの理由で，常にルールを最大限に効率よくマスターするためです。

●レベルが違っても同じルールが出てくる

本シリーズは4レベルありますが，ルールはどのレベルの英文にも通用するものなので，
レベル2に出てきたルールがレベル1，3，4（のいずれか，もしくはすべて）に出てくる
ことも多々あります。

他のレベルでも同じルールが出てくるメリットは次の通りです。

●どんなレベルの入試問題でも，同じルールが通用する（その場限りのルールではな
い）ことを実感できる。

●1冊を終えて次のレベルの本に進んだときにも同じルールが使えることで復習にも
なる。

『The Rules』全84ルール一覧

- 本書に収録されているルールは色文字で示されているものです。（⇒ L00）は掲載 Lesson を示しています。
- **1** **2** **3** **4** はそれぞれ次の本を表しています。**1**：1入試基礎，**2**：2入試標準，**3**：3入試難関，**4**：4入試最難関。
- 同じルールNo.でも，種類が複数あるものもあります。
  例）Rule 46「過剰」選択肢のパターン…「all系」と「only系」の2種類

Rule 1	読解	消えたbutに気づいて「主張」を発見する! ⇒L11	1 2 3 4
Rule 2	読解	「重要な」という意味の重要単語に注目!⇒L8	1 2 3 4
Rule 3	読解	In factを意識する!	1 2 3 4
Rule 4	読解	〈this＋名詞〉は「まとめ」を作る!⇒L3	1 2 3 4
Rule 5	読解	「まとめ単語」による言い換えを見抜く!⇒L6	1 2 3 4
Rule 6	読解	「疑問文」の大事な役割を意識する!⇒L4	1 2 3 4
Rule 7	読解	「クオーテーションマーク」の役割を意識する!	1 2 3 4
Rule 8	読解	〈A＋名詞〉を見たら「具体例」と考える!⇒L5	1 2 3 4
Rule 9	読解	Ifを見たら「具体例」と考える!⇒L6	1 2 3 4
Rule 10	読解	命令文は「具体例」の合図!	1 2 3 4
Rule 11	読解	具体物や行動の羅列は「具体例」と考える!	1 2 3 4
Rule 12	読解	固有名詞は「具体例」の合図!⇒L2	1 2 3 4
Rule 13	読解	数字を見たら「具体例」だと考える!⇒L5	1 2 3 4
Rule 14	読解	「具体例」を導く表現に反応する!	1 2 3 4
Rule 15	読解	「イコール」関係を作る表現に反応する!⇒L10	1 2 3 4
Rule 16	読解	「因果表現」を正しく把握する!⇒L4	1 2 3 4
Rule 17	読解	「前後関係」の表現に注目!⇒L3	1 2 3 4
Rule 18	読解	「従属接続詞」に反応する!⇒L12	1 2 3 4
Rule 19	読解	「総称のyou」の意味に注意!⇒L1	1 2 3 4
Rule 20	読解	「感情表現」に注目する!	1 2 3 4
Rule 21	読解	「一般論」と「主張」を把握する!	1 2 3 4
Rule 22	読解	「対比」を表す表現に反応する!⇒L2	1 2 3 4
Rule 23	読解	「対比」は繰り返される!	1 2 3 4
Rule 24	読解	過去と現在の「対比」を予測する!⇒L2,5	1 2 3 4
Rule 25	読解	「同じ形」なら「同じ意味」だと考える!	1 2 3 4
Rule 26	読解	「似ている・同じ」と明示する反復表現を意識する!⇒L5	1 2 3 4

音読について

● 音読で意識すること

❶文法・構文を意識して10回

　文構造を意識しながら，ときには日本語訳を確認しながら10回音読してください。ゆっくりでOKです。

❷内容を意識して10回

　「意味・内容が浮かぶように」10回音読してください。これをこなしていくうちに，日本語を介さずに英文を理解できるようになっていきます。その英文が伝える内容が「画像として浮かぶくらい」まで音読できればベストです。内容優先ですから，自分で理解できるスピードでOKです。

❸スピードを意識して10回

　「自分が本番で読むときの理想のスピード（自分が理解できる範囲でのマックスのスピード）」に徐々に近づけながら，10回読んでみてください。

● スケジュール

❶目安は1日30分

　3カ月くらいで効果が出るはずです。ただ読むだけの「ダラダラ音読」は絶対にしないように，集中して取り組みましょう！

❷分配

　同じ英文を一気に30回も読む必要はありません。1日5回×6日＝合計30回が目安です。

● 音読の「注意点」

　音読は必ず声に出してください。黙読だと難しい箇所を無意識のうちに飛ばしてしまうからです。ただし，声の大きさは無関係なので，ボソボソで十分です。ボソボソでも声を出すことによって，息継ぎが必要になります。英文を適切なところで区切るときに息継ぎをすることで，より自然な読み方が身に付くようになります。

● 音読用白文について

❶2種類のスラッシュ

> // ……必ず切りたい　　　/ ……切ってもOK

❷スラッシュを入れる方針

　英文にスラッシュを入れること自体は昔からあるものです。本書でも基本方針は同じですが，従来のものと違うのは次の2点です。

- ●英語ネイティブとアメリカで生まれ育った帰国子女の協力により「本物の感覚」でスラッシュを入れたこと。
- ●英文を広く捉えるために，スラッシュを「あまり入れすぎない」こと。

　従来は文法的区切り（たとえば前置詞の前）に機械的に入れるのが普通でしたが，それだとあまりに区切りが多くなってしまい，むしろ不自然な音読の習慣がついてしまいます。細かい区切りや修飾関係は「文構造の分析」でやることなので，ここでは英文をもう少し大きく捉える訓練も兼ねるという方針でスラッシュを入れています。

音声の利用法

●ウェブサイトで聞く方法

❶パソコンからインターネットで専用サイトにアクセス

（右のQRコードからもアクセスできます）

https://www.obunsha.co.jp/service/rules/

❷お持ちの書籍をクリック

❸パスワード「rules02h」をすべて半角英数字で入力して，音声ファイルをダウンロード

（またはウェブ上で再生）

注意●ダウンロードについて：音声ファイルはMP3形式です。ZIP形式で圧縮されていますので，解凍（展開）して，MP3を再生できるデジタルオーディオプレーヤーなどでご活用ください。解凍（展開）せずに利用されると，ご使用の機器やソフトウェアにファイルが認識されないことがあります。デジタルオーディオプレーヤーなどの機器への音声ファイルの転送方法は，各製品の取り扱い説明書などをご覧ください。●スマートフォンやタブレットでは音声をダウンロードできません。●音声を再生する際の通信料にご注意ください。●ご使用機器，音声再生ソフトなどに関する技術的なご質問は，ハードメーカーもしくはソフトメーカーにお願いします。●本サービスは予告なく終了することがあります。

●スマートフォンアプリで聞く方法

　音声をスマートフォンアプリ「英語の友」でも聞くことができます。「英語の友」で検索するか，右のQRコードからアクセスしてください。パスワードを求められたら，上記の❸と同じパスワードを入力してください。

名詞句・節／形容詞句・節／副詞句・節の働きと注意点

❶名詞句・名詞節…〈　　　　　〉とんがりかっこ

❶名詞の働き → S・O・Cのどれかになる

● Sになる　例：〈The sheep〉crossed the street.　そのヒツジは道を渡った。
● Oになる　例：I dropped〈a book〉on my toes.　私は足の指に本を落とした。
● Cになる　例：He is〈an amazing pianist〉.　彼はすごいピアニストだ。

❷注意すべき〈とんがりかっこ〉その1

● 不定詞の名詞的用法
　例：It's not easy〈to raise a child〉.　子どもを育てるのは簡単なことではない。
● 動名詞
　例：I stopped〈going to the swimming pool〉.　私はプールに行くのをやめた。

❸注意すべき〈とんがりかっこ〉その2

● 接続詞のthat・if・whether
　例：I found out〈that my friend plays the *shamisen*〉.
　　　私は友だちが三味線を弾くと知った。
● 疑問詞
　例：Only the author knows〈who the enemy really is〉.
　　　敵の正体［敵が本当は誰なのか］を知っているのは作者だけだ。
● 関係代名詞のwhat
　例：My parents never get me〈what I want〉.
　　　私の両親は私が欲しいものを全然買ってくれない。
● 複合関係代名詞
　例：His parents buy him〈whatever he wants〉.
　　　彼の両親は彼の欲しいものを何でも買ってあげる。

❷形容詞句・形容詞節…［　　　　　］しかくかっこ

❶形容詞の働き → 名詞修飾 or Cになる

● 名詞を修飾する（限定用法）
　例：That is a［giant］cake.　あれは巨大なケーキだ。
● Cになる（叙述用法）
　例：That cake is［giant］.　あのケーキは巨大だ。

❷注意すべき［しかくかっこ］その1

● 不定詞の形容詞的用法
　例：Do you have enough money［to buy a sandwich］？
　　　あなたはサンドイッチを買う（十分な）お金を持っていますか。

●名詞修飾の分詞
　　例：The boy [dancing on stage] is my brother.
　　　　ステージで踊っている少年は私の弟だ。
　●前置詞句
　　例：The eruption [of a volcano] destroyed the whole village.
　　　　火山の噴火によって，村全体が破壊された。
❸注意すべき［しかくかっこ］その2
　●関係代名詞
　　例：I know the man [who made this beautiful cup].
　　　　私はこの美しいコップを作った男性を知っている。
　●関係副詞
　　例：This is the house [where the famous author lived].
　　　　これは有名な作家が住んでいた家だ。
　●前置詞＋関係代名詞
　　例：This is the house [in which the famous author lived].
　　　　これは有名な作家が住んでいた家だ。
　●名詞＋SV→関係詞の省略
　　例：I think I know the book [you are talking about].
　　　　私はあなたが話している本を知っていると思う。

❸副詞句・副詞節…（　　　　　　　）まるかっこ
❶副詞の働き → 名詞以外を修飾（動詞・形容詞・副詞・文を修飾）
　　例：I traveled （from Tokyo to Osaka）（on foot）.
　　　　私は東京から大阪まで歩いて旅をした。※動詞traveledを修飾
❷注意すべき（まるかっこ）その1
　●不定詞の副詞的用法
　　例：I went home early （to celebrate my son's birthday）.
　　　　私は息子の誕生日を祝うため，早めに帰宅した。
　●分詞構文
　　例：（Having finished his dinner）, he went to his room and played games.
　　　　彼は夕食を済ませた後，自分の部屋に行ってゲームをした。
　●前置詞句
　　例：I treated the old book （with great caution）.
　　　　私はとても慎重にその古い本を扱った。
❸注意すべき（まるかっこ）その2
　●従属接続詞（when・if型の接続詞）
　　例：（If I get a perfect score on my test）, my parents will buy me a game.
　　　　もし私がテストで満点を取ったら，両親がゲームを買ってくれる。
　●複合関係詞
　　例：（Wherever you go）, you will meet strange people.
　　　　たとえどこへ行っても，不思議な人に出会うだろう。

Lesson 1　解答・解説

解答

問1　1995年に公開された映画版では，計画を練るために宇宙管制センターの
　　　チームが黒板のまわりに集まる場面がある。

問2　そして，彼らはそのときになって初めて，安全な着陸に意識を向けるのだ。

問3　大きな問題が生じると，それをすぐに解決したいと思うのは当然のことだ。

問4　しかし，まずは気持ちを落ち着かせ，わかっていることを共有し，優先順
　　　位をつけなければ，結局は問題の不適切な部分に時間と労力を無駄に費や
　　　すことになってしまうだろう。

≫≫ *Rule 28* 読解　本文の前に「タイトル」に目を通す！

【やること】本番では「長文を読む前」に，出典の「タイトル」をチェック！
　昔の入試と違って著作権を尊重する風潮から，英文の出典を示す大学がほ
とんどです（示さない大学も一部ありますが）。もし出典があれば，必ずタイ
トルをチェックしてください。

【理由】長文のテーマが一発でわかるかも
　たまにですが，タイトルから「**長文の展開・流れ・大枠**」がわかったり，
「**オチ**」まで見えてしまったりすることさえあるのです。特に最新の入試問題
では，イントロで具体的なエピソードやまったく関係ないように思える話を
しておいて，それを1つの事例として本題に入るパターンがよくあります。そ
んなときにテーマがわかっていると，かなりの強みになります。仮にタイト
ルが意味不明だったとしても，失うのは数秒にすぎませんよね。

今回の英文でも，本文の最後に How to Solve Big Problems and Test New Ideas in Just Five Days「たった5日間で大きな問題を解決し，新しいアイディアを試す方法」とあるので，「問題解決・新しいアイディアとかの話だな」くらいの予想をしてから英文を読み始めると，かなり有利になります。

実際，今回の英文は「アポロ13号とその映画」の話から入っているので，大半の受験生が「宇宙の話かな」と思い込んでしまうのも無理はありません。

そんな中で「たぶん問題解決とかにつながるのでは？」と心構えができている人は，本番での安心感・自信もだいぶ違うことでしょう（話の展開が見えずにプレッシャーを感じたり，話が変わってパニックになる受験生が多いからです）。

今回の問題は構文を把握する力を問う和訳問題ばかりなので，話の展開がわかることのメリットは正直少ないのですが，今後の受験勉強・本番で役立つことが何度もありますので，普段から**出典チェックは習慣づけて**おいてください。

問1 難易度 ★★☆

下線部和訳は「単語を知っているか？」ばかりを気にしてしまう受験生が多いのですが，一番大事なことは「**構文を把握すること**」です。下線部和訳を出題する大学は「**受験生がきちんと英文の構造を把握できるのか？**」を試したいのです（当然，構文把握のミスは大幅減点になります）。

今回の英文は，副詞のカタマリ（In the 1995 movie version）の後に，there is ～「～がある」がきている形です。

> (In ～), there's a scene [where the team at Mission Control gathers (around ～) (to form ～)].

●関係副詞は「形容詞節」を作る

主節はthere is構文で，主語a sceneの直後に関係副詞whereがあります。**関係副詞は「形容詞節」を作る（名詞を修飾する）**点が重要です。英文の骨格は，there's a scene where ～ で，意味は「～な場面がある」となります。まずはこの骨格を日本語で表せているか，自分の答案をチェックしてみてください。

●第1文型の超重要ルール

関係副詞where以下は，the team at Mission ControlがSです（at Mission Controlは直前のthe teamを修飾）。gathersがV，around a blackboardは副詞のカタマリ（aroundは前置詞）で，第1文型（SVM）になっています。

ここでgatherの意味を知っているなら問題ないのですが，知らない受験生のほうが多いと思います。そんなときは「**文型から意味を推測するルール**」を知っていると，単語力不足をカバーできるのです。

>>> *Rule 78* 構文 第1文型は「存在・移動」と考える！

　それぞれの文型ごとに（大体ではありますが）動詞の意味が決まっており，第1文型（SVM）の場合は「**存在・移動**」の意味が**基本**です。つまり，知らない動詞であっても第1文型であれば，「**いる・動く**」と考えればOKです。

　たとえばWe <u>got</u> to Tokyo. という英文は，WeがS, gotがV, to TokyoがMのSVMですね。よって，「私たちは東京に**移動した**」と考えれば意味がとれてしまいます（ここでは「方向・到達」を表す前置詞toがあるので，「存在」より「移動」が自然です）。get to ～「～に着く」という熟語として教わりますが，実は「文型」に注目することで解決するのです。これからは，動詞の意味がわからなくても「第1文型（SVM）」であれば「いる・動く」と考えてみてください。もちろん例外はありますが，この考え方で意味がとれることは驚くほど多いです。

　余談ですが，実はThere is構文も第1文型なんです（ThereがM, isがV, isの後にくる名詞がSというMVSの形）。There isのisも「ある」という「存在」の意味ですね。

　もちろんgatherを知っていれば「黒板のまわりに集まる」と訳せますが，gatherを知らなくても「存在・移動」だと考え，「黒板のまわりにいる・まわりを動く」という意味にまで予想できてしまうわけです。

※採点基準は大学によりますが，おそらく満点をもらえるでしょう（厳しくても1点減点程度だと思います）。

●その他（不定詞と補足事項）

　文末のto form a planは不定詞の副詞的用法（目的）で，直訳「計画を形成するために」→「計画を立てる[練る]ために」という意味です。

　以下，細かい訳語について話します（読み飛ばしてもOKです）。カタカナ語は「日本語に置き換えても自然なら，できるだけ日本語で」が無難です。

・In the 1995 movie version
　　◎「1995年の映画版」　△「1995年の映画バージョン」
・scene
　　◎「場面」　○「シーン」　※「シーン」は日本語に浸透している。
・Mission Control
　　◎「宇宙管制センター」　○「ミッションコントロール」　など

Mission Controlを正しく訳せる必要などないので, 多少のミスがあっても減点はないはずですが, こういう綿密な勉強を通して「入試ではどういう感覚までが許されるのか?」を身に付けていってください。

問2 難易度 ★★☆

やはり構文が大事です。ここではonlyに注目します。「倒置」がポイントです。

>>> *Rule 74* 構文 「強制倒置」のパターン

文法・読解を問わず「倒置」という用語が頻繁に使われますが,「倒置」には2種類あり,「**強制倒置(文頭に否定語)**」と「**任意倒置(文型ごとに形が決まっている)**」で考え方は異なるので, きちんと区別しないといけません。

強制倒置の形
文頭の否定語＋倒置
　　　　　└→疑問文と同じ語順(do／does／didを使うこともある)

強制倒置は「文頭に否定語がきたら倒置が起きる(疑問文の語順になる)」というものです。否定語は以下のものをチェックしておきましょう。

●**完全否定**　Not／Never／Little　まったく〜でない
　　　　　　　※倒置で使うLittleは「完全否定」の意味になる。
●**準否定語**　Hardly／Scarcely　ほとんど〜でない
　　　　　　　Rarely／Seldom　めったに〜でない　※「頻度」を表す。
●**要注意の否定語**　Only　〜しかない, 〜して初めて

※「任意倒置」は*Rule 73* ▶ p.180にて。

● 〈否定語＋副詞＋倒置〉のパターン

今回は文頭に否定語onlyがあります(厳密には文頭は接続詞Andですが, Andの後から新たに構文を捉えなおします)。onlyの直後に副詞thenが割り込んで, その後ろで倒置になっています。

一般的な問題集では"否定語の直後に倒置(VS)"というパターンばかりが強調されることが多いのですが, 入試の英文では〈**否定語＋副詞＋倒置**〉という形が非常に多いのです。これを特殊だとは思わず, よくあるパターンだと思って読み込んでおくと, 今後「倒置を見抜く力」が格段に上がりますよ。

And (only)(then) do they turn their attention (to a safe landing).
　　　　　　　(V)　S　　V　　　O

●それぞれの訳語

only は「そのときのみ」→「そのときになって初めて［やっと］」と訳すとキレイになります。turn *one's* attention to 〜 は「〜に意識・注意を向ける」，safe landing は「安全な着陸」です（機内アナウンスでも landing「着陸」という言葉が使われています）。ここでの they は team の人々を指していますが，説明問題ではなく和訳問題なので，「彼ら」で OK です。

問3 難易度 ★★☆

英文の構造は When S′ V′, SV.「S′ V′ するときに SV する」の形です。When 節（従属節）の中は，SV の第1文型で，外（主節）は仮主語構文（it が仮主語，to 〜 が真主語）になっています。

第1文型 →「存在・移動」

(When a big problem comes along), it's natural to want to solve it (right away).
　　　　　S′　　　　　V′　　　仮S　V　　C　　　　　　　　　真S

●従属節

come along は直訳「沿ってやってくる」→「やってくる，生じる」という熟語です。ただ，これは第1文型（along は後ろに名詞がないので前置詞ではなく「副詞」だとわかります）なので，「存在・移動」と考えれば OK です。「大きな問題がある・動く［出てくる］」と考えれば意味は理解できますね。

●主節

メインの部分は it's natural to 〜「〜するのは当然だ」です。natural は「自然の」→「（そう考えるのが自然なくらい）もっともな・当然の」という意味が長文では重要です（今回は「自然な」でも OK ですが）。文末の right away は「すぐに」という熟語です。

問4 難易度 ★★★

英文全体は If S´V´, SV.「もし S´V´ するなら SV する」の形です。

> But (if you don't (first) slow down, share 〈what you know φ〉, and
> S´   V´₁   V´₂   O´
> prioritize), you could end up (wasting time and effort (on the wrong part
> V´₃   S   V
> of the problem)).

● 従属節

ここでは2つの and がポイントです。and が結んでいるものをしっかり把握して訳出しないと大きな減点になります（採点官から「構文を把握できていない」とみなされるのです）。

≫ *Rule 66* 構文 and は「対等の品詞」を結ぶ！

複雑な英文では「and が何と何を結んでいるのか？」を意識することが重要です（入試の下線部和訳でよく問われます）。普段から **and を見たら，「後ろを見て，前を探す」** という発想を持ってください。

and の考え方

まずは and に反応する！

①直後の B に注目！

A ··· and *B*

②「B と "対等" な品詞」を and より前で探す！

1つ目の and の直後に注目すると，prioritize があるので，その前から「同じ形（動詞の原形または現在形）」を探せば，*A, B,* and *C* の形で3つの動詞（slow down／share／prioritize）が並んでいるとわかります。「気持ちを落ち着かせる／共有する／優先順位をつける」という3つを並べるように訳してください。

● 主節

you could end up -ing「結局は〜することになってしまうだろう」となります。could は「可能性（ひょっとすると〜があり得る）」です。

end up -ing は「結局〜することになる」 という意味です（受験の世界では軽視されがちですが，実は長文でよく出る・英作文で便利・英語ニュースで多用さ

れる，という隠れ重要熟語と言えます）。ちなみにこの -ing は分詞構文「〜しながら」で，end up -ing「〜しながら終える」→「結局〜することになる」と考えてください。-ing を目的語だと思い込んで「〜することを終える」と誤訳すると，意味が真逆になります！

　2つ目の and は，waste の目的語として，time と effort を結び，wasting time and effort「時間と労力を無駄にする」となっています。ここの and は簡単ですが，一応 and を見たときのルールを確認しておくと，and 直後に名詞 effort があるので，直前の名詞 time と結ばれていると判断するわけです。

　さらに waste の語法も最近の入試でよく出ます。waste は（入試頻出の）spend とセットで覚えるのがオススメです。

□ spend O on 〜　　O を〜に使う
□ waste O on 〜　　O を〜に使って無駄にする

　ここでは，waste time and effort on the wrong part of the problem で「問題の間違ったところ［不適切な部分］に時間と労力を無駄に費やす」ということです。

■ 総称の you

　この英文で，you は「あなた」ではなく，「人は誰でも」という意味です。この場合「みんな」と訳すか，（みんなに当てはまるので）訳す必要はありません。

≫≫ *Rule 19* 読解 「総称の you」の意味に注意！

　you には「あなたも私も・人は誰でも・みんな」の意味があります（辞書にも「総称」の見出しで載っています）。多くの人が見落としている用法ですが，実際には大学受験・日常会話・広告のキャッチコピー・ことわざなど様々な場面で使われるメジャーな用法です。

　和訳では「みんな・誰でも」と訳すときや，（みんなに当てはまることなので）**あえて日本語では表さない**ことも多いです。「あなた」と訳してしまうと不自然になることがあるので注意が必要です。たとえば，You can't buy friendship. は，とある有名国立大学で出た英文です。これを「あなたは友情を買うことはできない」とすると，まるで「（あなた以外の）他の人なら買える」のように聞こえてしまいます。これは総称の you で，「（みんな誰もが）友情を買うことはできない」という意味なんです。

文構造の分析

第1文型 →「存在・移動」の意味

1 ¹ Everybody knows the story [of Apollo 13]: Astronauts head (to moon),
　　　　　S　　　V　　　O　　　　　　　　　　　　　S　　　V
explosion on spacecraft, nail-biting return to earth. ² (In the 1995 movie version),
there's a scene [where the team [at Mission Control] gathers (around a
　V　　S　　　　　　　　S　　　　　　　　　　　　　V′
blackboard) (to form a plan)].

第1文型 →「存在・移動」の意味

> **訳** ¹ アポロ13号の話は誰もが知っている。宇宙飛行士が月に向かい，宇宙飛行船で爆発事故が起こり，ハラハラドキドキの地球帰還を遂げたというものだ。² 1995年に公開された映画版では，計画を練るために宇宙管制センターのチームが黒板のまわりに集まる場面がある。

> **語句** ¹ astronaut 名 宇宙飛行士／head to 〜 〜に向かう／explosion 名 爆発／spacecraft 名 宇宙飛行船／nail-biting 形 ハラハラドキドキの／² Mission Control 宇宙管制センター

> **文法・構文** ¹ 動詞 head は第1文型で使われているので「存在・移動」の意味だとわかります。今回は「到達」を表す前置詞 to が続いているので，「移動」の意味です（***Rule 78*** ▶ p.16）。

Sの同格

2 ³ Gene Kranz, the flight director, grabs a piece of chalk and draws a simple
　　　　　S　　　　　　　　　　　　　　V　　　O　　　　　　V　　O
illustration (on the blackboard). ⁴ It shows the damaged spacecraft's path [from
　　O　　　　　　　　　　　　　　　S　V　　　O
outer space, around the moon, and (hopefully) back to the earth's surface]. ⁵ The
goal is clear: (To get the astronauts home safely), Mission Control has to keep
S　V　C　　　　　　　　　　　　　　　　　　　　　　S　　　　　　V

コロン (:) → 具体化

them alive and on the right course (for every minute [of that journey]).
O　　C　　　　C

> **訳** ³ 飛行主任のジーン・クランツは，1本のチョークを持って黒板に簡単な図を描く。⁴ それは，損傷を負った宇宙飛行船が大気圏外から，月を周回し，そして（願わくは）地球上に帰還する航路を示すものである。⁵ 目的は明確だ。すなわち宇宙飛行士を無事に帰還させるために，宇宙管制センターは彼らが死なないように，また飛行中に彼らが一瞬たりとも正しい航路を外れないようにする必要がある。

> **語句** ³ flight director 飛行主任／grab 動 つかむ／chalk 名 チョーク／illustration 名

図，絵，イラスト／⁴ damaged 形 損傷を負った／path 名 航路，経路／outer space 大気圏外／hopefully 副 願わくは／surface 名 表面／⁵ keep OC OをCの状態に保つ／every minute of 〜 〜の一瞬一瞬／journey 名 旅

文法・構文 ³ 過去の出来事でも，目の前で起きているかのように表現するために，現在形が使われる場合があります。⁴ and は A, B, and C の形で，3つ（from 〜／around 〜／back to 〜）を結んでいます。⁵ keep OC の形で，and はカタマリ2つ（alive／on the right course）を結んでいます。

3 ⁶ (Throughout the film), Kranz returns (to that goal [on the blackboard]).
⎯⎯⎯⎯ ⎯⎯⎯⎯
  S   V
⁷ (In the chaos [of Mission Control]), the simple illustration helps keep the team
⎯⎯⎯⎯⎯⎯⎯⎯⎯⎯⎯⎯⎯⎯⎯   ⎯⎯⎯⎯ ⎯⎯⎯ ⎯⎯⎯⎯
                               S   V   O

複数形 problems → 羅列を予想

help {to} 原形「〜するのに役立つ」

focused on the right problems. ⁸ (First), they correct the ship's course (to ensure
⎯⎯⎯⎯⎯   ⎯⎯⎯ ⎯⎯⎯⎯⎯⎯ ⎯⎯⎯⎯⎯⎯⎯⎯⎯
  C   S   V   O
〈{that} it won't move (suddenly) (into deep space)〉). ⁹ (Next), they replace
       ⎯⎯   ⎯⎯⎯⎯⎯⎯   ⎯⎯⎯ ⎯⎯⎯⎯⎯
       S′   V′   S   V
a failing air filter (so {that} the astronauts can breathe). ¹⁰ And (only) (then)
⎯⎯⎯⎯⎯⎯⎯⎯⎯⎯   ⎯⎯⎯⎯⎯⎯⎯⎯⎯ ⎯⎯⎯ ⎯⎯⎯⎯⎯⎯⎯
        O   S′   V′
do they turn their attention (to a safe landing).
⎯⎯ ⎯⎯⎯ ⎯⎯⎯ ⎯⎯⎯⎯⎯⎯⎯⎯⎯
 S   V   O

否定語による倒置

訳 ⁶ 映画の随所で，クランツは黒板に書かれたその目的に立ち戻る。⁷ 宇宙管制センターが大混乱に陥っている最中，その簡単な図のおかげでチームは適切な問題に集中し続けることができている。⁸ まず彼らは，急に深宇宙に入り込んでいかないようにするため，宇宙船の航路を修正する。⁹ 次に，彼らは宇宙飛行士が呼吸できるよう，壊れそうな空気濾過装置（ろか）を取り替える。¹⁰ そして，彼ら（チーム）はそのときになって初めて，安全な着陸に自分たちの意識を向けるのだ。

語句 ⁶ throughout 〜 前 〜の間中，〜のいたるところで／film 名 映画／return to 〜 〜に立ち戻る／⁷ chaos 名 混沌（こんとん），大混乱／help {to} 原形 〜するのに役立つ／be focused on 〜 〜に集中している／⁸ correct 動 修正する／ensure {that} S′ V′ 確実に S′ が V′ する／deep space 深宇宙（※地球から遠く隔たった宇宙空間のこと）／⁹ replace 動 取り替える／failing 形 機能しなくなりつつある／so {that} S′ 助動詞 V′ S′ が V′ するように／breathe 動 呼吸する／¹⁰ landing 名 着陸

文法・構文 ⁷ 利害関係（benefits／problems など）や関係副詞の先行詞（reasons／ways など）の複数名詞が出ると，後ろに具体的な内容が羅列されることがよくあります。ちなみに the right problems は「適切な［対処すべき］問題」です。

4 ¹¹ (When a big problem comes along), it's natural to want to solve it (right
         ⎯⎯ ⎯⎯⎯⎯⎯⎯⎯⎯ ⎯⎯⎯⎯⎯⎯⎯   ⎯⎯⎯⎯ ⎯ ⎯⎯⎯⎯⎯⎯⎯⎯⎯⎯⎯⎯
              S′   V′   仮SV C   真S

away）. ¹² The clock is ticking, the team is in panic, and solutions start popping
　　　　　　　　S　　　V　　　　　S　　　V　　　　　　　　S　　　V　　　O
into everyone's mind. ¹³ But （if you don't （first） slow down, share ⟨what you
　　　　　　　　　　　　　　　　　　　S′　　　　　　　V′₁　　　V′₂　　O′
know φ⟩, and prioritize）, you could end up （wasting time and effort （on the
　　　　　　　　V′₃　　　S　　　V
wrong part of the problem））.

訳 ¹¹ 大きな問題が生じると，それをすぐに解決したいと思うのは当然のことだ。¹² 時計はカチカチと音を立てて進み，チームはパニック状態にあり，全員の頭には解決策が浮かび始める。¹³ しかし，まずは気持ちを落ち着かせ，わかっていることを共有し，優先順位をつけなければ，結局は問題の不適切な部分に時間と労力を無駄に費やすことになってしまうだろう。

語句 ¹¹ come along 現れる，やってくる／right away すぐに／¹² tick 動 カチカチと音を立てる／in panic パニック状態にある／pop into *one's* mind 人の頭に浮かぶ／¹³ prioritize 動 優先順位をつける／end up –ing 結局〜することになる

文法・構文 ¹² The clock is ticking は第1文型が進行形になっていると考えられますが，「存在・移動」の発想（***Rule 78*** ▶ p.16）は使えません（こういうこともありますが，今後の勉強で「いつもではないけど，第1文型のルールが役立つ場面がたくさんある！」と実感してもらえればと思います）。文末の pop into *one's* mind は「（考えなどが）ふと心に浮かぶ・思いつく」です。これ自体が start の目的語になっているのですが，動詞 pop は第1文型なので，「存在・移動」と考えられます。into は「〜の中に入っていく」を表すので「移動」と考え，「解決策が動いて，全員の頭の中に入っていく」→「解決策が全員の頭に浮かぶ」と理解できます。

仮定法過去完了

5 ¹⁴ （If Mission Control had worried about the air filter （first））, they would
　　　　　　　S′　　　　　　　V′　　　　　　O′　　　　　　　　S　　V
have missed their window [to keep the correct path [to earth]]. ¹⁵ （Instead）,
　　　　　　　　O
NASA got organized and sorted their priorities （before they started on
　S　　V　　　　　　　V　　　　O　　　　　　　　　　　S′　　V′
solutions）.
　O′

訳 ¹⁴ もし宇宙管制センターが最初に懸念したのが空気濾過装置だったら，地球までの正しい航路を維持するための機会を逃していただろう。¹⁵ しかしそうはならず，NASA（米国航空宇宙局）は問題を整理し，解決策に取りかかる前に優先順位をつけたのだ。

語句 ¹⁴ worry about 〜 〜を心配する／miss 動 逃す／window 名 好機，チャンス／¹⁵ get organized 問題を整理する，頭を整理する／sort 動 分類する，選別する／priority 名 優先順位／start on 〜 〜に取りかかる

Everybody knows the story of Apollo 13: // Astronauts head to moon, // explosion on spacecraft, // nail-biting return to earth. // In the 1995 movie version, // there's a scene / where the team at Mission Control / gathers around a blackboard to form a plan. //

Gene Kranz, // the flight director, // grabs a piece of chalk and draws a simple illustration on the blackboard. // It shows the damaged spacecraft's path from outer space, // around the moon, // and (hopefully) back to the earth's surface. // The goal is clear: // To get the astronauts home safely, // Mission Control has to keep them alive / and on the right course for every minute of that journey. //

Throughout the film, // Kranz returns to that goal on the blackboard. // In the chaos of Mission Control, // the simple illustration helps keep the team focused on the right problems. // First, / they correct the ship's course / to ensure it won't move suddenly into deep space. // Next, / they replace a failing air filter / so the astronauts can breathe. // And only then do they turn their attention to a safe landing. //

When a big problem comes along, // it's natural to want to solve it right away. // The clock is ticking, // the team is in panic, // and solutions start popping into everyone's mind. // But if you don't first slow down, // share what you know, // and prioritize, // you could end up wasting time and effort on the wrong part of the problem. //

If Mission Control had worried about the air filter first, // they would have missed their window to keep the correct path to earth. // Instead, // NASA got organized and sorted their priorities *before* they started on solutions. //

日本語訳

　アポロ13号の話は誰もが知っている。// 宇宙飛行士が月に向かい // 宇宙飛行船で爆発事故が起こり // ハラハラドキドキの地球帰還を遂げたというものだ。// 1995年に公開された映画版では // 場面がある／宇宙管制センターのチームが／計画を練るために黒板のまわりに集まる。//

　ジーン・クランツ // 飛行主任は // 1本のチョークを持って黒板に簡単な図を描く。// それは, 損傷を負った宇宙飛行船が大気圏外から, 航路を示すものである // 月を周回し, // そして（願わくは）地球上に帰還する。// 目的は明確だ。// すなわち宇宙飛行士を無事に帰還させるために, // 宇宙管制センターは彼らが死なないように…する必要がある／また飛行中に彼らが一瞬たりとも正しい航路を外れないように。//

　映画の随所で, // クランツは黒板に書かれたその目的に立ち戻る。// 宇宙管制センターが大混乱に陥っている最中, // その簡単な図のおかげでチームは適切な問題に集中し続けることができている。// まず／彼らは, 宇宙船の航路を修正する／急に深宇宙に入り込んでいかないようにするため。// 次に, ／彼らは壊れそうな空気濾過装置を取り替える／宇宙飛行士が呼吸できるよう。// そしてそのときになって初めて, 彼らは安全な着陸に自分たちの意識を向けるのだ。//

　大きな問題が生じると, // それをすぐに解決したいと思うことは当然のことだ。// 時計はカチカチと音を立てて進み, // チームはパニック状態にあり, // 全員の頭には解決策が浮かび始める。// しかし, まずは気持ちを落ち着かせなければ, // わかっていることを共有し, // 優先順位をつける, // 結局は問題の不適切な部分に時間と労力を費やすことになってしまうだろう。//

　もし宇宙管制センターが最初に懸念したのが空気濾過装置だったら, // 地球までの正しい航路を維持するための機会を逃していただろう。// しかしそうはならず, // NASA（米国航空宇宙局）は問題を整理し, 解決策に取りかかる前に優先順位をつけたのだ。//

このLessonで出てくるルール

Rule 12 読解　固有名詞は「具体例」の合図！ ⇒ 問1

Rule 22 読解　「対比」を表す表現に反応する！ ⇒ 問2

Rule 69 構文　「同格のthat」をとる名詞 ⇒ 問3

Rule 48 解法　「数字」を使ったひっかけパターン ⇒ 問3

Rule 35 読解　長文単語・語句をマスターする！（replace） ⇒ 問4

Rule 45 解法　「強調」系の語句に反応する！ ⇒ 問5

Rule 24 読解　過去と現在の「対比」を予測する！（new） ⇒ 問5

解答

問1 (1) ③　　(2) ②　　(3) ②　　問2 ③　　問3 ②, ④　　問4 ①, ③
問5 ③

問1 (1) 難易度 ★★☆

prior to ～「～より前に」という熟語で，意味が近いのは，③ earlier than ～「～より早く，～より前に」です。prior to ～ はラテン比較級と呼ばれ，thanではなく，**toを使って「～より」を表します。**

> **ラテン比較級の重要表現**
> □ 優劣：*be* superior to ～　～より優れた／*be* inferior to ～　～より劣った
> □ 年齢：*be* senior to ～　～より年上だ／*be* junior to ～　～より年下だ
> □ 好み：prefer *A* to *B*　*B*より*A*が好き　　／*be* preferable to ～　～より好ましい
> □ その他：prior to ～　～より前に

選択肢の訳

(1) ～より前に
① ～頃　　② ～により近い　　**③ ～より前に**　　④ ～より速く
※④の quick や fast は「スピードが速く，素早く」です。

(2) 難易度 ★★★ 　思考力

　下線部を含む英文の後に，In Yemen と「固有名詞」があるので，「ここから具体例が始まる」と考えることができます。

>>> *Rule 12* 読解 固有名詞は「具体例」の合図！

　For example などを使わずに具体例を挙げることがよくあります。そのときの目印の1つが「固有名詞」なんです。「**文章中で固有名詞が出てきたら，その文（固有名詞を含む文）から具体例が始まる**」という法則があります。固有名詞を含む文の先頭に「見えない For example がある」と考えてもいいでしょう。

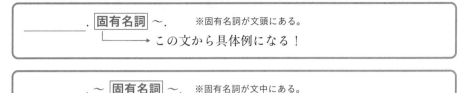

　ちなみに，「文章中」とは「第2文目以降」ということです。固有名詞自体は英文のどこにあってもかまいません（文頭・文中どこでも，固有名詞を含んだその文からが具体例となります）。

※長文の1文目にいきなり固有名詞があるときはこのルールは使えません（その場合，いきなり For example で始まっている英文だと考えてください）。あくまで第2文目以降に固有名詞が出てきたときに活用してください。

　In Yemen, ～. In Turkey, ～. The Tunisians ～, and the Moroccans ～. と続き，「コーヒーの焙煎（ばいせん）が慣習になった／シナモンなどの香辛料を加えた／橙 花水（だいだいはなみず）を加えて風味をよくした／乾燥させたバラの花びらとバルサムの香辛料を加えた」などと書かれています。

　下線部は，こういった具体例をまとめたものになるはずなので，「各国がコーヒーに与えた影響」と考え，② influence「影響」を選びます。

　ちなみに，left its mark <u>on</u> the drink という形もヒントになります。on は「接触」→「（接触してグイグイと与える）影響」の意味があります。**have an influence on ～「～に影響を与える」**という熟語が有名で，正解の influence「影響」も on をとります。

　また，**leave** は「残す」という意味です（leave Tokyo「東京を出発する」も，見方を変えると「東京を残して出発する」と解釈できますね）。

意味を推測するパターン

　今回のような問題ではたいてい，「mark には『影響』の意味があるので覚えよう」としか言われないと思います。しかしそんな意味まで覚えている受験生はいませんし，辞書でもかなり後ろのほうに載っていることがほとんどです。今回は「主張と具体例」を見抜くことが要求されたわけですが，みなさんは「固有名詞は具体例の目印」というルールで解けます。今回は**「具体例から主張を推測」**しましたが，逆のパターンで，**「主張から具体例の内容を推測」**することもできます。どんな問題であれ，常に「ルールが使えないか？」「形から解くための糸口はないか？」という姿勢でいてください。

選択肢の訳

(2) 影響
① 特徴，性格　　② **影響**　　③ 記憶　　④ 印

(3) 難易度 ★★☆

via ≒ by way of ～ 「～経由で」です。via は本来「道」で，「道(を通って)」→「～経由で，～によって」となりました。ちなみに「トリビア (trivia)」は「旅人が3つの(tri：トリオなど3のこと)道(via)で交わした情報」→「雑学」です。

　by way of ～ は「～という道(way of)を通って(by)」→「～経由で」です。今回の言い換えはよく狙われるので，しっかり覚えておきましょう。

選択肢の訳

(3) ～を経由して
① ～と一緒に　　② **～を経由して**　　③ ～のいたる所で　　④ ～の中で

問2 難易度 ★★☆

　But (　4　) banning it, in 1600, the Pope declared it delicious and blessed the coffee.「しかし教皇は1600年に，コーヒーを禁止する (　4　)，コーヒーがおいしいと言明し，コーヒーを祝福した」で，前半「コーヒーを禁止する」と後半「コーヒーがおいしいと言明し，祝福した」は，対比の関係なので，③ instead of ～「～の代わりに，～ではなくて」が正解です。

　instead of ～ は「**代案・対比**」を表す重要表現で，リスニングでもよく狙わ

れます。instead of *A*, *B*.「Aの代わりにB」の形なら，AはNG案で，Bに主張が
くるわけです。

>>> *Rule 22* 読解 「対比」を表す表現に反応する！

対比表現に「反応」して，「その前後が反対の内容だと意識」することが大事です。

- [ ] SV while[whereas] S′V′. SVだ。その一方でS′V′だ。
- [ ] despite 〜／in spite of 〜　〜にもかかわらず
- [ ] in contrast to 〜　　　〜とは対照的に　　[ ] compared to[with] 〜　〜と比べると
- [ ] unlike 〜　　　　　　　〜とは違って　　　　[ ] far from 〜　　　　　　〜ではない
- [ ] aside[apart] from 〜　〜は別として
- [ ] instead of 〜　　　　　〜の代わりに，〜ではなく
- [ ] rather than 〜　　　　　〜よりむしろ，〜ではなく

選択肢の訳

① 〜を担当して　　② 〜に対するお礼として　　③ **〜ではなく**　　④ 〜の観点で

問3 難易度 ★★★

正解の選択肢から見てみましょう。

②「コーヒー」という単語は，カッファという，エチオピアの一地方の名前に由
来している。

4行目に Originating sometime prior to 525 in the Ethiopian province of Kaffa
(from which the drink gets its name), coffee was first used as 〜「525年より前の
あるとき，コーヒーはエチオピアのカッファという州（この地名にちなんでこの飲
み物の名前がつけられた）で誕生し，最初は〜として使われていた」とあります。

④ 世界初のコーヒーハウスがメッカにオープンしたという事実は，コーヒーとイ
スラム教が互いによい関係にあったことを示唆している。

7行目に Indeed, coffee always traveled in easy partnership with Islam. The
world's earliest coffee houses opened in Mecca and from there spread throughout
the Arab world.「実は，コーヒーは常にイスラム教と調和して伝播^{でんぱ}していったのだ。
世界最古のコーヒーハウスはメッカでオープンし，そこからアラブ世界中に広が
ったのである」とあります。

ちなみに，選択肢④では「同格の that」が2回使われています（fact の後と
indication の後）。和訳問題でもよく狙われるので，確認しておきましょう。

>>> *Rule 69* 構文 「同格のthat」をとる名詞

同格のthatをとる名詞は主に「**事実・認識系**」です。ムリに覚える必要はありませんが，眺めておくだけで同格のthatに気づきやすくなります。

「同格の**that**」をとる主な名詞（事実・認識系）
fact 事実／evidence 証拠／knowledge 知識／news 知らせ／result 結果／
rumor うわさ／sign 証拠，兆候，目印／truth 真実／assumption 仮定／
belief 信念／conclusion 結論／hope 希望／idea 考え／thought 考え／fear 心配

ちなみに，〈事実・認識系の名詞＋that〉の後ろは「**完全文（SやOが欠けていない文）**」になる点も重要です（同格のthatは接続詞です）。

次に，不正解の選択肢③を見てみましょう。

③ コーヒーを飲む習慣は，1500年代半ばまでにアラビア半島中に広まることはなかった。[コーヒーを飲む習慣がアラビア半島中に広まったのは，1500年代半ばになってからのことであった。]

6行目にBy the mid-15th century, coffee drinking had sailed from Yemen up the Arabian Peninsula「15世紀半ばまでに，コーヒーを飲む習慣はイエメンからアラビア半島へと船で海をわたって伝わり」，8行目にThe world's earliest coffee houses opened in Mecca and from there spread throughout the Arab world.「世界最古のコーヒーハウスはメッカでオープンし，そこからアラブ世界中に広がったのである」とあります。「15世紀半ば（1400年代半ば）までにアラビアに伝わった」わけなので，選択肢「1500年代半ばになってようやく広まった」とは合致しません（選択肢の直訳「1500年代半ばまで広まらなかった」→「1500年代半ばになって初めて広まった」）。

本文と選択肢で同じ数字（15）が使われていますが，表している年代は異なります。このような年代と世紀で「同じ数字」を使ったひっかけは要注意です。

>>> *Rule 48* 解法 「数字」を使ったひっかけパターン

内容一致問題では，数字がポイントになることがよくあります。本文と選択肢で「違う数字を使って同じ内容を表す」パターンはよくありますし，逆に「同じ数字を利用したひっかけ」もよく出ます。次の手順で考えてください。

(1)「**数字**」をチェック

数字はよく問われるので，丸印をつけるなどチェックしておきます。

(2) 本文と「**同値**」かをチェック

本文と選択肢で言い換えが生じることが多いので要注意です。

　　例：本文 —— A は 10，B は 40

　　　　選択肢 ┌ A は 40，B は 10 → ×

　　　　　　　│　※「数字の入れ替え」によるひっかけ。

　　　　　　　└ B は A の 4 倍／A と B の差は 30 → ○

　　　　　　　　※正解の選択肢では，本文に出てこない数字（4 や 30）を使って
　　　　　　　　　同じ意味を表すことがよくある。

選択肢の訳

① 「シルクロード」は，コーヒーロードを指すのに，より一般的に使われる単語である。
→ 1 行目 While it is common to speak of the "Silk Road," no one seems to mention a "Coffee Road" 〜. 「コーヒーロードについて話す人はいないようなのに，シルクロードについて話すことはよくある」という内容はありますが，「シルクロードがコーヒーロードを指す」という内容は書かれていません（むしろ While S´V´, SV. 「S´V´する一方，SV だ」と対比になっており，この 2 つは別物だとわかります）。
※選択肢の refer to 〜 は「〜に言及する」の訳語が有名ですが，今回は「イコール」と考えたほうが意味が理解できます（**Rule 15** ▶ p.162 にてまとめます）。

② 「コーヒー」という単語は，カッファという，エチオピアの一地方の名前に由来している。

③ コーヒーを飲む習慣は，1500 年代半ばまでアラビア半島中に広まることはなかった。[コーヒーを飲む習慣がアラビア半島中に広まったのは，1500 年代半ばになってからのことであった。]

④ 世界初のコーヒーハウスがメッカにオープンしたという事実は，コーヒーとイスラム教が互いによい関係にあったことを示唆している。

問4 難易度 ★★★

正解の選択肢から見てみましょう。

① **イエメンではコーヒーを焙煎する慣習が育まれたのだが，同国は長い間コーヒー貿易を独占的に支配していたのだった。**

10 行目に In Yemen, which held a global monopoly on coffee for hundreds of years, the roasting of coffee became a custom. 「何百年にもわたって，コーヒーにおいて世界で独占的な地位を占めていたイエメンでは，コーヒーの焙煎が慣習になった」とあります。本文の held a global monopoly on 〜「〜において世界で

31

独占的な地位を占めていた」が，選択肢で had exclusive control of ～「～を独占的に支配していた」と表されています。exclusive は「外に（ex）締め出す（clus = close）ような（ive）」→「排他的な，独占的な」です。

③ もしローマ教皇クレメンス8世がコーヒーを飲んでみようとしなかったら，コーヒーロードがヨーロッパにたどり着くことはあり得なかったかもしれない。

　19行目に Had Pope Clement VIII not been willing to try the drink of the non-believers, the Coffee Road might never have reached Europe.「もしローマ教皇クレメンス8世がキリスト教信者でない人々の飲み物（であったコーヒー）を飲んでみなかったら，コーヒーロードはヨーロッパにたどりついていなかったかもしれない」とあります（前文から，the drink of the non-believers が「コーヒー」を表しているとわかります）。**仮定法過去完了（If S´ had p.p., S might have p.p.）が倒置された，Had S´ p.p., S might have p.p.「もし～していたら，…だったかもしれない」の形です。**選択肢も仮定法過去完了で同じ内容です。

　次に，不正解の選択肢②を見てみましょう。

② コーヒーの風味をよくしようとして，モロッコ人はバルサムの香辛料の代わりに乾燥させたバラの花びらを使った。

　15行目に the Moroccans added dried rose blossoms as well as balsamic spices.「モロッコ人はバルサムの香辛料だけでなく，乾燥させたバラの花びらを加えた」とあります。本文は「バルサムの香辛料だけでなくバラの花びらを加えた」で，選択肢の「香辛料の代わりにバラの花びらを使った」とは合致しません。

　選択肢には replace *A* with *B* が使われています。replace は勘違いしやすい単語なので，確実に理解しておく必要があります。

≫≫ *Rule 35* 読解 長文単語・語句をマスターする！（replace）

- **replace の意味：**
  「取り換える，取って代わる」　※「再び（re）置く（place）」
- **よく取る形：**
  replace *A* with *B*「AをBに置き換える」→「Aの代わりにBを使う」
- **注意点：**訳語を覚えるだけでなく，AとBの「旧・新」を意識（つまり「取り換えて新しくなったものなのか，なくなったものなのか，どっちがどっちなのか？」を意識）することが重要です。
- **コツ：**〈replace ≒ lose〉というイメージを持つといいでしょう。replace の直後の名詞が「なくなる」わけです。replace *A* with *B* は「Aをなくして

（lose），Bを持つ（with）」と一瞬で判断できます。〈replace 旧 with 新〉と考えてもいいでしょう。

選択肢の訳

① イエメンではコーヒーを焙煎する慣習が育まれたのだが，同国は長い間コーヒー貿易を独占的に支配していたのだった。

② コーヒーの風味をよくしようとして，モロッコ人はバルサムの香辛料の代わりに乾燥させたバラの花びらを使った。

③ もしローマ教皇クレメンス8世がコーヒーを飲んでみようとしなかったら，コーヒーロードがヨーロッパにたどり着くことはあり得なかったかもしれない。

④ ローマ教皇が1600年に下したコーヒーに関する宣言と決断によって，ヨーロッパ文化につながる門戸の秘密が明らかになった。
→ 21行目に in 1600, the Pope declared it delicious and blessed the coffee「1600年に，教皇はコーヒーがおいしいと言明し，コーヒーを祝福した」，His decision effectively threw open the gates to a lively new culture — the European coffee house.「彼の決断が功を奏し，活気のある新文化—ヨーロッパのコーヒーハウス—への門戸が開かれたのだった」とありますが，選択肢の disclosed the secret of the gates that 〜「〜の門戸の秘密を明らかにした」とは書かれていません。

問5　難易度 ★★☆

27行目に Around this time, the Coffee Road took a surprising new turn and entered Japan through the back door.「この頃，コーヒーロードが驚くべき新たな展開を見せ，裏ルートで日本に侵入したのだった」，Dutch merchants in Japan, who were permitted to live only on the small artificial island of Dejima off Nagasaki, were enthusiastic coffee drinkers.「長崎沖の出島という小さな人工島にしか住むことが許されていなかった，日本在住のオランダの商人たちが，熱狂的なコーヒー愛飲家になっていたのだ」とあり，これに合致する③が正解です。

本文の surprising や new に反応することで，重要な内容が頭に残りやすくなります。こういった表現は設問で狙われることが多いのです。その理由は，surprising というからには「驚くべき内容（重要情報）」がくるわけですし，new というからには「新しい情報」を提供するからです。普通の受験生がスルーしてしまう，こういった単語に反応できるようになると断然有利です。

≫≫ *Rule 45* 解法 「強調」系の語句に反応する！

best of all「特に，とりわけ」など，**何かを「強調」する表現は，後ろに大事な内容がくる**わけですから，設問でもよく狙われます。言われると当たり前のこと

に思えますが，きちんと意識できている受験生は意外と少ないので，ここでしっかり意識しておきましょう。

☐ best of all	特に，とりわけ　※直訳「すべての中で最もよいものは」
☐ especially	特に
☐ without fail	必ず，確実に　※直訳「失敗することなしに」
☐ in particular	特に，とりわけ
☐ above all	とりわけ，何よりも　※直訳「すべての上に」
☐ actually	実際は　※何か「重要なことを告白する」ときによく使われる。
☐ surprising	驚くべき
☐ to *one's* surprise	（人が）驚いたことに

>>> *Rule 24* 読解 過去と現在の「対比」を予測する！（new）

new は簡単すぎて，注目する受験生はまずいませんが，**new は「今までとは違う」**ことを強調する，**過去と現在の対比の目印**となります。大事な内容なので，当然，設問でも狙われます。

※リスニングでも，new に反応することで，設問が1つ解けることがよくありますよ。

選択肢の訳

① ヨーロッパ人はコーヒーにとても喜び刺激を受けたので，海外の植民地にこの飲み物を送ることにした。

→ 25行目に Given the delight in the stimulating drink and its commercial potential, Europeans brought the coffee plant to their colonies in Indonesia and the Americas. 「この刺激作用のある飲み物を飲む楽しみと，そのビジネスチャンスを考慮して，ヨーロッパの人々はコーヒーノキ［コーヒーの木］をインドネシアおよび南北アメリカ大陸の植民地に持ち込んだ」とあります。海外の植民地に送ったのは飲み物としてのコーヒーではなく「コーヒーノキ」です。

② 驚くべきことに，コーヒーロードが日本に入ってきた際には，発祥地に戻ってきたことになるのだった。

→ it had returned to its origins の意味がとりにくいですが，日本はコーヒーの発祥地ではないので，この部分が違うと判断できれば十分です。

③ **日本で最初にコーヒーを飲んだ人たちは，出島に住むよう制限を受けていた外国人だった。**

文構造の分析

1 ¹ (While it is common to speak of the "Silk Road)," no one seems to mention a "Coffee Road" (even though some of its segments would be (equally) ancient and the relationships [established] (just) as lasting).

訳 ¹「シルクロード」について話すことはよくある一方で、「コーヒーロード」について話す人はいないように見受けられる。コーヒーという分野の一部は絹と同じくらい古くからあり、築かれた関係もちょうど同じくらい長続きしているはずなのにもかかわらず、である。

語句 ¹ even though S′V′ S′V′だけれども／segment 名 分野／ancient 形 大昔の／lasting 形 長続きする

文法・構文 ¹ and以降 は the relationships established {would be} just as lasting から、動詞部分が省略されています。このように、andの前後で共通な要素は、後ろで省略される場合が多いです。ちなみに as lasting以下 は {as the relationships established on the "Silk Road"} が省略されています。このように as 〜 as ... では、比較の相手が文脈上明らかな場合、比較対象が省略されることがよくあります。

2 ² (Originating sometime (prior to 525) (in the Ethiopian province of Kaffa [(from which the drink gets its name)])), coffee was (first) used (as an aid [to religious prayer]). ³ (By the mid-15th century), coffee drinking had sailed (from

> 第1文型 → 「存在・移動」の意味

Yemen up the Arabian Peninsula), (leaving (in its path) the world's first coffee farms). ⁴ (Indeed), coffee always traveled (in easy partnership [with Islam]). ⁵ The world's earliest coffee houses opened (in Mecca) and (from there) spread (throughout the Arab world).

訳 ²525年より前のあるとき、コーヒーはエチオピアのカッファという州（この地名にちなんでこの飲み物の名前がつけられた）で誕生し、最初は宗教的な祈りの補助として使われていた。³15世紀半ばまでに、コーヒーを飲む習慣はイエメンからアラビア半島へと船で海をわたって伝わり、行く手で世界初のコーヒー農園

ができていった。⁴ 実は，コーヒーは常にイスラム教と調和して伝播していったのだ。⁵ 世界最古のコーヒーハウスはメッカでオープンし，そこからアラブ世界中に広がったのである。

² originate 動 生じる／prior to ～ ～より前に（＝ before）／province 名 州／as an aid to ～ ～の補助として／prayer 名 祈り／³ sail 動 航行する／peninsula 名 半島／in one's path 行く手で／⁴ travel 動 移動する（※「旅行する」が有名ですが，単に「移動する」という意味もあります）／in partnership with ～ ～と連携して

² Originating ～ は coffee を意味上のSとする分詞構文「～して」です。⁵ and は opened ～ と spread ～ を結んでいます。A and {M} B の形で，spread の前に from there という副詞のカタマリが入っています。

3 ⁶ Each culture [along the Coffee Road] left its mark (on the drink). ⁷ (In
Yemen, [which held a global monopoly [on coffee] (for hundreds of years)]),

| 固有名詞 → 具体例の合図 | 名詞構文 → V′ で訳す |

the roasting [of coffee] became a custom. ⁸ Yemeni people traded the beans
(via the Red Sea port of Mocha) [(after which, (centuries later), Americans
would name their chocolate-flavored coffee)]. ⁹ (In Turkey), various spices

| 固有名詞 → 具体例の合図 |

[including cinnamon] were added. ¹⁰ The Tunisians improved the drink (with
orange-flower water), and the Moroccans added dried rose blossoms as well as
balsamic spices.

⁶ コーヒーロード沿いのそれぞれの文化が，この飲み物に影響を残している。⁷ 何百年にもわたって，コーヒーにおいて世界で独占的な地位を占めていたイエメンでは，コーヒーの焙煎が慣習になった。⁸ イエメンの人々はモカ（何世紀も後に，アメリカ人がこの地名にちなんでチョコレート風味のコーヒーに名前をつけることになる）の紅海に面した港を経由して豆の取引を行った。⁹ トルコでは，シナモンなどの様々な香辛料が加えられた。¹⁰ チュニジア人は橙花水を加えてコーヒーの風味をよくし，モロッコ人はバルサムの香辛料だけでなく，乾燥させたバラの花びらを加えた。

⁶ leave one's mark on ～ ～に強い影響を残す／⁷ monopoly 名 独占／roasting 名 焙煎／⁸ via ～ 前 ～経由で／Red Sea 紅海／port 名 港／name A after B B にちなんでAに名前をつける／⁹ including ～ 前 ～を含めて，～などの／

¹⁰ orange-flower water　橙花水

文法・構文 ⁷固有名詞Yemenに注目して，この文から具体例が始まると判断します。前文「コーヒーロード沿いの文化が飲み物に与えた影響」についての具体例です。held a global monopoly on coffeeは「名詞構文」で，monopoly（monopolize「独占する」という動詞から派生した名詞）がV′，on以下にO′がきます。さらに，形容詞globalを副詞globally「世界的に」に変換して，「世界的にコーヒーを独占した」と考えれば，In Yemen, which held a global monopoly on coffee for hundreds of years, 〜 を「イエメンでは，何百年にもわたりコーヒーを世界的に独占しており，〜」とスッキリ理解できます。⁸後半は本来Centuries later, Americans would name their chocolate-flavored coffee after Mocha. という文です。Mochaを関係代名詞whichに変え，after whichが丸ごと前に出た形です。⁹固有名詞Turkeyに注目して，さらに具体例が続くと判断できます。ここでも「コーヒーロード沿いの文化が飲み物に与えた影響」を具体的に説明しています。

4 ¹¹ Coffee was considered a problem (by many people) (from the start). ¹² Catholic officials wanted it banned (from Europe). ¹³ (After all), Christians drank wine

> want O p.p. の第5文型

> 仮定法過去完了の倒置

but Muslims drank coffee. ¹⁴ Had Pope Clement VIII not been willing to try the drink [of the non-believers], the Coffee Road might never have reached Europe. ¹⁵ But (instead of banning it), (in 1600), the Pope declared it delicious

> declare OC の形

and blessed the coffee. ¹⁶ His decision (effectively) threw open the gates [to a lively new culture] — the European coffee house.

> a lively new culture の同格

訳 ¹¹ コーヒーは初期より，多くの人々からやっかいな問題だとみなされていた。¹² カトリック教会の聖職者たちは，ヨーロッパでコーヒーが禁止されることを望んでいた。¹³ なにしろ，キリスト教徒はワインを飲んでいたが，イスラム教徒はコーヒーを飲んでいたからだ。¹⁴ もしローマ教皇クレメンス8世がキリスト教信者でない人々の飲み物（であったコーヒー）を飲んでみなかったら，コーヒーロードはヨーロッパにたどりついていなかったかもしれない。¹⁵ しかし教皇は1600年に，コーヒーを禁止するどころか，コーヒーがおいしいと言明し，コーヒーを祝福した。¹⁶ 彼の決断が功を奏し，ヨーロッパのコーヒーハウスという活気ある新文化への門戸が開かれたのだった。

Lesson 2

37

¹¹ consider OC OをCとみなす／from the start 最初から／¹² official 图 役人，公職人／ban *A* from *B* AをBで禁止する，AをBから追放する／¹³ after all そもそも，なにしろ，結局／¹⁴ Pope 图 ローマ教皇 [法王] ／*be* willing to 原形 〜することをいとわない／non-believer 图 信じていない人／¹⁵ declare OC OがCであると宣言する／bless 動 祝福する，賛美する／¹⁶ effectively 副 効果的に／throw open 押し開ける／lively 形 活気のある

文法・構文 ¹¹ Many people considered coffee a problem 〜 という SVOC の文が受動態になった形です。¹² want 人 to 原形 の形が有名ですが，今回のようにwant O p.p.「Oを〜してもらいたい，Oが〜されるのを望む」の形で使われることもあります。¹³ after all は「結局」という意味が有名ですが，文頭に置かれた場合は「そもそも，なにしろ」という「理由説明」の意味で使われることが多いです。¹⁴ 仮定法過去完了（If S´ had p.p., S would have p.p.）から，Ifが省略されて倒置が起きています（今回はwouldではなく might が使われています）。¹⁵ and は declared 〜 と blessed 〜 を結んでいます。¹⁶ 直訳「彼の決断が効果的に門戸を押し開けた」→「彼の決断が功を奏し，門戸が開かれた」としています。

5 ¹⁷ (Within the next 100 years), cafes sprung up (all over Europe), (starting in Venice). ¹⁸ (Given the delight [in the stimulating drink] and its commercial potential), Europeans brought the coffee plant (to their colonies [in Indonesia and the Americas]). ¹⁹ (Around this time), the Coffee Road took a surprising new turn and entered Japan (through the back door). ²⁰ Dutch merchants [in Japan], [who were permitted to live only on the small artificial island of Dejima off Nagasaki], were enthusiastic coffee drinkers. ²¹ (From 1641), knowledge of coffee began to flow (little by little) (into Japan), (through this fan-shaped island).

訳 ¹⁷ そこから100年もしないうちに，ベネチアに始まってヨーロッパ中に喫茶店が誕生した。¹⁸ この刺激作用のある飲み物を飲む楽しみと，そのビジネスチャンスを考慮して，ヨーロッパの人々はコーヒーノキ [コーヒーの木] をインドネシアおよび南北アメリカ大陸の植民地に持ち込んだ。¹⁹ この頃，コーヒーロードが驚くべき新たな展開を見せ，裏ルートで日本に侵入したのだった。²⁰ 長崎沖の出島という小さな人工島にしか住むことが許されていなかった，日本在住のオランダ商人たちが，熱狂的なコーヒー愛飲家になっていたのだ。²¹ 1641年以降，この扇形の島を通じてコーヒーに関する知識が少しずつ日本に流れ込み始めた。

語句 ¹⁷ spring up 誕生する／¹⁸ given 〜 前 (接) 〜を考慮すると，〜という前提がある

と／delight 名 喜び／stimulating 形 刺激作用のある／commercial 形 商業的な／potential 名 可能性／coffee plant コーヒーノキ [コーヒーの木]／colony 名 植民地／the Americas 名 南北アメリカ大陸／¹⁹ take a surprising turn 驚くべき展開を見せる／through the back door 正規以外の方法で／²⁰ merchant 名 商人／permit 人 to 原形 人 が〜するのを許可する／enthusiastic 形 熱狂的な／²¹ flow into〜 〜に流れ込む／little by little 少しずつ／名詞 -shaped 形 名詞 の形の

文法・構文 ¹⁷ starting in Venice は cafes を意味上のSとする分詞構文「〜して」です。¹⁸ given 〜 は本来分詞構文ですが, もはや辞書では「前置詞」と分類されています。²¹ this fan-shaped island とは前文の「出島」を指しています。

While it is common to speak of the "Silk Road," // no one seems to mention a "Coffee Road" / even though some of its segments would be equally ancient / and the relationships established just as lasting. //

Originating sometime prior to 525 in the Ethiopian province of Kaffa / (from which the drink gets its name), // coffee was first used as an aid to religious prayer. // By the mid-15th century, // coffee drinking had sailed from Yemen up the Arabian Peninsula, // leaving in its path the world's first coffee farms. // Indeed, / coffee always traveled in easy partnership with Islam. // The world's earliest coffee houses opened in Mecca / and from there spread throughout the Arab world. //

Each culture along the Coffee Road left its mark on the drink. // In Yemen, / which held a global monopoly on coffee for hundreds of years, // the roasting of coffee became a custom. // Yemeni people traded the beans via the Red Sea port of Mocha // (after which, / centuries later, / Americans would name their chocolate-flavored coffee). // In Turkey, / various spices including cinnamon were added. // The Tunisians improved the drink with orange-flower water, // and the Moroccans added dried rose blossoms / as well as balsamic spices. //

Coffee was considered a problem by many people from the start. // Catholic officials wanted it banned from Europe. // After all, / Christians drank wine but Muslims drank coffee. // Had Pope Clement VIII not been willing to try the drink of the non-believers, // the Coffee Road might never have reached Europe. // But instead of banning it, / in 1600, / the Pope declared it delicious and blessed the coffee. // His decision effectively threw open the gates to a lively new culture // — the European coffee house. //

Within the next 100 years, / cafes sprung up all over Europe, // starting in Venice. // Given the delight in the stimulating drink / and its commercial potential, // Europeans brought the coffee plant to their colonies in Indonesia and the Americas. // Around this time, / the Coffee Road took a surprising new turn / and entered Japan through the back door. // Dutch merchants in Japan, / who were permitted to live only on the small artificial island of Dejima off Nagasaki, / were enthusiastic coffee drinkers. // From 1641, // knowledge of coffee began to flow little by little into Japan, / through this fan-shaped island. //

日本語訳

「シルクロード」について話すことはよくある一方で，//「コーヒーロード」について話す人はいないように見受けられる。/コーヒーという分野の一部は絹と同じくらい古くからあり，/築かれた関係もちょうど同じくらい長続きしているはずなのにもかかわらず，である。//

525年より前のあるとき，エチオピアのカッファという州で誕生し/（この地名にちなんでこの飲み物の名前がつけられた）//コーヒーは，最初は宗教的な祈りの補助として使われていた。//15世紀半ばまでに，//コーヒーを飲む習慣はイエメンからアラビア半島へと船で海をわたって伝わり，//行く手で世界初のコーヒー農園ができていった。//実は，/コーヒーは常にイスラム教と調和して伝播していったのだ。//世界最古のコーヒーハウスはメッカでオープンし，/そこからアラブ世界中に広がったのである。//

コーヒーロード沿いのそれぞれの文化が，この飲み物に影響を残している。//イエメンでは，/何百年にもわたって，コーヒーにおいて世界で独占的な地位を占めていた//コーヒーの焙煎が慣習になった。//イエメンの人々はモカの紅海に面した港を経由して豆の取引を行った//（この地にちなんで/何世紀も後に，/アメリカ人がチョコレート風味のコーヒーに名前をつけることになる）。//トルコでは，/シナモンなどの様々な香辛料が加えられた。//チュニジア人は橙花水を加えてコーヒーの風味をよくし，/モロッコ人は乾燥させたバラの花びらを加えた/バルサムの香辛料だけでなく。//

コーヒーは初期より，多くの人々からやっかいな問題だとみなされていた。//カトリック教会の聖職者たちは，ヨーロッパでコーヒーが禁止されることを望んでいた。//なにしろ，/キリスト教徒はワインを飲んでいたが，イスラム教徒はコーヒーを飲んでいたからだ。//ローマ教皇クレメンス8世がキリスト教信者でない人々の飲み物（であったコーヒー）を飲んでみなかったら，/コーヒーロードはヨーロッパにたどりついていなかったかもしれない。//しかしコーヒーを禁止するどころか，/1600年に，/教皇はコーヒーがおいしいと言明し，コーヒーを祝福した。//彼の決断が功を奏し，活気ある新文化への門戸が開かれたのだった/ヨーロッパのコーヒーハウスという。//

そこから100年もしないうちに，/ヨーロッパ中に喫茶店が誕生した/ベネチアに始まって。//この刺激作用のある飲み物を飲む楽しみと，/そのビジネスチャンスを考慮して，/ヨーロッパの人々はコーヒーノキ［コーヒーの木］をインドネシアおよび南北アメリカ大陸の植民地に持ち込んだ。//この頃，/コーヒーロードが驚くべき新たな展開を見せ，/裏ルートで日本に侵入したのだった。//日本在住のオランダの商人たちが，/長崎沖の出島という小さな人工島にしか住むことが許されていなかった，/熱狂的なコーヒー愛飲家になっていたのだ。//1641年以降，//コーヒーに関する知識が少しずつ日本に流れ込み始めた/この扇形の島を通じて。//

▶問題 別冊 p.9

このLessonで出てくるルール

Rule 60 　解法　 下線部解釈問題の解法 ⇒ 問1

Rule 4 　読解　 〈this＋名詞〉は「まとめ」を作る！⇒ 問3

Rule 42 　解法　 NOT問題の解法 ⇒ 問7

Rule 17 　読解　「前後関係」の表現に注目！（accompany）⇒ 問7

Rule 49 　解法　 印象の強い単語・同じ単語を使ったひっかけパターン ⇒ 問9

解答

問1 ④　　問2 aggressive　　問3 to read human gestures　　問4 ③

問5 ①　　問6 know these protodogs　　問7 ④

問8 ⑻ ④，⑥　　⑼ ①，②　　問9 ④

問1　難易度 ★★☆

≫≫ *Rule 60* 　解法　下線部解釈問題の解法

(1) すぐに選択肢を見ない！　自力で解釈してみる！

　「下線部と同じ意味になるものを選ぶ」問題は，（和訳問題と違って）選択肢があるので，選択肢を見ながら「どれかなぁ」なんて考えがちですが，その姿勢ではダミーにひっかかってしまいます。

　ベストな解き方は「すぐには選択肢を見ない」ことです。下線部和訳のつもりで自力で解釈して，「**自分ならこう解釈する**」という下地ができてから選択肢を見ます。選択肢の中から「自分の解釈と同じ［似た］ものを探す」姿勢です。

- **よくない解き方**：(a) すぐ選択肢を見る
　　　　　　　　　　 (b) 本文を1回読む → 選択肢だけを見比べる
- **理想的な解き方**：本文を読む → 自分なりに解釈 → 選択肢から探す！

（2）「本文５回・選択肢１回」という姿勢で！

　もし選択肢で迷ったら，「選択肢同士をよく見比べる」のではなく，一度本文に戻って読み直したほうが絶対にうまくいきます。

　選択肢には，「ウソの内容・正論だけど本文には書いていない内容・本文に書いてあるけど設問文の要求に応えていない内容」などが入り混じっています。選択肢を読み込んでいるうちに，本文の内容や問われていることを忘れてしまうことがあるわけです。

　本文は何度も読むべきです。３回，４回，何なら５回でもいいくらいです。該当箇所だけを繰り返し読むだけなので，さほど時間はかかりません（試しに時間を計ってやってみてください。たとえば該当箇所が２行なら，５回読んでも１分かからないはずです）。

※もちろん毎回「５回」読む必要はなく，それくらいの姿勢が必要ということです。一見遠回りに見えて，実は速く確実に解けるようになります。

　さて，今回の問は（下線が引かれていない）文頭からきちんと考えたかどうかがポイントです。andで結ばれた前半と後半はきれいに対応しており，実質「対比関係」を表しています。

The wolves [that were bold but aggressive] would have been killed (by humans),
　　　　　　　S　　　　　　　　　　　　　　　　　　　　　　　　V
and (so) (1) only the ones [that were bold and friendly] would have been tolerated
　　　　　　　　　　　　S　　　　　　　　　　　　　　　　　　　　　　　V
{by humans}.

　下線部(1)のonesはwolvesのことです。そして，aggressive「攻撃的な」とfriendly「人なつっこい」が対比関係になっていることから，would have been killed「殺されていただろう」とwould have been tolerated「受け入れられたのだろう」も対比関係だろうと予想できるわけです。ここのtolerateの意味は難しいですが，「人間に殺された」との対比関係を利用すると，「人間に殺されなかった＝受け入れられた」くらいの意味だと推測できます。また，後半ではby humansが省略されています（共通する部分は，反復を避けるためによく省略されます）。

　「勇敢＋攻撃的：人間に殺された」⇔「勇敢＋人なつっこい：人間に受け入れられた」ということで，後半部分に合致する④が正解です。

※ちなみに，would have p.p.は「仮定法過去完了（〜だっただろうに）」で使われることが圧倒的に多いですが，今回は「過去への推量（〜しただろう）」を表しています。

　次に，不正解の選択肢を見てみましょう。

① 肝が太く忍耐力をもったオオカミだけは，人間に殺されなかった。
　→「忍耐力をもった」がアウトです。
② 度胸があり動物好きな人間だけが，オオカミに受け入れられた。
　→「動物好きな人間」とは書かれていませんし，「人間が（オオカミに）受け入れられた」が完全に間違いですね。
③ やや太めの愛らしいオオカミだけが，人間に好意を示した。
　→「やや太め」「愛らしい」「人間に好意を示した」とは書かれていません。

問2 難易度 ★★☆

　In only several generations, these friendly wolves would have become very distinct from their more（　2　）relatives. 「たった数世代の間に，こういった人なつっこいオオカミたちは，より（　2　）な同類（オオカミ）たちとはかなり異なる外見になったのだろう」では，become distinct from 〜「〜と異なる」に注目してください。空所には these friendly wolves と「異なる」，つまり「**対比関係**」になる語が入ると考えます。問1で見たように，第1段落では friendly と aggressive が対比されていたので，空所には aggressive を入れれば OK です。

問3 難易度 ★★☆

　This ability は〈this ＋ 名詞 〉の形に注目して，「前の内容をまとめている」と考えます。

≫ *Rule 4*　読解 〈this ＋ 名詞 〉は「まとめ」を作る！

　英文中に〈this ＋ 名詞 〉がきたら，その直前の内容を「まとめる」働きがあります。筆者が何かしらを説明して，そこまでの内容を一旦整理する目的で，〈this ＋ 名詞 〉でまとめるわけです。

　this の後ろの「名詞」は，そこまでの内容を一語にギュッと凝縮した単語が使われます。ということは，英文を読んでいて〈this ＋ 名詞 〉が出てきたら…

（1）「そこまでの内容をまとめると，その名詞になる」とわかる
　　たとえば難しい内容が続いていても，this experiment「この実験」があれば，その長々とした内容は experiment「実験」のことなのだとわかる。
（2）this の後の名詞を知らない場合 → どうせ「まとめ」なので，「今言ったこのこと」と考えれば，文意をつかむことができる。

以上のように，〈this +名詞〉に注目することはものすごく大事です。また，〈these +名詞〉もまったく同じ発想です。
※〈this +名詞〉の内容を説明させる問題は入試で超頻出事項です。

This ability「この能力」を表す内容を前の部分から探すと，13行目に But the ability of dogs to read human gestures is remarkable.「しかし，人間のジェスチャーを読み取る犬の能力は驚くべきものだ」が見つかります。the ability of 人 to ～「人が～できること」の形（今回は 人 に dogs ですが），「犬が～を読み取れること」を表しています。

これを下線部(3)で This ability とまとめているので，解答は，与えられている a dog's ability の後に to read human gestures を入れたら OK です。ability {of 人} to ～「(人が)～できること，(人が)～する能力」はよく使われる形なので，一瞬で意味がとれるようにしておきましょう。ちなみに，前の10行目の These protodogs evolved the ability to read human gestures.「この原始犬たちは，人間のジェスチャーを読み取る能力を発達させていったのだ」もヒントになります。この文の主語にも〈These +名詞〉が使われ，前の内容を受けて「こういった原始犬」とまとめていますし，さらにその前でも these friendly wolves「こういった人なつっこいオオカミ」とあります。

補足 解答に直接は関係ありませんが，第3段落は「一般論」→「主張」という流れです。1文目の we take for granted that ～「私たちは～を当然だと考えている」で「みんなの思い込み，一般論」を挙げています。そして2文目で But ～ is remarkable.「しかし～は驚くべきものだ」と一般論をひっくり返し，主張を展開しているのです。

問4 難易度 ★★☆

account for ～ は「～を説明する・占める」の意味がとても重要です。ここでは文脈上「説明する」が適切なので，③ explains が正解です。This ability accounts for the extraordinary communication we have with our dogs. は，「この能力は～を説明する」→「この能力によって～の説明がつく，この能力が～する要因である」ということです。

> 多義語 account　核心：計算して説明する
> (1) 勘定書，請求書　　　(2) 口座，（ネットでの）アカウント
> (3) 報告，説明／説明する（account for ～）
> (4) 占める（account for ～）

accountにはcount「数える」が含まれており，「（計算した内容を）報告・説明する」となりました。また，レストランで食べたものを「計算して説明するもの」→「勘定書」，銀行でお金を「計算して説明するもの」→「口座」です。SNSなどで使われる「アカウント」は，「口座」から転用されたものです（口座が銀行での窓口なので，SNSの窓口として転用されました）。さらにaccount for 〜 で「説明する」→「占める」となります（「40％を占める」とは，グラフの40％を「説明してくれる」ということ）。

※誤りの選択肢①はaccount，④はaccount forの他の意味を利用したひっかけになっています。多義語の意味が問われた場合，「その意味自体はあるけれども，この文脈では不適切」というのがよくあるひっかけパターンです。

選択肢の訳

① 計算する　　② 推定する　　**③ 説明する**　　④ 占める

問5　難易度 ★★☆

　原則通り，まずは下線部を和訳問題のつもりで解釈します。全体はso 〜 that ...「とても〜なので…だ」の形です。構文上でのポイントは必ず重視されるので，問題形式にかかわらず意識しておきましょう。今回もso 〜 that ...「とても〜なので…だ」を見抜けば，これを表す選択肢が①しかないために即座に正解を選べます。

> so 〜 that ...「とても〜なので…だ」

Some dogs are so attuned (to their owners) that they can read a gesture [as
S　　　　 V　　 C　　　　　　　　　　　　　　 S′　 V′　　 O′
subtle as a change in eye direction].

●〈some ＋ 名詞 〉の訳し方

be attuned to 〜は「〜と通じ合っている，〜に慣れている」という熟語で，Some dogs are so attuned to their owners that ...「犬の中には，飼い主ととても通じ合っているため…するものもいる」となります。some ＋ 名詞 〜 は「いくつかの［一部の］ 名詞 は〜する」と訳すときと，「 名詞 の中には〜するものもいる／〜する 名詞 もいる」と訳すときがありますが，今回はこの後者のほうで，①で「犬の中には〜ができるものもいる」となっています。

46

● as 〜 as ... 「…と同じくらい〜だ」

　that以下はas 〜 as ... 「…と同じくらい〜だ」の形が使われ，they can read a gesture as subtle as a change in eye direction「視線の方向の変化と同じくらい（視線の方向の変化のような）微妙なジェスチャーを読み取れる」となります。

問6　難易度 ★★☆

　these protodogs were worth knowingは，be worth -ing「〜するに値する」の形で，「そういった原始犬は知るに値するものだった」という意味です（worthは前置詞なので，後ろには「名詞・動名詞」がきます）。

　これを，仮主語構文のit was worthwhile to 〜「〜することは価値があった」の形に書き換えます（worthwhileは形容詞「価値がある」）。toの後に原形knowを入れて，後はその目的語としてthese protodogsを入れればOKです。ちなみに，ここでも〈these +名詞〉の形で前の内容をまとめています。

問7　難易度 ★★☆

　「狩猟に犬を連れて行く利点として筆者が挙げていないもの」が問われています。

≫≫ Rule 42 　解法　NOT問題の解法

（1）内容一致の原則

　内容一致問題では，「設問文」を先読みします（先に設問文に目を通してから本文を読む）。しかし「選択肢」まで見る必要はありません（4つのうち3つが「ウソの内容」の可能性があり，本文を読む前にウソの情報が頭に入ってしまうため）。

（2）NOT問題は別

　「選択肢から当てはまらないものを選ぶ問題（NOT問題）」の場合，先に選択肢を見ておくのもアリです。普通なら4つ中3つが「ウソ」であっても，NOT問題ならウソは1つだけなので，先に目を通してもダメージが少ないのです（好みなので，無理にそうする必要はありません。自分で試してみてどっちが合うか判断してください）。

（3）NOT問題は「消去法」か「確実に違う部分を見つけ次第即答」

　NOT問題は消去法を使うことが多くなりますが，「明らかに本文と違う内容」を見つけたら，即解答を選んでOKです。

下線部(7)を含む英文の後で，Even today, tribes in Nicaragua depend on 〜 と「固有名詞」があるので，ここから「利点（an advantage）」の「具体例」が始まると考えます（***Rule 12*** ▶ p.27）。これ以降で述べられていないものを選べばOKです。

　「犬にジェスチャーで指示することで，効率よく狩りをできる」という内容は書かれていないので，④が正解です。第3段落で「ジェスチャー」について言及していますが，「ジェスチャーと狩りの関連」は述べていません（「ムース川流域」とも書かれていません。22行目のMoose huntersのmooseは「ヘラジカ」のことです）。

　次に，不正解の選択肢を見てみましょう（NOT問題なので，本文の内容と合致するものです）。
① 高山地域のヘラジカの猟師は，犬を同伴させたときのほうが56パーセント多く獲物を得ることができる。

　→ 22行目にMoose hunters in alpine regions bring home 56 percent more prey when they are accompanied by dogs.「高山地域でヘラジカの狩猟を行う人々は，犬を連れていったときのほうが獲物を56パーセント多く持ち帰ってくる」とあります。accompanyの使い方（特に受動態〈*be* accompanied by 〜〉）に苦労する受験生が多いので，以下で確認しておきましょう。

>>> ***Rule 17*** 読解 「前後関係」の表現に注目！（accompany）

　accompany「〜に伴う，（人）に同伴する」は，よく受動態で使われますが，「〜によって伴われる」なんて訳すと混乱するので，まずは， メイン と サブ という視点から考えてください。

---

accompanyの使い方
● サブ accompany メイン 　　　　サブ は メイン に伴う
● メイン is accompanied by サブ 　　メイン には サブ が伴う

例：Children under twelve years of age must be accompanied by an adult.
「12歳に満たない子どもには，大人が同伴しなくてはならない（12歳未満の子どもは大人の同伴が必要です）」
※「子ども（メイン）には大人（サブ）がついてくる」という関係。

　今回のthey are accompanied by dogsも，「狩猟を行う人々（メイン）には犬（サブ）が伴う」と理解できますね。選択肢では「猟師は犬を同伴させる」と訳さ

れており，英文の関係を正しく反映しています。

② コンゴでは，犬がいないと飢え死にしてしまうと信じられている。

→24行目に In the Congo, hunters believe they would starve without their dogs.「コンゴでは，狩猟者たちは，もし犬がいなかったら自分たちは餓死してしまうだろうと考えている」とあります。

③ ニカラグアの部族は獲物を見つけるために犬を頼りにする。

→22行目に Even today, tribes in Nicaragua depend on dogs to detect prey.「今日でさえ，ニカラグアの部族は獲物を探索するのに犬に頼っている」とあります。内容一致問題では，「固有名詞」が該当箇所を見つける合図になることがよくあるので，固有名詞に印をつけるなどして，自分なりに整理するクセをつけておきましょう。

問8 難易度 ★★★

下線部(8)の例

(8) we were as strongly affected by our relationship with them の them は犬（オオカミ）を指し，「私たち（人間）は，犬（オオカミ）との関係に強く影響を受けた」という意味です。

「人間が犬（オオカミ）に受けた影響」を選ぶわけですが，選択肢①～③は文末に in[of] wolves「オオカミにおいて[の]」とあり，すべて「オオカミが受けた影響」だとわかります。下線部(8)は「人間が受けた影響」なので，それ以外（④～⑥）にあると判断できるのです（さらに⑤も「オオカミと犬の間」の話なので不正解だと考えられます）。

④ 人間社会の安全性向上

25行目に Dogs would also have served as a warning system, barking at hostile strangers from neighboring tribes. They could have defended their humans from predators.「犬はまた，近隣部族から来た非友好的なよそ者に吠えて，警報システムとしての役割も果たしただろう。人間を肉食動物からも守っていたかもしれない」とあります（would have p.p. と could have p.p. は，ここではどちらも「過去への推量」）。「犬によって人間の安全性が向上した」とわかるので，④は(8)の例として適切です。

⑥ 狩りの効率性向上

問7でも見たように，20行目に People who had dogs during a hunt would

likely have had an advantage over those who didn't. 「狩りの際に犬を連れていた人々はおそらく，そうしなかった人よりも有利だっただろう」とあり，その後も「犬は狩りをするのに役立つ」と具体例が挙げられています。つまり，「犬によって人間の狩りの効率が上がった」とわかるので，⑥は(8)の例として適切です。

下線部(9)の例

下線部(9)は they have been {affected} by their relationship with us 「犬が私たち（人間）との関係によって影響を受けた」です（they は「犬」を受ける）。今回は「人間によって犬が受けた影響」の例なので，選択肢①〜③の中から選びます。

① オオカミの心理状態の変化

9行目に But the changes did not just affect their looks. Changes also happened to their psychology. 「しかし，この変化は外見に影響を与えただけではなかった。思考回路にも変化が起こったのである」(happen to 名詞 「名詞 に起こる」) とあるので，①は(9)の例として適切です。not only A but also B のバリエーション (**Rule 1** ▶ p.182) として，not just A. {But} also B. という形で「心理にも変化が起きた」と主張しており，やはり主張部分が設問で狙われているわけです。

② オオカミの外見における変化

6行目に They started to look different. 「オオカミの外見が変わり始めたのだ」とあり，その後で具体的に外見の変化を説明しています（先ほどの But the changes did not just affect their looks. からも，「オオカミの外見が変化した」とわかりますね）。よって，②も(9)の例として適切です。

ちなみに，選択肢の appearance には「出現」以外に「外見，見た目」の意味もあり，今回はこちらが使われています（appear 形容詞 「形容詞 のように見える」の名詞形）。

次に，不正解の選択肢を見てみましょう。
③ 人なつっこいオオカミの個体数減少
　→「個体数の減少」については書かれていません。
⑤ オオカミと犬の友情の高まり
　→ friendliness については本文にありますが，あくまで「オオカミが人なつっこい」というだけの話です。

問9 難易度 ★★★

10行目に These protodogs evolved the ability to read human gestures.「この原始犬たちは，人間のジェスチャーを読み取る能力を発達させていったのだ」，16行目に This ability accounts for the extraordinary communication we have with our dogs.「この能力が，私たちが犬と驚異的なレベルのコミュニケーションを取れていることを説明している」とあります。犬は「人間のジェスチャーを読み取り，意思疎通がとれる」とわかるので，この能力の具体例として適切な④を選べばOKです。実際にはこれをズバリ選ぶのは少し難しいでしょうから，消去法を活用するのもアリです（他の選択肢は，明らかに具体例として不適切です）。

次に，不正解の選択肢③を見てみましょう。
③ 犬はピースサインを理解して，私たちに向かって同じジェスチャーを返す。
→ 前半「ピースサインを理解する」はOKですが，後半「同じジェスチャーをする」には言及していません。本文で印象に残る gesture を使ったひっかけです。

≫ *Rule 49* 解法 印象の強い単語・同じ単語を使ったひっかけパターン

本文の中で「**印象の強い単語**」や，受験生が勘違いしやすい「**多義語**」が出てきたときに，その単語をわざとらしく選択肢で使ってひっかけるパターンがよくあります。同じ単語が使われていても，「本文での意味」と「選択肢での意味」が違えば当然アウトですし，設問文で求められている内容に応えないものもアウトです。

本文と同じ単語があるときほど，すぐには飛びつかず，本文・選択肢をよく見比べるようにしてください。また，「熟語」や「多義語」をしっかり覚えていくと，この手のひっかけに対処できるようになります。

選択肢の訳

① 犬とその飼い主は，テレビで悪いニュースを耳にしたらすぐに，心配そうにお互いをちらっと見るだろう。
→ 前半は「意思疎通」の一例と解釈して本文と合致しそうですが，後半の「テレビで悪いニュースを聞く」という能力には本文で言及していません。
② 犬は私たちの毎日の行動を見ているので，時には，音楽の好みが合うこともある。
→ share our tastes in music「音楽の好みが合う」ことには言及していません。
③ 犬はピースサインを理解して，私たちに向かって同じジェスチャーを返す。
④ **私たちが犬に「よくやった！」と言って親指を立てるしぐさをすると，犬は幸せな気分になってしっぽを振る。**

文構造の分析

it was ～ that ... の強調構文

1 ¹(Most likely), **it was** <u>wolves</u> **that** <u>approached</u> <u>us</u>, (not the other way
　　　　　　　　　　　　　　S　　　　　　　V　　　　　O
around), (probably) (while they were hunting (around garbage dumps [on the
　　　　　　　　　　　　　　　S′　　V′
edge of human settlements])). ²<u>The wolves [that were bold but aggressive]</u>
　　　　　　　　　　　　　　　　　　　　　　　　　　　S
<u>would have been killed</u> (by humans), and (so) <u>only the ones [that were bold</u>
　　　V　　　　　　　　　　　　　　　　　　　　　　　　　　S

過去への推量「～だっただろう」

<u>and friendly]</u> <u>would have been tolerated.</u>
　　　　　　　　　　　　V

> **訳** ¹おそらく，私たちに近づいてきたのはオオカミであって，その逆（私たちがオ
> オカミに近づいて行ったの）ではなかった。おそらくオオカミは，人間の集落の
> 隅にあるゴミ捨て場の周辺で狩りをしているところだったのだろう。²大胆でも
> 攻撃的なオオカミだったら人間に殺されていただろう。よって，大胆で，かつ人
> なつっこいオオカミだけが人間に受け入れられたのだろう。

> **語句** ¹approach 動 近づく／the other way around その逆／hunt 動 狩りをする／
> garbage dump ゴミ捨て場／edge 名 隅，縁／settlement 名 居留地，集落／
> ²bold 形 力強い／aggressive 形 攻撃的な／tolerate 動 許容する

> **文法・構文** ¹It is 名詞 that の形で，that 以下が不完全文になっていることから「強調構
> 文」だと判断できます。

2 ³<u>Friendliness</u> <u>caused</u> <u>strange things</u> <u>to happen</u> (in the wolves). ⁴<u>They</u> <u>started</u>
　　　S　　　　　V　　　　　　O　　　　　　C　　　　　　　　　　　　S　　　V
<u>to look</u> <u>different.</u> ⁵<u>Domestication</u> <u>gave</u> <u>them</u> <u>spotty coats, hanging ears, wagging</u>
　　C　　　　　　　　　S　　　　V　　O　　　O　　　　　　O　　　　　　O
<u>tails.</u> ⁶(In only several generations), <u>these friendly wolves</u> <u>would have become</u>
　O　　　　　　　　　　　　　　　　　　　　　S　　　　　　　　　V
<u>very distinct</u> (from their more aggressive relatives). ⁷But <u>the changes</u> <u>did not</u>
　　C　　　　　　　　　　　　　　　　　　　　　　　　　　　　S
<u>just affect</u> <u>their looks.</u> ⁸<u>Changes</u> (also) <u>happened</u> (to their psychology). ⁹<u>These</u>
　　V　　　　　O　　　　　　　S　　　　　V
<u>protodogs</u> <u>evolved</u> <u>the ability</u> [to read human gestures].
　　S　　　　V　　　　O

> **訳** ³人になついたことにより，オオカミに奇妙なことが起こった。⁴オオカミの外見
> が変わり始めたのだ。⁵家畜化されたことによって，オオカミの被毛に斑点が出
> たり，耳が垂れ下がった形になったり，しっぽを振るようになったりした。⁶た
> った数世代の間に，こういった人なつっこいオオカミたちは，より攻撃的な同類

たちとはかなり異なる外見になったのだろう。**7** しかし，この変化は外見に影響を与えただけではなかった。**8** 思考回路にも変化が起こったのである。**9** この原始犬たちは，人間のジェスチャーを読み取る能力を発達させていったのだ。

> **語句** **3** friendliness 图 友情，友好的であること／cause 人 to 原形 人 が〜するのを引き起こす／**5** domestication 图 家畜化／spotty 形 斑点のある／coat 图（動物の）毛／hang 動 垂れ下がる／wag 動（体の一部を）振る／tail 图 しっぽ／**6** distinct 形 異なる／relative 图 親類，同類，相対物／**7** affect 動 影響を与える／look 图（しばしば-sで）外見／**8** psychology 图 心理状態（※ここでは「思考回路」のような意味で使われています）／**9** proto- 最初の，原始の／evolve 動 発達させる

> **文法・構文** **3** cause 人 to 原形 の形で，今回は 人 の位置に strange things がきています。直訳「友好的であることは，奇妙なことが起こるのを引き起こした」→「人になついたことにより，奇妙なことが起こった」としています。**5** gave 人 物 の第4文型で，物 が3つ並列されています。直訳「家畜化はオオカミたちに，〜を与えた」→「家畜化されたことによって，〜」となっています。

3 **10** (As dog owners), we take (for granted) ⟨that we can point to a ball or toy
and our dog will bound off (to get it)⟩. **11** But the ability of dogs [to read human gestures] is remarkable. **12** Even our closest relatives — chimpanzees and

> Sの同格

bonobos — can't read our gestures (as readily as dogs can). **13** Dogs are (remarkably) similar to human infants (in the way [they pay attention to us]). **14** This ability accounts for the extraordinary communication [we have φ [with our dogs]]. **15** Some dogs are so attuned (to their owners) that they can read a gesture [as subtle as a change in eye direction].

> **訳** **10** 犬の飼い主として，私たちは，ボールやおもちゃを指さしたら犬が走ってそれを取りに行くことを当然のように考えている。**11** しかし，人間のジェスチャーを読み取る犬の能力は驚くべきものだ。**12** チンパンジーやボノボなど，人間に最も近縁の動物でさえ，犬ほど容易に人間のジェスチャーを読み取ることはできない。**13** 犬は，人間への注意の払い方において，人間の幼児にきわめて似ているのだ。**14** この能力が，私たちが犬と驚異的なレベルのコミュニケーションを取れていることを説明している。**15** 犬の中には，飼い主ととても通じ合っているため，視線の変化のような微妙なジェスチャーを読み取ることができるものもいる。

> **語句** **10** take 〜 for granted 〜を当然のことと思う／point to 〜を指さす／bound 動

飛び跳ねるように走る／**11** remarkable 形 驚くべき／**12** readily 副 容易に／**13** be similar to ～ ～に似ている／remarkably 副 際立って／infant 名 幼児／the way S´V´ S´V´する方法／**14** account for ～ ～を説明する／extraordinary 形 けた外れの／**15** be attuned to ～ ～に慣れている，～と通じ合っている／so ～ that S´V´ とても～なのでS´V´／subtle 形 微妙な／direction 名 方向

文法・構文 **10** take ～ for grantedの「～」にあたるthat節が長いため，後置されています。
14 名詞 S´V´を見たら「関係代名詞の省略」を疑いましょう。今回も，communicationとwe haveの間に目的格の関係代名詞が省略されています（元の文はwe have the extraordinary communication with our dogsです）。

---

4 **16** (With this new ability), these protodogs were worth knowing. **17** People [who had dogs (during a hunt)] would (likely) have had an advantage (over those
S　　　　　　　　　　　　　　　　V　　　　　　　　　　　　　　　　　O

> Even → 反復表現

> 過去への推量「～だっただろう」

[who didn't]). **18** (Even today), tribes [in Nicaragua] depend on dogs (to detect prey).
S　　　　　　　　　　　　　　　　　　　　　　　　　　S　　　　　　　V　　O
19 Moose hunters [in alpine regions] bring (home) 56 percent more prey (when
S　　　　　　　　　　　　　　　　V　　　　　　　　O
they are accompanied (by dogs)). **20** (In the Congo), hunters believe ⟨{that} they
S´　　　V´　　　　　　　　　　　　　　　　　　　　　　S　　V　　O　　S´
would starve (without their dogs)⟩. **21** Dogs would (also) have served (as a
V´　　　　　　　　　　　　　　　　　　　　　　　　S　　V

> 仮定法過去

> 過去への推量「～だっただろう」

warning system), (barking at hostile strangers [from neighboring tribes]).
22 They could have defended their humans (from predators).
S　　　　V　　　　　　　　　O

> 過去への推量「～だったかもしれない」

訳 **16** この新しい能力を踏まえると，そういった原始犬は知るに値するものだった。**17** 狩りの際に犬を連れていた人々はおそらく，そうしなかった人よりも有利だっただろう。**18** 今日でさえ，ニカラグアの部族は獲物を探索するのに犬に頼っている。**19** 高山地域でヘラジカの狩猟を行う人々は，犬を連れていったときのほうが獲物を56パーセント多く持ち帰ってくる。**20** コンゴでは，狩猟者たちは，もし犬がいなかったら自分たちは餓死してしまうだろうと考えている。**21** 犬はまた，近隣部族から来た非友好的なよそ者に吠えて，警報システムとしての役割も果たしただろう。**22** 飼い主を肉食動物からも守っていたかもしれない。

語句 **16** be worth -ing ～するに値する／**17** likely 副 おそらく／advantage 名 強み，優

位／**18** tribe 名 部族／depend on 〜 〜に頼る／detect 動 見つけ出す／prey 名 餌, 獲物／**19** moose 名 ヘラジカ／alpine 形 高山の, アルプスの／bring O home O を家に持ち [連れて] 帰る／accompany 動 (人) に同伴する／**20** starve 動 餓死する／**21** serve as 〜 〜としての役割を果たす／warning 形 警告の／bark 動 吠える／hostile 形 非友好的な, 敵意のある／stranger 名 よそ者, 見知らぬ人（※「奇妙な人」ではない）／neighboring 形 近隣の／**22** predator 名 捕食動物

文法・構文 **16** worth は本来「形容詞」ですが，「前置詞」と考えるとわかりやすいです（辞書にも「前置詞」として載っているのもあります）。**17** 重複を避けるため，文末には those who didn't {have dogs during a hunt}. が省略されています。**19** bring O home「O を家に持ち [連れて] 帰る」の O に当たる名詞が長いため後置されています。**20** they would starve は「仮定法過去」で，without 〜 が if 節の代わりをしています。**21** barking at 〜 は分詞構文「〜して」です。

---

5 **23** (So), (far from a benign human adopting a wolf puppy), it is more likely
　　　　　　　　　　動名詞の意味上のS　　　変化を表す表現 → 「比例」の as　　仮S　V　　　C

⟨that| a population of wolves adopted us⟩. **24** (As the advantages of dog
　　　真S　　　　　　S′　　　　　　　　V′　　O′　　　　　　S′
ownership became clear), we were as strongly affected (by our relationship
　　　　　　　　V′　　C′　　S　V
　　　　　　　　　　　　　　　　　過去への推量「〜だったかもしれない」

[with them]) (as they have been (by their relationship [with us])). **25** Dogs may
　　　　　　　　　　　　　　　　　　　　　　　　　　　　　　　　　S　　V
(even) have been the catalyst [for our civilization].
　　　　　　　　　　C

訳 **23** よって，優しい人間が子オオカミを受け入れたのでは決してなく，オオカミの集団が私たちを選んだというほうがあり得る話だ。**24** 犬を飼っていることの利点が明らかになるにつれて，犬が人間との関係によって影響を受けてきたのと同じくらい，人間も犬との関係によって強く影響を受けていた。**25** 犬は，人間の文明に変化を起こすきっかけを作ってきた可能性さえある。

語句 **23** far from 〜 決して〜でない／benign 形 優しい／adopt 動 採用する，選ぶ／puppy 名 (キツネなどの) 子，子犬／**25** catalyst 名 きっかけを作るもの／civilization 名 文明

文法・構文 **23** 動名詞 adopting 〜 の前に，意味上の S (a benign human) が明示されています（意味上の「主語」なので，「優しい人間が子オオカミをペットにしたこと」という意味です）。**24** 文頭の As は，become という「変化を表す表現」があることから「比例（〜につれて）」の意味だと判断できます。後半は 〜 as they have been {affected} by their relationship 〜 から，affected が省略されています。

Most likely, / it was wolves that approached us, // not the other way around, // probably while they were hunting around garbage dumps / on the edge of human settlements. // The wolves that were bold / but aggressive / would have been killed by humans, // and so only the ones that were bold and friendly would have been tolerated. //

Friendliness caused strange things to happen in the wolves. // They started to look different. // Domestication gave them spotty coats, // hanging ears, // wagging tails. // In only several generations, / these friendly wolves would have become very distinct / from their more aggressive relatives. // But the changes did not just affect their looks. // Changes also happened to their psychology. // These protodogs evolved the ability to read human gestures. //

As dog owners, / we take for granted that we can point to a ball or toy / and our dog will bound off to get it. // But the ability of dogs to read human gestures is remarkable. // Even our closest relatives // — chimpanzees and bonobos — // can't read our gestures as readily as dogs can. // Dogs are remarkably similar to human infants / in the way they pay attention to us. // This ability accounts for the extraordinary communication we have with our dogs. // Some dogs are so attuned to their owners / that they can read a gesture as subtle as a change in eye direction. //

With this new ability, // these protodogs were worth knowing. // People who had dogs during a hunt / would likely have had an advantage / over those who didn't. // Even today, // tribes in Nicaragua depend on dogs to detect prey. // Moose hunters in alpine regions bring home 56 percent more prey / when they are accompanied by dogs. // In the Congo, // hunters believe they would starve without their dogs. // Dogs would also have served as a warning system, // barking at hostile strangers from neighboring tribes. // They could have defended their humans from predators. //

So, / far from a benign human adopting a wolf puppy, // it is more likely that a population of wolves adopted us. // As the advantages of dog ownership became clear, // we were as strongly affected by our relationship with them / as they have been by their relationship with us. // Dogs may even have been the catalyst for our civilization. //

日本語訳

おそらく，／私たちに近づいてきたのはオオカミであって，／／その逆(私たちがオオカミに近づいて行ったの)ではなかった。／／おそらくオオカミは，ゴミ捨て場の周辺で狩りをしているところだったのだろう／人間の集落の隅にある。／／大胆なオオカミだったら／でも攻撃的な／人間に殺されていただろう。／／よって，大胆で，かつ人なつっこいオオカミだけが人間に受け入れられたのだろう。／／

人になついたことにより，オオカミに奇妙なことが起こった。／／オオカミの外見が変わり始めたのだ。／／家畜化されたことによって，オオカミの被毛に斑点が出たり，／／耳が垂れ下がった形になったり，／しっぽを振るようになったりした。／／たった数世代の間に，／こういった人なつっこいオオカミたちは，かなり異なる外見になったのだろう／より攻撃的な同類たちとは。／／しかし，この変化は外見に影響を与えただけではなかった。／／思考回路にも変化が起こったのである。／／この原始犬たちは，人間のジェスチャーを読み取る能力を発達させていったのだ。／／

犬の飼い主として，／私たちは，ボールやおもちゃを指さしたら…ことを当然のように考えている／犬が走ってそれを取りに行く。／／しかし，人間のジェスチャーを読み取る犬の能力は驚くべきものだ。／／人間に最も近縁の動物でさえ／チンパンジーやボノボなど，／／犬ほど容易に人間のジェスチャーを読み取ることはできない。／／犬は，人間の幼児にきわめて似ているのだ／人間への注意の払い方において。／／この能力が，私たちが犬と驚異的なレベルのコミュニケーションを取れていることを説明している。／／犬の中には，飼い主ととても通じ合っているため，／視線の変化のような微妙なジェスチャーを読み取ることができるものもいる。／／

この新しい能力を踏まえると，／／そういった原始犬は知るに値するものだった。／／狩りの際に犬を連れていた人々は／おそらく，有利だっただろう／そうしなかった人よりも。／／今日でさえ，／／ニカラグアの部族は獲物を探索するのに犬に頼っている。／／高山地域でヘラジカの狩猟を行う人々は，獲物を56パーセント多く持ち帰ってくる／犬を連れていったときのほうが。／／コンゴでは，／狩猟者たちは，もし犬がいなかったら自分たちは餓死してしまうだろうと考えている。／／犬はまた，警報システムとしての役割も果たしただろう／近隣部族から来た非友好的なよそ者に吠えて。／／飼い主を肉食動物からも守っていたかもしれない。／／

よって，／優しい人間が子オオカミを受け入れたのでは決してなく，／／オオカミの集団が私たちを選んだというほうがあり得る話だ。／／犬を飼っていることの利点が明らかになるにつれて，／／人間も犬との関係によって強く影響を受けていた／犬が人間との関係によって影響を受けてきたのと同じくらい。／／犬は，人間の文明に変化を起こすきっかけを作ってきた可能性さえある。／／

Lesson 4　解答・解説

このLessonで出てくるルール

Rule 67 構文 使役・知覚動詞とSVOCを徹底マスター！⇒ 問1
Rule 16 読解 「因果表現」を正しく把握する！⇒ 問3
Rule 6 読解 「疑問文」の大事な役割を意識する！⇒ 問4
Rule 33 読解 省略は「機械的に」補う！⇒ 問4
Rule 43 解法 内容一致でnotを見たら隠してみる！⇒ 問6

解答

問1 ①　　問2 ③　　問3 ④　　問4 ②　　問5 ③　　問6 ④
問7 ④・⑤

問1 難易度 ★★★

　4行目にThe images made him famous.「彼はそれらの画像がきっかけで有名になった」とあるので，有名になった理由はズバリThe images「それらの画像」です。しかしこれ自体は選択肢にないので，The imagesの内容・説明を探さないといけません（SVOCのSが「理由」になる発想は下の***Rule 67***で）。

　第1段落1〜3文目で「馬が走る姿」について，4文目にIt wasn't until the 1880s when a British photographer named Eadweard Muybridge settled the debate with a series of clever photographs.「1880年代になってやっと，エドワード・マイブリッジというイギリスの写真家が，巧みな連続写真をもってこの議論に決着をつけた」とあります。

　以上からThe imagesは「馬の走る画像」で，それが「馬が走る姿に関する議論に終止符を打った」とわかるので，これに合致する①が正解です。

>>> *Rule 67* 構文 使役・知覚動詞とSVOCを徹底マスター！

（1）使役・知覚動詞はSVOCを作る

　次の動詞を見たら「SVOCがくるんじゃないか？」と考えるようにしてください。

使役動詞：make（強制・必然）／have（利害）／let（許可）の3つだけ！
知覚動詞：see 見える／hear 聞こえる／feel 感じる／consider 思う／
find 思う／catch 目撃する／smell においがする　　など

(2) SVOCの考え方と訳し方

SVOCは「**S**によって，**O**が**C**する［**C**になる］」と訳すときれいになることが多いです。たとえば，The news made me happy. は「そのニュースは私を嬉_{うれ}しくさせた」より，「そのニュースによって［を聞いて］，私は嬉しくなった」のほうが自然ですね。

構文	S	V	O	C
実際	M′	×	S′	V′
概念	原因（理由）	無視or助動詞や副詞	主語	動詞
訳	Sによって	（ナシ or ニュアンスを追加）	Oが	Cする［Cになる］
例	The news	made	me	happy

SはM′（原因・理由），Vは無視して，Oを「主語」，Cを「動詞」っぽく考えます（Vのニュアンスを加えられれば完璧ですが，意味がわからなければ無視してOK）。

設問文と選択肢の訳

1. 第1段落によると，エドワード・マイブリッジはなぜ有名になったのか。
① **彼が馬に関する疑問に答えたから。**
② 彼が賢い人だったから。
③ 彼が写真家だったから。
④ 彼が議論に長_たけていたから。
　　→ それぞれ関連した単語（clever, photographer, debate）は出てきますが，それらが「有名になった理由」ではありません。本文の単語が使われているだけのひっかけです。

問2 難易度 ★★☆

第3段落1文目にすでに固有名詞（Muybridge）は出ていますが，この次の文から Orlando Serrell，Derek Amato，Alonzo Clemons と新たな**固有名詞**が羅列されています。ここから「**新たな具体例かな？**」と予想してください（***Rule 12*** ▶ p.27のちょっとした応用パターン）。

1文目は「脳の損傷によって才能が開花」ということなので，新たな固有名詞でも同じ内容ではないかという予想が立ちます。

実際に読んでみると，3人ともそうなっている（天気を覚えていられる／名ピアニストになった／素晴らしい彫刻を作れる）ので，③が正解です。本文のdeveloped abilities「才能を開花させた」が，選択肢ではgained remarkable skills「素晴らしい技能を獲得した」になっています。

> ここが　**思考力**　「抽象」と「具体」をきちんと把握する

設問文にOrlando Serrellなどとあるので，この部分だけを読んで正解した人もいるでしょう。しかしこの問題は「**段落全体の流れ**」「**抽象と具体**」を把握することがポイントです。1文目の抽象的な内容の後に，2〜4文目で具体例を挙げていると気づけるような読解力を身に付けるための問題です。みなさんは，固有名詞のルールのちょっとした応用くらいに考えて，今回の解説のような英文の読み方ができるように，しっかり復習してみてください。

設問文と選択肢の訳

2. 第3段落によると，オーランド・セレル，デレク・アマート，アロンゾ・クレモンズには頭部外傷の後に何が起こったか。

① 彼らは全員，さらに知能が高くなった。

→ 難しい選択肢ですが，more intelligentというからには，本文に「最初からintelligentだった（けど脳の損傷で「さらに」intelligentになった）という内容がないといけません。さらに，17行目にAlonzo Clemons has a mental age of three due to a head injury「アロンゾ・クレモンズは頭部外傷のせいで精神年齢は3歳」とあり，「全員の知能が高くなった」とは言えません。

② 彼らは全員，記憶力がよくなった。

→ 記憶力がよくなったのはオーランド・セレルだけです。

③ 彼らは全員，驚くほど素晴らしい技能を獲得した。

④ 彼らは全員，元々あった才能が突然高まった。

→ ①の選択肢と同様に，本文に「才能が元々あった」とは書かれていないのでアウトです。また，16行目にdespite lacking any musical training「音楽の訓練を一切受けたことがないにもかかわらず」とあります。

問3　難易度 ★★★

① 23行目にAfter this, <u>any brain tissue that still works</u> is repurposed.「それ以

降，まだ機能している脳組織はすべて別の用途に使われる」などがあるので，選択肢のDead tissueがアウトです。

　②21行目にbrain disease，22行目にthere is injuryなどとあり，選択肢のother than brain injury「脳の損傷以外」については書かれていません。

　③24行目に～, and then there is the release of potential within that area.「それから，その領域内に秘められていた潜在能力が解き放たれるのです」，In other words, savants may be unlocking parts of the brain the rest of us simply can't use.「つまりサヴァン症候群の人は，他の人が使うことのできない脳の部分を解き放っているのかもしれない」とあるので，選択肢のbut以下が本文の内容と真逆です。この選択肢がかなり難しいでしょう。

　以上，①～③のすべてが合致しないので，④ None of the above. が正解です。

　この問を中心に，今回の英文では因果表現が多用されているのでしっかりチェックしておきましょう。

>>> *Rule 16* 読解 「因果表現」を正しく把握する！

　「因果表現」はかなりの確率で設問で狙われます。しかしcauseは「～の原因となる，～を引き起こす」という日本語訳だけで覚えてしまうことが多く，それでは「原因と結果」を一瞬で判断することができないために混乱する受験生がたくさんいます（特に受動態be caused by ～ の形のときなど）。

　「因果表現」で大事なことは，原因と結果をキッチリ把握することです。

---

(1) 原因 V 結果 の形をとるもの 「原因によって結果になる」

☐ 原因 cause 結果
☐ 原因 bring about 結果
☐ 原因 lead to 結果 ※原因 lead up to 結果 の形になることもある。
☐ 原因 contribute to 結果
☐ 原因 result in 結果
☐ 原因 give rise to 結果
☐ 原因 is responsible for 結果
☐ 原因 trigger 結果 ※triggerはもともと「（銃の）引き金」という意味。

---

(2) 結果 V 原因 の形をとるもの 「結果は原因によるものだ」

☐ 結果 result from 原因
☐ 結果 come from 原因
☐ 結果 arise from 原因
☐ 結果 derive〔stem〕from 原因
☐ 結果 is attributable to 原因 ※attributable = attributed

---

(3) V 結果 to 原因 の形をとるもの「結果 を 原因 によるものだと考える」
- □ owe 結果 to 原因
- □ attribute 結果 to 原因
- □ ascribe 結果 to 原因
- □ credit 結果 to 原因

【応用】受動態でよく使われるものもある ※ 原因 と 結果 をきっちり把握する！
- □ 結果 is caused by 原因
- □ 結果 is brought about by 原因
- □ 結果 is attributed to 原因

※受動態では，無理に「引き起こされる」のように訳すのではなく，原因 と 結果 の位置が変わっただけだと認識することが大切です。

今回の英文では，以下の表現が出ています。いかに因果表現が大事か実感できると思います。

本文：原因 causes 結果（19行目），原因 is responsible for 結果（7行目），
　　　as a result of 原因（13行目），due to 原因（17行目），
　　　thanks to 原因（28行目）
選択肢：結果 is caused by 原因（問3），原因 lead to 結果（問6），
　　　As a result, 結果.（問7）

設問文と選択肢の訳

3. サヴァン症候群に関するダロルド・トレッファートの説明に当てはまる文を選べ。
   → 設問文の as 〜 は直前の名詞 savant syndrome を説明します。savant syndrome as {it is} explained by Darold Treffert「〜によって説明されているサヴァン症候群」という形です（辞書では「名詞限定」と呼ばれる用法で載っています）。
① 壊死組織は脳信号を送るために再編成される。
② サヴァン症候群は脳の損傷以外の事が原因で引き起こされる可能性がある。
③ 患者の潜在能力は高まるが，脳のある領域内に秘められたままである。
④ 上記のうち，どれも当てはまらない。

問4 難易度 ★★☆

下線部は疑問文なので，ここで疑問文のルールを利用したいところです。

≫≫ *Rule 6*　[読解]「疑問文」の大事な役割を意識する！

長文を読んでいるときに疑問文が出てきたら，その位置によって，以下のように考えてみてください。

疑問文の位置と役割

(1)「**段落の頭**」に疑問文がある　→「**テーマの提示**」

(2)「**文章の最後**」に疑問文がある　→「**反語**」
　　　　　　　　　　　　　　※まれに予想できない未来に対する疑問の投げかけ。

(3) その他：「英文の途中」など　→「テーマ」か「反語」かは**文脈判断**

特に「**テーマの提示**」は，その文章や段落全体（もしくは文章の途中まで）の「お題」を提供するので重要です。こう説明すると当たり前のことに思えますが，入試の長文を読むときにこれを意識できている受験生はかなり少ないです。テーマを意識することで，今読んでいる内容が「脱線」なのか，「大事なところ」なのかの判断ができるようになります。テーマに関する内容は間違いなく問われるので，ここを意識するかどうかで，長文全体の出来に関わってくるとも言えます。

下線部は「段落冒頭にある」疑問文なので，その段落の「テーマ」を表します。しかも設問では「その質問に対する答え」がズバリ問われているので，「テーマを意識」→「答えの部分を探す」という，この本のルール通りの発想が問われているわけです。

ただし，can we? では省略が起きているので，まずは省略を補う必要があります。直前を見ると以下のようになっています。

~ parts of the brain {which} the rest of us simply can't use.
　　　　O　　　　　　　　　　S′　　　　　　　V′

---

can't use の目的語は（先行詞の）parts of the brain なので，これにならって，下線部の can we? も，can we {use parts of the brain}? と考えます。

※ can we unlock ~ ではありません。文脈で考えるとまぎらわしいですが，**省略は「機械的に補う」**のがポイントで，直前の動詞 use が優先されます。

>>> *Rule 33* 読解 省略は「機械的に」補う！

> 和訳問題でも下線部説明問題でもどんな形式であっても，省略が起きていたら，まずはその省略を補って考えるようにしましょう。数学でいうところの「補助線」です。補助線を引くことで，ポイントがより見えてくるのと同じで，省略を補うことで解決の糸口が見えてきます。
>
> 省略を補うときのポイントは，日本語なら「文脈」で補うことも多い（その場の「空気を読む」）のですが，英語では「省略を機械的に補う（動詞が中心になることが多い）」のが原則です。**文脈よりも「形」を優先**して考えるのです。

さて，can we?「私たちは（サヴァン症候群の人たちにしか使えない脳の部分を）使うことができるだろうか？」に対しては，28行目に Thanks to a device called the Medtronic Mag Pro, one researcher has managed to recreate the effect for short periods.「メドトロニック・マグ・プロという機器のおかげで，ある研究者は，その効果を短い間再現することに成功している」とあり，その後の実験でも「潜在能力を開花」とあります。これに合致する，②が正解です。

設問文と選択肢の訳

4. 下線部の質問 (1) can we に対する最も適切な答えはどれか。
① はい，短時間で絵を描こうと懸命に努力すれば，できる。
② はい，脳を刺激する機械を使えば，できる。
③ いいえ，脳は何も感じないので，できない。
④ いいえ，描画では十分な証明にならないので，できない。

問5 難易度 ★★★

設問文の **refer to は「イコール」**を表し，the effect「その効果」の内容が問われています。このように refer to を使って本文の内容を問うものはよく出ます。設問文の意味がわからないとどうにもならないので，「イコール表現」をしっかりチェックしておきましょう（***Rule 15*** ▶ p.162）。本文ですが，第5段落2文目と3文目を比べてみてください。右上の図でそれぞれの下線の意味が対応しています。

> 第5段落2文目：～, but ordinary people may be capable of gaining savant-like skills for short periods of time.
>
> 3文目：～, one researcher has managed to recreate the effect for short periods.

※ manage to ～は「なんとか～する」と訳されるだけのことが多いのですが，英英辞典で引くと succeed in -ing「成功する」を使って説明されている，プラスイメージの表現なんです（今回も *be* capable ofの言い換え）。

the effectに対応する savant-like skills を表した，③が正解です。文脈も「普通の人もサヴァン症候群の人のような技能を獲得できるかも」→「研究者はその効果（サヴァン症候群の人のような技能）を再現できた」とつながります。

ここが 思考力 ▶ まずは「形」に注目する

この問題は，文脈に合う選択肢をなんとなく当てはめて正解する人が多いと思います。ただ，それでは英文の難易度が上がると解けなくなってしまいます。常に本文に根拠を求め，「似た形・言い換えた文があるのではないか？」と考えてください。

また，思考力ばかりが注目されますが，こういう問題でこそ，「refer to は『イコール』を表す」などの英語を読む上で重要なルールをしっかり使いこなしていってください。

設問文と選択肢の訳

5. (2) the effect は何を指しているか。
① 脳組織の成長 　　　　　　　　② 電磁パルス
③ **サヴァン症候群の人のような技能** 　④ メドトロニック・マグ・プロ

問6 難易度 ★★☆

設問文でimply「暗示する，ほのめかす」が使われ，下線部の内容が問われています。下線が引かれた文を含む34～36行目は「実験で最初のほうに描いたネコはいまひとつだったが，磁気刺激を受けた後は上手に描けた」ことを表して

います。この内容を総称的に「実験で結果が出た」と表した④が正解です。やや漠然とした選択肢ですが、内容自体は選択肢と一致するため正解と判断します。他の選択肢が明らかに本文と合致しないため、消去法で選んでもOKです。ちなみに、この選択肢は、 原因 **lead to** 結果 の形です。

※convincingは「納得させるような、説得力のある、信頼性のある」です（convinceは「納得・確信させる」）。ここでは「絵が（見た人を）納得させるような」→「（本物らしくて）上手な」くらいの意味です。

　次に、不正解の選択肢②を見てみましょう。
② 著者の脳はパルスに反応しなかった。

　→ 31行目に but I felt nothing. とあるものの、34行目に But after about 10 minutes of magnetic stimulation, their tails had grown more alive and their faces were convincing.「しかし磁気刺激を受けてから約10分後には、ネコのしっぽはより生き生きと描かれており、顔も上手に描かれていた」とあります（つまり「反応した」ということです）。**本文の正しい内容にnotを入れただけ**」という、よく使われるひっかけパターンです。

>>> *Rule 43* 解法 内容一致でnotを見たら隠してみる！

　出題者がひっかけ選択肢を作るとき、本文の一部をコピペして、そこにnotをつければ、一瞬で不正解の選択肢が作れます。出題者からすれば、作るのが超簡単で、受験生はひっかかりやすい選択肢が一瞬で作れてしまうのです。

　選択肢ではnot（neverなど同意語も）を見たら、notを指で隠してみてください。「このnotがなければ正解なんじゃないの？」「手抜きで本文にnotつけただけじゃないの？」ってツッコミを入れながら、本文の内容を確認してください。
※二重否定（cannot 〜 without ...）や部分否定（not 〜 alwaysなど）は「手抜き選択肢」でないので、隠してみる必要はありません（普通に対処してください）。

補足① このパターンの選択肢が"×"になる可能性は「半々」です。まちがっても「notがあるから間違いだ」なんて思いこまないようにしてください。

補足② 選択肢にnoがある場合は、このnotと同じ「手抜きでは？」と考えてもいいですが、「言い過ぎ（過剰）選択肢」の仲間で、「noって、ゼロってことはないんじゃない？　1つくらいあるのでは？」とツッコミを入れてみるのもありです（「全部」のルールはp.124）。

設問文と選択肢の訳

6. (3) their tails had grown more alive and their faces were convincing という文は何をほのめかしているか。

① 著者は有名な芸術家になった。

→ あくまで「実験の間，一時的に（絵を描く）才能が飛躍した」だけで，「有名な芸術家になった」とは書かれていません。
② 著者の脳はパルスに反応しなかった。
③ 著者が描いたネコは幻だった。
　　→ illusion「幻」とはどこにも書かれていません。
④ その実験で結果が出た。

問7 難易度 ★★☆

④ 科学者たちは最近になってやっと，サヴァン症候群の人たちの脳に変化を引き起こすものを解明した。

　19行目に It wasn't until recently that scientists began figuring out what causes savant syndrome.「最近になってやっと，サヴァン症候群を引き起こす要因が科学者たちによって解明され始めた」とあります。**It wasn't until 〜 that ...「〜して初めて…した」**という表現です（直訳「〜まで…しなかった」）。これは**強調構文**なので，当然筆者が強調しているところであり，**設問でも狙われる**わけです。

　選択肢の only は「（時間表現を修飾して）ほんの〜，〜してようやく」で，only lately「最近になってようやく」です。その他，本文の causes が，選択肢で leads to に言い換えられています。どちらも，原因 cause［lead to］結果 です（**Rule 16** ▶ p.61）。

本文：It wasn't until recently that scientists began figuring out
　　　　　　　　　　　　　　　　what causes savant syndrome.

選択肢：Scientists have only lately discovered
　　　　what leads to the changes in the brains of those with savant syndrome.

---

⑤ ダロルド・トレッファートは，誰かが脳に損傷を負って様々な能力を失った際に，どのように脳が働くかを説明することができる人物である。

　第4段落で「サヴァン症候群の原因」を説明しています。21行目（"What happens is that 〜）以降で「脳の損傷時の働き」を詳しく述べています。

設問文と選択肢の訳

7．本文にはっきりと根拠がある文を2つ選べ。
① エドワード・マイブリッジは，馬が走るときは1つの蹄（ひづめ）が常に地面に着いていることを証明した。
　　→ 第1段落で「馬が走る写真を撮った」のですが，「1つの蹄が常に地面に着いてい

67

ることを証明した」かどうかは不明です。「議論に終止符を打った」とはありますが,その結論は書かれていません。

※ちなみに実際の結論としては,「馬は速い走り方のとき,4本の脚が同時に地面を離れる瞬間がある」そうです。

② オーランド・セレルはサヴァン症候群を発症し,その時以降,天気を覚える能力を失った。

→ 13行目に Orlando Serrell was struck in the head with a baseball as a 10-year-old and could remember the weather for each day following his accident. 「オーランド・セレルは10歳のときに頭に野球のボールが当たり,その事故以降,すべての日の天気を覚えていられるようになった」とあるので,この選択肢は真逆です。

ちなみに,本文の following「〜に引き続いて」は,after「〜の後で」と同じと考えるとラクですよ(選択肢では since「〜から,〜以来」で表されていますが,「〜の後」という前後関係は同じですね)。

③ アロンゾ・クレモンズは手術で脳に損傷を負い,その結果,芸術家になった。

→ 17行目に Alonzo Clemons has a mental age of three due to a head injury but can make incredible sculptures of animals in minutes. 「アロンゾ・クレモンズは,頭部外傷のせいで精神年齢は3歳だが,信じられないほど素晴らしい動物の彫刻を数分で作り上げることができる」とあります。「手術で脳に損傷を負った」の部分がアウトです(また,本文から「芸術家になった」かどうかはわかりません)。

④ 科学者たちは最近になってやっと,サヴァン症候群の人たちの脳に変化を引き起こすものを解明した。

⑤ ダロルド・トレッファートは,誰かが脳に損傷を負って様々な能力を失った際に,どのように脳が働くかを説明することができる人物である。

⑥ 著者が参加した実験では,電磁パルスによって彼の感覚が低下した。

→ 30行目に I took part in an experiment. My brain was given a series of electromagnetic pulses, but I felt nothing. 「私はある実験に参加した。私の脳には連続した電磁パルスが送られたが,何も感じなかった」とあります。「感覚が低下した」とは書かれていません(むしろ,問6で解説したように「能力が開花した」とわかります)。

文構造の分析

1 **1** (For a long time), ⟨how horses ran⟩ was a mystery. **2** Did all four hooves
　　　　　　　　　　　　　S　　S′　V′　V　　　C
leave the ground? **3** Or was one hoof (always) planted? **4** It wasn't (until the
V　　　O　　　　　　　　　V　　S　　　　　　　V　　　　S

> it was 〜 when ... の強調構文

1880s) when a British photographer [named Eadweard Muybridge] settled the
　　　　　　　　　　　S　　　　　　　　　　　　　　　　　　　　V
debate (with a series of clever photographs). **5** The images made him famous.
O　　　　　　　　　　　　　　　　　　　　　　　　S　　　　V　O　　C

訳 **1** 長い間，馬がどのように走っているのかは謎であった。**2** 4つの蹄はすべて地面
から浮くのか。**3** それとも常に1つの蹄は地面に着いているのか。**4** 1880年代にな
ってやっと，エドワード・マイブリッジというイギリスの写真家が，巧みな連続
写真をもってこの議論に決着をつけた。**5** 彼はそれらの画像がきっかけで有名に
なった。

語句 **2** hoof [名] 蹄／**3** plant [動] 置く，地に着く／**4** settle [動] 解決する（※settle は seat「座
らせる」と語源が同じで，「座らせて落ち着かせる」→「定住させる」，「ハッキリしない問題を落
ち着かせる」→「解決する」です）

文法・構文 **4** It was not until 〜 when SV.「〜して初めて SV した」は強調構文です。本
来は It was 〜 that となるべきですが，間に「時」を表す要素が来たことにつられ
て，when になってしまっているようです（本来は that を使うべきです）。

2 **6** Muybridge could be a strange person. **7** His odd behavior was blamed (on a
　　　　S　　　　　V　　　　C　　　　　　　　S　　　　　　　V
head injury [he'd sustained φ (in a stagecoach accident [that killed one
passenger and wounded the rest])]). **8** (Now), researchers believe ⟨that this
　　　　　　　　　　　　　　　　　　　　　　　　　S　　　　V　　O　S′
may have been (partially) responsible for his artistic brilliance⟩. **9** He may have
V′　　　　　　　　　　　　　　　　　　　O′　　　　　　　　S　　V

> Cの同格　　　因果表現

been an *acquired savant*, somebody [with extraordinary talent] but [who wasn't
　　　　　　　　　C
aware of it] and [who didn't learn the skills (later)]. **10** (In fact), Muybridge's
　　　　　　　　　　　　　　　　　　　　　　　　　　　　　　　　　　S
abilities had (apparently) been buried (deep in his mind) (the whole time), and
O　　　　　　　　　　　　　V
the accident had (simply) unlocked them.
S　　　　　V　　　　　　O

Lesson 4

69

訳 ⁶マイブリッジは変人になることもあった。⁷彼の奇妙な行動は，1人の乗客が死亡し，残りの乗客は負傷した駅馬車事故で彼が負った頭部外傷のせいだとされていた。⁸今では，研究者たちは，これが彼の芸術的才能の一因になっていたのかもしれないと考えている。⁹彼は「後天性サヴァン」だった可能性がある。後天性サヴァンとは，並外れた才能を持っているがその自覚がなく，その技能を後で獲得しなかった人のことである。¹⁰事実，マイブリッジの才能はずっと頭の中に深く埋もれていたようであり，事故はただそれを解き放っただけだった。

語句 ⁷ *be* blamed on 〜 〜のせいにされる／sustain 動 被る，維持する／stagecoach 名 駅馬車／wound 動 傷つける／the rest 残り（※restは「休息」の意味が有名ですが，theがつくと「残り」の意味になることが多いです）／⁸ *be* responsible for 〜 〜を引き起こす／brilliance 名 才能／⁹ acquired savant 後天性サヴァン（※知能程度は低いが，ある一点に関してのみ突出した能力を後天的にもった症状のこと）／talent 名 才能／¹⁰ apparently 副 どうやら〜らしい／*be* buried in 〜 〜に埋もれている／unlock 動 解き放つ

文法・構文 ⁶ couldは「過去の可能性（あり得た，そういうこともあった）」を表しています（「あり得る」の意味のcanの過去形だと考えればOKです）。⁸ may have p.p.は「過去への推量（〜だったかもしれない）」を表しています。⁹ somebody 〜 は an *acquired savant* の同格で，どのような人かを具体的に説明しています。andは関係詞のカタマリ2つ（who wasn't aware 〜 ／ who didn't learn 〜）を結び，どちらも先行詞somebodyを修飾しています。

3 ¹¹ It sounds crazy, but Muybridge is only one of several people [who've (suddenly) developed abilities (as a result of brain injury)]. ¹² Orlando Serrell

因果表現

was struck (in the head) (with a baseball) (as a 10-year-old) and could remember the weather (for each day [following his accident]). ¹³ Derek Amato woke up (after hitting his head (at the bottom of a pool)) and became a master pianist (at 40), (despite lacking any musical training). ¹⁴ Alonzo Clemons has a mental age of three (due to a head injury) but can make incredible sculptures

因果表現

[of animals] (in minutes).

訳 **11** それはとんでもない話に聞こえるが，マイブリッジは，脳の損傷によって突如才能を開花させた数人の内の１人に過ぎないのである。**12** オーランド・セレルは10歳のときに頭に野球のボールが当たり，その事故以降，すべての日の天気を覚えていられるようになった。**13** デレク・アマートは，プールの底で頭を打った後に目を覚ますと，音楽の訓練を一切受けたことがないにもかかわらず，40歳にして名ピアニストになった。**14** アロンゾ・クレモンズは，頭部外傷のせいで精神年齢は３歳だが，信じられないほど素晴らしい動物の彫刻を数分で作り上げることができる。

語句 **11** as a result of ～ ～の結果として／**13** master 形 名人の，優れた／despite ～ 前 ～にもかかわらず／lack 動 欠いている／**14** mental age 精神年齢／due to ～ ～が原因で／incredible 形 信じがたいほど素晴らしい／sculpture 名 彫刻

文法・構文 **12** as a 10-year-oldのasは「時（～のとき）」を表し，couldは「過去の能力（～する能力があった）」を表しています。**13** andは動詞２つ（woke up ～／became ～）を結んでいます。**14** butは動詞２つ（has ～／can make ～）を結んでいます。

4 **15** It wasn't (until recently) that scientists began figuring out what causes
S｜V｜O

it was ～ that ... の強調構文　　　　　　　　　　　　　　　　　*因果表現*

savant syndrome. **16** (In 2003), researchers found ⟨that some patients [with a
S｜V｜O｜S′

degenerative brain disease] gained amazing abilities (as their condition
V′｜O′｜(S)

変化を表す表現 → 比例のas

worsened)⟩. **17** "What happens is ⟨that there is injury⟩," says Darold Treffert,
(V)｜S｜V｜C｜V′｜S′｜V｜S

an expert [in savant syndrome]. **18** (After this), any brain tissue [that (still)
S

Sの同格

works] is repurposed. **19** "There is rewiring [of brain signals] (through that intact
V｜V｜S

tissue), and (then) there is the release [of potential] (within that area)." **20** (In
V｜S

other words), savants may be unlocking parts of the brain [the rest of us
S｜V｜O

(simply) can't use φ].

訳 **15** 最近になってやっと，サヴァン症候群を引き起こす要因が科学者たちによって解明され始めた。**16** 研究者たちは2003年に，脳変性疾患を抱えていた一部の患者が，病状が悪化するにつれて驚くような能力を獲得していくことを発見した。**17**「何が起こっているかというと，損傷があるのです」と，サヴァン症候群の専門

家であるダロルド・トレッファートは述べる。**18** それ以降，まだ機能している脳組織はすべて別の用途に使われる。**19**「その損傷を受けていない組織を通して（脳信号の）再配線が行われ，それから，その領域内に秘められていた潜在能力が解き放たれるのです。」**20** つまりサヴァン症候群の人は，他の人が使うことのできない脳の部分を解き放っているのかもしれない。

5 **21** Or can we? **22** It seems incredible, but ordinary people may be capable of
gaining savant-like skills (for short periods of time). **23** (Thanks to a device

因果表現

[called the Medtronic Mag Pro]), one researcher has managed to recreate the
effect (for short periods). **24** I took part in an experiment. **25** My brain was given
a series of electromagnetic pulses, but I felt nothing. **26** The researcher asked me
to draw a cat. **27** Two minutes (after I did the first drawing), I tried (again).

限定の副詞

28 (After another two minutes), I tried a third cat, and (then) a fourth.
29 (Then) the experiment was over. **30** The first cats were unconvincing. **31** But
(after about 10 minutes [of magnetic stimulation]), their tails had grown more
alive and their faces were convincing. **32** They were even beginning to wear
clever expressions.

訳 **21** それとも，私たちにも使えるのだろうか。**22** 信じがたい話に思えるが，凡人もサヴァン症候群の人のような技能を短い間獲得することができる可能性はある。

²³ メドトロニック・マグ・プロという機器のおかげで，ある研究者は，その効果を短い間再現することに成功している。²⁴ 私はある実験に参加した。²⁵ 私の脳には連続した電磁パルスが送られたが，何も感じなかった。²⁶ その研究者は私に，ネコの絵を描くように言った。²⁷ 1度目の描画の2分後，私は再び絵を描いた。²⁸ さらに2分後，私は3匹目のネコを描き，それから4匹目のネコも描いた。²⁹ そこで実験は終了した。³⁰ 最初のほうに描いたネコはいまひとつだった。³¹ しかし磁気刺激を受けてから約10分後には，ネコのしっぽはより生き生きと描かれており，顔も上手に描かれていた。³² ネコは，賢そうな顔つきをしだしてさえいたのだった。

> **語句** ²² be capable of -ing ～することができる／名詞-like ～のような／²³ thanks to ～ ～のおかげで／manage to 原形 何とか～する／recreate 動 再現する／effect 名 効果／²⁴ take part in ～ ～に参加する／²⁵ electromagnetic pulse 電磁パルス／²⁹ over 副 終わって／³⁰ unconvincing 形 いまひとつの／³¹ magnetic stimulation 磁気刺激／convincing 形 上手い

> **文法・構文** ²⁵ gave my brain a series of ～ という give 人 物 の形から，人をSにした受動態の文です。²⁷ Two minutes は after ～ の範囲を「～の2分後」と限定しているイメージです。²⁸ a fourth {cat} が省略されています。

6 ³³ (Naturally), a few drawings don't prove much. ³⁴ But researchers are
        S   V   O   S
developing new, better ways [of recording the changes [the Medtronic device
 V   O
causes φ]]. ³⁵ Imagine a future [where people carry around portable brain
         因果表現   V   O   S'   V'   O'
machines [to use for an extra burst of intelligence]]. ³⁶ (Maybe) some people
                                                                              S
will choose to be (permanently) brilliant, (at the cost of some verbal ability).
        V   C

> **訳** ³³ 当然ながら，数回の描画で十分な証明になることはない。³⁴ しかし研究者たちは，メドトロニックの機器が引き起こす変化を記録するための，新しく，よりよい方法を考え出しつつある。³⁵ 人々が，さらに才能を開花させるために使う携帯用脳刺激装置を持ち歩く未来を想像してほしい。³⁶ 中には，一部の言語能力を犠牲にしてでも，永久に目覚ましい才能を持ち続けることを選ぶ人もいるかもしれない。

> **語句** ³⁶ permanently 副 永久に／at the cost of ～ ～を犠牲にして／verbal 形 言語の

> **文法・構文** ³⁵ 関係副詞 where は，物理的な「場所」ではなくても，今回の future のように広い意味で「場所，場面」ととらえられる名詞を先行詞にとることもできます。

For a long time, // how horses ran was a mystery. // Did all four hooves leave the ground? // Or was one hoof always planted? // It wasn't until the 1880s / when a British photographer named Eadweard Muybridge / settled the debate with a series of clever photographs. // The images made him famous. //

Muybridge could be a strange person. // His odd behavior was blamed on a head injury he'd sustained / in a stagecoach accident / that killed one passenger / and wounded the rest. // Now, / researchers believe that this may have been partially responsible for his artistic brilliance. // He may have been an *acquired savant*, // somebody with extraordinary talent / but who wasn't aware of it / and who didn't learn the skills later. // In fact, / Muybridge's abilities had apparently been buried deep in his mind the whole time, // and the accident had simply unlocked them. //

It sounds crazy, // but Muybridge is only one of several people who've suddenly developed abilities / as a result of brain injury. // Orlando Serrell was struck in the head with a baseball as a 10-year-old / and could remember the weather for each day following his accident. // Derek Amato woke up after hitting his head at the bottom of a pool / and became a master pianist at 40, / despite lacking any musical training. // Alonzo Clemons has a mental age of three due to a head injury / but can make incredible sculptures of animals in minutes. //

It wasn't until recently that scientists began figuring out / what causes savant syndrome. // In 2003, / researchers found that some patients with a degenerative brain disease / gained amazing abilities as their condition worsened. // "What happens is that there is injury," / says Darold Treffert, / an expert in savant syndrome. // After this, // any brain tissue that still works is repurposed. // "There is rewiring [of brain signals] through that intact tissue, // and then there is the release of potential within that area." // In other words, // savants may be unlocking parts of the brain the rest of us simply can't use. //

Or can we? // It seems incredible, // but ordinary people may be capable of gaining savant-like skills / for short periods of time. // Thanks to a device called the Medtronic Mag Pro, // one researcher has managed to recreate the effect for short periods. // I took part in an experiment. // My brain was given a series of electromagnetic pulses, // but I felt nothing. // The researcher asked me to draw a cat. // Two minutes after I did the first drawing, // I tried again. // After another two minutes, // I tried a third cat, // and then a fourth. // Then the experiment was over. // The first cats were unconvincing. // But after about 10 minutes of magnetic stimulation, // their tails had grown more alive / and their faces were convincing. // They were even beginning to wear clever expressions. //

Naturally, // a few drawings don't prove much. // But researchers are developing new, / better ways of recording the changes the Medtronic device causes. // Imagine a future where people carry around portable brain machines / to use for an extra burst of intelligence. // Maybe some people will choose to be permanently brilliant, / at the cost of some verbal ability. //

　長い間，//馬がどのように走っているのかは謎であった。//4つの蹄はすべて地面から浮くのか。//それとも常に1つの蹄は地面に着いているのか。//1880年代になってやっと，/エドワード・マイブリッジというイギリスの写真家が，/巧みな連続写真をもってこの議論に決着をつけた。//彼はそれらの画像がきっかけで有名になった。

　マイブリッジは変人になることもあった。//彼の奇妙な行動は，彼が負った頭部外傷のせいだとされていた/駅馬車事故で/1人の乗客が死亡し，/残りの乗客は負傷した。//今では，/研究者たちは，これが彼の芸術的才能の一因になっていたのかもしれないと考えている。//彼は「後天性サヴァン」だった可能性があり，/それは並外れた才能を持っている人/だが，その自覚がなく，/その技能を後で獲得しなかった。//事実，/マイブリッジの才能はずっと頭の中に深く埋もれていたようであり，//事故はただそれを解き放っただけだった。//

　それはとんでもない話に聞こえる//が，マイブリッジは，突如才能を開花させた数人の内の1人に過ぎないのである/脳の損傷によって。//オーランド・セレルは10歳のときに頭に野球のボールが当たり，/その事故以降，すべての日の天気を覚えていられるようになった。//デレク・アマートは，プールの底で頭を打った後に目を覚ますと，/40歳にして名ピアニストになった/音楽の訓練を一切受けたことがないにもかかわらず。//アロンゾ・クレモンズは，頭部外傷のせいで精神年齢は3歳だ/が，信じられないほど素晴らしい動物の彫刻を数分で作り上げることができる。//

　最近になってやっと，科学者たちによって解明され始めた/サヴァン症候群を引き起こす要因が。//2003年に，/研究者たちは脳変性疾患を抱えていた一部の患者が…ことを発見した/病状が悪化するにつれて驚くような能力を獲得していった。//「何が起こっているかというと，損傷があるのです」と，ダロルド・トレッファートは述べる/サヴァン症候群の専門家である。//それ以降，//まだ機能している脳組織はすべて別の用途に使われる。//「その損傷を受けていない組織を通して（脳信号の）再配線が行われ，//それから，その領域内に秘められていた潜在能力が解き放たれるのです。」//つまり//サヴァン症候群の人は，他の人が使うことのできない脳の部分を解き放っているのかもしれない。//

　それとも，私たちにも使えるのだろうか。//信じがたい話に思える//が，凡人もサヴァン症候群の人のような技能を獲得することができる可能性はある/短い間。//メドトロニック・マグ・プロという機器のおかげで，//ある研究者は，その効果を短い間再現することに成功している。//私はある実験に参加した。//私の脳には連続した電磁パルスが送られた//が，何も感じなかった。//その研究者は私に，ネコの絵を描くように言った。//1度目の描画の2分後，/私は再び絵を描いた。//さらに2分後，/私は3匹目のネコを描き，/それから4匹目のネコも描いた。//そこで実験は終了した。//最初のほうに描いたネコはいまひとつだった。//しかし磁気刺激を受けてから約10分後には，/ネコのしっぽはより生き生きと描かれており，/顔も上手に描かれていた。//ネコは，賢そうな顔つきをしだしてさえいたのだった。//

　当然ながら，//数回の描画で十分な証明になることはない。//しかし研究者たちは，新しく考え出しつつある/メドトロニックの機器が引き起こす変化を記録するための，よりよい方法を。//人々が，携帯用脳刺激装置を持ち歩く未来を想像してほしい/さらに才能を開花させるために使う。//中には，永久に目覚ましい才能を持ち続けることを選ぶ人もいるかもしれない/一部の言語能力を犠牲にしてでも。//

Lesson 5　解答・解説

▶問題 別冊 p.17

このLessonで出てくるルール

Rule 13 読解　数字を見たら「具体例」だと考える！⇒ 問1
Rule 24 読解　過去と現在の対比を予測する！⇒ 問2
Rule 8 読解　〈A＋名詞〉を見たら「具体例」と考える！⇒ 問3
Rule 26 読解　「似ている・同じ」と明示する反復表現を意識する！⇒ 問5
Rule 44 解法　プラス0.5回読みをする！⇒ 問10

解答

問1 ②　　問2 ③　　問3 ③　　問4 ③　　問5 ③　　問6 ①　　問7 ③
問8 ④　　問9 ④　　問10 ③

問1 難易度 ★★☆

　下線部の後で具体的な説明が始まることを見抜くために,「数字」に注目してください。

≫≫ *Rule 13* 読解　数字を見たら「具体例」だと考える！

　文章中で数字を用いた文を見つけたら, そこから「具体例」が始まると考えてください。

```
主張 . ～ 数字 ～ .
        └──────→ この文から具体例になる！
```

　何かを主張した後で「たとえば2021年には」のように, 具体的な数字を挙げることはよくありますよね。
※数字そのものは文頭とは限りません（固有名詞のパターンと同じで, 文中でもOKです）。

　直後の文で「数字（258 millionなど）」が使われているので, 下線部の説明は

ここから読んでいけばOKと判断できます。決定的な箇所は9行目More people, from more mixed backgrounds, are coming into contact with each other in cities around the world.「より多くの，よりいろいろな背景を持った人々がお互いに，世界中の都市で接触するようになっているのだ」で，これに合致する②が正解です。

次に，不正解の選択肢を見てみましょう。

① 国外に移住した人の数は2000年以来2億5800万人増加した。

　→ 8行目にToday, 258 million people live in a country other than their country of birth「今日では，2億5800万の人々が自分が生まれた国とは違う国に住んでいる」とあり，258 millionは「現在の国外に住む人の数」であって，「増加数」ではありません。本文と「同じ数字」を使ったひっかけです（***Rule 48*** ▶ p.30）。

③ 世界の人口の49%が自分の生まれた国以外の国に移住している。

　→ 9行目にan increase of 49% since 2000とありますが，これは国外に住む人の数が「2000年から49%増加」ということで，「世界の人口の49%」ではありません。これも「同じ数字」を使ったひっかけです。

④ 文化的多様性は，国際的な人の動きの増加には特に左右されない。

　→ 7行目にCultural diversity is increasing globally, especially due to increasing levels of ₇ international movement.「文化の多様性は，特に国際的な移動の増加によって，ますます地球全体で高まりつつある」とあり，因果表現（due to ~「~が原因で」）があるので，「左右される」わけです。これは「因果のひっかけ（***Rule 16*** ▶ p.61）」と「notを使ったひっかけ（***Rule 43*** ▶ p.66）」です。

問2 難易度 ★★☆

Angela Creeseは固有名詞なので，前の「文化的多様性が高まっている」という流れを汲むはずです。さらに，第3段落は「過去と現在の対比」という構成を見抜けるようになってほしいと思います。

>>> ***Rule 24*** 読解 過去と現在の対比を予測する！

英文で「昔は」という語句が出てきたら，その後に「**しかし今は違う！**」という内容を予測してください。過去と現在の内容が対比される，典型的なパターンなんです。またこの場合（ほぼ間違いなく）「現在の内容」が主張になります。

しかもButなどが使われることは稀で，いきなり「現在」の内容がくるのが現実の英文の書かれ方なんです。

次の表で，左（昔）を見たら，右（今）を予想するわけです。

「昔は…」のバリエーション	「でも今は…」のバリエーション
☐ ～ ago ～前に	☐ now 今は
☐ at first 初めは	☐ today 今日は
☐ previously 以前は	☐ these days, nowadays 最近は
☐ in former times 以前は	
☐ in 過去の西暦 ○○年には	
☐ once かつては	
☐ in the past 昔は	
☐ traditionally 昔から，従来は	
☐ conventionally 昔から，従来は	
☐ originally もとは，初めは	
☐ initially 最初は	
☐ for a long time 長い間	

　普通は「過去」を表す語句が先に出てくるのですが，ここでは（前の段落の内容を引き継いで）現在の内容から入っています（まずは13行目 today に反応する）。

　次に14行目 In traditional, single language environments から「過去」だと判断します（**Rule** では，副詞 traditionally を載せましたが「過去を示す」という発想はまったく同じです）。traditional は「伝統的な」とばかり訳されますが，実際の英文では必ずしもプラスの意味とは限らず，「従来の，古くさい」という意味で使われることが非常に多いのです。

₁Angela Creese, a professor of educational linguistics, said "Many young

「現在」の目印

people today have a positive approach to social and linguistic differences.
They are more likely to be creative and interested in other languages.

「過去」の目印　

In traditional, single language environments people were often slightly
nervous about different languages."

　「現在：社会・言語の違いに肯定的／創造性に富み，他言語に関心を持つ」⇔「過去：他言語にやや身構える」という対比で内容と一致しないものを選ぶ問題なので，③の「過去は1か国語しか話せない人々に寛容だった」を選びます。

次に，不正解の選択肢を見てみましょう（NOT問題なので，本文の内容と合致するものです）。

① 今日の若者の多くは，社会的相違や言語的相違に対して肯定的である。

→ 12行目に Many young people today have a positive approach to social and linguistic differences.「今日の多くの若者は，社会の違いや言語の違いに対して肯定的な捉え方をしています」とあります。

② 今日の若者の多くは，前の世代の人々よりも外国語に関心を持っている。

→ 13行目に They are more likely to be creative and interested in other languages.「彼らは創造性に富んでおり，他の言語に関心を持つ傾向が強いのです」とあります。

④ 前の世代の人々は，異なった言語に対してやや身構えてしまうことが多かった。

→ 14行目に In traditional, single language environments people were often slightly nervous about different languages.「従来の１つの言語しかない環境では，人々は他の言語に対してやや身構えてしまうことが多かったものです」とあります。

問3 難易度 ★★☆

【空所ウ－a】

空所の文の直後が，A recent study found that ～ になっています。〈A + 名詞〉の形は「具体例が始まる」と予想することができるのです。

≫≫ *Rule 8* 読解 〈A + 名詞〉を見たら「具体例」と考える！

文章中で〈A + 名詞〉で始まる文を見つけたら，そこから具体例が始まります。
※Aは先頭にくることがほとんどなので大文字で示していますが，〈副詞, a 名詞 ～〉の形になることもあります。

主張．A + 名詞 ～.
└──────→この文から具体例になる！

主張を述べた後，「（たとえば）１つ，とある 名詞 があるとします。それは～」といった感じで，具体的な説明をしていくのです。
※熟語（A little や A lot of など）で始まるときは具体例にならないケースもありますが，まずは「たとえば」と考えてみてください。英文の意味がハッキリわかるケースがほとんどですよ。

空所ウ－aを含む文は，直後の「具体的な研究結果（77％が複数の言語を話せる）」につながるはずなので，空所にはmoreが入ると判断します。「主張：より

多くの言語を話す」→「具体例：研究で77％が2つ以上の言語を話せると判明」という流れです。

※今回は〈A + 名詞 〉以外に，「数字」も具体例の目印になります（**Rule 13** ▶ p.76）。加えて，〈 研究 show［find］that ～〉の形なので，「（具体的な）研究結果」がくることもわかります（**Rule 37** ▶ p.161）。

【空所ウ−b】

この文の先頭 On the other hand から対比表現に注目します（**Rule 22** ▶ p.29）。この後は「多くはない」と予想できるので，空所には less が入ると判断します。*be likely to ～* を less で否定・修飾するイメージで，「～しそうにない」となります。

問4 難易度 ★★☆

下線部前半（a record of 65 million people speak another language at home）は「6500万人が自宅で他の言語を話す」という内容です（65 million は 65 × 100万）。

その後は同格のコンマで「言い換え」をしています。ここでの double は動詞「倍に増える」です。「6500万」＝「1990年から2倍になった数字」なので，「1990年は6500万の半分」＝「3250万人」で，③が正解です。

ここが 思考力 ▶ **計算が必要になる問題**

今回のような簡単な計算が含まれる問題も「思考力を要する」と言われることがありますが，「数字表現をしっかりおさえておく」ことがすべてです。さらに今回の場合は double が動詞で使われることがポイントでした（ニュースなどでもよく使われるので必ず覚えておきましょう）。

「数字」を使った注意すべき表現

☐ 「倍数」：X times　例：three times 3倍
　　※「2倍」は twice，「半分」は half で表す／動詞 double「倍に増える，倍に増やす」も大事

☐ 「分数」：分子（基数）→ 分母（序数）
　　例：a［one］third 3分の1，two-thirds 3分の2
　　※分子が2以上のときは，最後に（分母に）複数の s をつける

☐ 「B個のうちA個」：*A* in［out of］*B*　例：one in［out of］five 5個のうち1個

☐ 「～年代」：the 数字 s　例：in the 1990s 1990年代

☐ 「～歳代」：in *one's* 数字 s　例：in my thirties （私の）30歳代

☐ 「～世紀」：the 序数 century　例：the 21st［twenty-first］century 21世紀

下線部に similar があるので,「前と似た内容が反復される」と考えます。

>>> *Rule 26*　読解　「似ている・同じ」と明示する反復表現を意識する!

similar は「似ている」, 前置詞 like は「〜のような」という意味を答えられる受験生はたくさんいますが, 英文を読んでいるときに「同じような内容が繰り返されるんだな」と意識している受験生は少ないので, ここで確認して意識を強めておきましょう。

反復表現

☐ like 〜　〜のような　※前置詞

☐ similar／comparable 似ている

☐ similarly 同様に

☐ parallel 似ている, 並列の／類似 (点)

☐ analogy 類似性, 比喩, 類推

☐ just as 〜 ちょうど〜のように

☐ as if／as though まるで〜のように

☐ a kind of 〜／a sort of 〜 一種の〜

※ comparable は「匹敵できる」と訳されることが多いのですが, 実際には「似ている, 同じような」という意味でよく使われます。

「他の言語を話す人が増えている」という流れから, 25行目に Many of these foreign language speakers are <u>not</u> immigrants: half of the growth in foreign language speakers since 2010 was among those born in the US.「こういった外国語を話す人の多くは移民ではない。2010年以降に増えた外国語話者のうち半分はアメリカ生まれだった」とあります。ここは 〈not *A*. {But} *B*.〉のパターンで (***Rule 1*** ▶ p.182 で詳しく扱います),「移民ではなく, アメリカ生まれの人も外国語を話す」と主張しているわけです。A similar trend はこれと似た内容になるはずなので,「カナダでも, 移民でなくても, 外国語を話す人が増えている」という内容を予想でき, それと合致する③が正解です。

選択肢の訳

① より多くの移民が, 母語を学習している。

② より多くの移民が, その土地の言語の学習を拒んでいる。

③ **より多くの人々が, 移民でないにもかかわらず, 外国語を話している。**

④ より多くの人々が, 移民であるために, 外国語を話している。

　　→ 前半は OK ですが, because they are immigrants「移民であるために」がアウトです。because 以下が NG というよくあるひっかけですね (Lesson 7 p.124)。

問6 難易度 ★★☆

新たな固有名詞（Tom Roeper）の登場なので，前の内容を引き継ぐ（具体例の続き）と予想できます。

ヵ Tom Roeper, a linguistics professor, says that classrooms around the world could soon be filled with children who might speak six or more languages.

Teachers, he says, should appreciate this diversity and make use of it in the classroom.

〈this ＋ 名詞 〉でまとめている

案の定，1文目で「6か国語以上話す子どもでいっぱいになるかも」という内容がきています。さらに次の文はthis diversity「この多様性」とまとめています（**Rule 4** ▶ p.44）。この2つの文と合致する①が正解です。②〜④はどれも本文で言及されていません。

ちなみにappreciateは「正しく理解する・認識する」です。重要な多義語なので，しっかりチェックしておきましょう。「よ〜くわかる」というのが意味の中心です。

多義語appreciate　核心：よ〜くわかる
(1) 正しく理解する・評価する　　(2) よさがわかる，鑑賞する
(3) 感謝する　※相手の親切がよ〜くわかる。

問7 難易度 ★★☆

空所を含む文はmake OCの形です（Oが長いですが，**Rule 67** ▶ p.58で触れた通り，makeを見たらSVOCを予想する意識が大切です）。「Sによって（原因），OがCする（結果）」という因果関係なので，「他国の人と出会うプロセスが簡単になった原因」が空所に入るとわかります。

(**キ**) has made the whole process of meeting people [in 〜] much easier.
　S　　　　　V　　　　　　　　　　　　O　　　　　　　　　　　　C
「(**キ**)によって，他国の人と出会うプロセス全体がずっと簡単になった」

これを踏まえて，ヒントを探しますが，この段落は「過去と現在の対比」にな

っていることを見抜くことが大切です（***Rule 24*** ▶ p.77）。ただし，今回の英文でも先に「現在」，後で「過去」という展開です。

「現在」の目印

Today, it is common for teenagers to make new friends online through social media and online games. Any teenager with a smartphone and an internet connection can have a video conversation with friends who speak different languages on the other side of the world.

「過去」の目印

In the past, making friends in another language was hard work.（中略）

「現在完了形」→「過去〜現在にかけての変化」を表している

（　**キ**　）has made the whole process of meeting people in other countries much easier.

「過去：他言語を話す友人を作るのは大変」⇔「現在：他言語を話す人と友人になるのはよくある」という対比です。空所の文は much easier があるので，これは「現在」の内容と同じになるはずです。つまりヒントは段落の前半（現在の部分）にあるはずで，social media and online games や a smartphone and an internet connection を抽象的に「技術の進歩」と表した③が正解です。

選択肢の訳

① 経済成長　　② 国際貿易　　**③ 技術の進歩**　　④ 世界の貧困

問8 難易度 ★★☆

英語では「機械的に省略を補う」のが原則でしたね（***Rule 33*** ▶ p.64）。下線部 when they actually are から，are につながる箇所を探すと，直前に they are learning something が見つかるので，ここが答えだと考えます。

念のため意味を確認すると，〜 are often not even aware that they are learning something, when they actually are {learning something}「実際には学習しているのに，学習している意識がない」のように文意が通ります。

① 何かを学習しているという意識がある

→ aware も are につながりますが,「実は意識しているとき,意識さえない」は意味不明になってしまいます。

② 楽しむように推奨されている
③ 楽しんでいる
④ 何かを学習している

問9 難易度 ★★☆

60行目に Adults perhaps think too often about the differences that keep us apart.「ひょっとしたら大人は,自分たちを隔てる差異について考えてばかりいるかもしれない」とあり,その後に However, ヶ for a kid, everyone is just a kid.「しかし子どもにとっては,誰もがただの子どもに過ぎないのである」と続いているので,However に注目して対比を意識します (**Rule 22** ▶ p.29)。

「大人:自分たちを隔てる差違について考えてばかりいる」⇔「子ども:差違を気にしない」という対比を考え,④を選べばOKです。「子どもにとっては,誰もがただの子どもに過ぎない」→「(大人と違って)子どもは全員が同じ子どもであって,他者との差違を気にしない」と主張しているわけです。

問10 難易度 ★★☆

全体を通じて「過去と現在の対比」が見られ,「現代の若者が多言語を話す」内容なので,適切なのは③です。他の選択肢はすべて「1つの具体例・詳細な情報」に過ぎず,タイトルには不適切です。タイトル問題は「本文に書かれているから正解」とは限らず,あくまで「全体のテーマ」を選ぶ必要があります。

≫≫ *Rule 44* 解法 プラス0.5回読みをする！

■受験生のよくある悩み

「長文を読んでると,前の内容を忘れちゃう」「要約問題・タイトル選択問題が苦手」という悩みをよく聞きます。こういった悩みに対して,「段落ごとにメモをとろう」と言われるのが普通ですが,そもそも難しい英文のメモを的確に取れる受験生はほとんどいないでしょう。まずは本文をしっかり読むことが大前提です。

■ザザッと読み直してから選択肢を見る

そこでぜひ知ってほしい方法が「＋(プラス)0.5回読み」です。本文を読み終

えたとき，すぐに選択肢を見るのではなく，本文（場合により各段落のみ）を（もう1回読み直すのではなく），「0.5回」という感じでザザッと読み直す方法です。

■ どう読むのか？

　あまり形にこだわらなくていいのですが，とりあえずはこの本で紹介するルールを使いこなしていけばOKです。たとえば「過去と現在の対比（**Rule 24** ▶ p.77)」を知ったわけですから，＋0.5回読みするときは「過去は〜だったな，現在は〜だよな」と意識しながら大事そうな部分だけを再確認していけばいいのです。

■ ＋0.5回読みのメリット

(1) 時間がかからない（英文の理解度は格段に上がるので，正答率は上がる！）
(2) 段落最後の「余計な情報」に引きずられない（段落の最後にある補足がどうしても頭に残るのですが，＋0.5回読みでそれも解消できます）

　今回も＋0.5回読みを行うことで，「過去と現在の対比」を再確認できるかと思います（主張部分を狙って読み直すようにしましょう）。それにより，最後から2番目の段落にある「将来の予想（AIなどを活用した言語学習など）」といった内容に引きずられなくなります（これらが最後にある「余計な情報」に相当します）。

選択肢の訳

① 人工知能の恩恵
② オンラインで出会うための最良の方法
③ 今日の若者と言語学習
④ 若者とスマートフォンの使用

文構造の分析

1 ¹Hillary Yip is a 13-year-old student [from Hong Kong] [who has designed a
　　　 S　 V　　　　　　　 C
smartphone app], [which connects children from around the world (so that they
　　 S′
can learn each other's mother tongue)]. ²Yip is an example of the generation
V′　　　　　　　　 O′　　　　　　　　　　 S　 V　　　　　　　　 C
[that has grown up (in a world [where language learning is easier than before
　　　　　　　　　　　　　　　　　　　　　　　　　　　　 S′　　　　 V′　 C′
(thanks to an increasingly culturally mixed global population)])]. ³This group
　　　 S
　 因果表現
is (also) benefiting from the spread [of educational apps and games].
　　　　 V

> **訳** ¹ヒラリー・イップは香港出身の13歳の学生で，子どもたちがお互いの母語を学
> べるように世界中の子どもたちを繋ぐスマートフォンアプリを設計した。²イッ
> プは，世界中の人々がますます文化的に混ざり合うようになっているおかげで，以
> 前よりも言語学習がしやすい世界で育った世代の典型のような人物だ。³この世
> 代の人々はまた，教育アプリや教育ゲームの普及からも恩恵を受けている。

> **語句** ¹design 動 設計する／connect 動 繋げる／so that S′ 助動詞 V′ S′ V′するよう
> に／mother tongue 母語／² example 名 例，典型例／thanks to ～ ～のおかげ
> で／³ benefit from ～ ～から恩恵を受ける

> **文法・構文** ¹who ～ は a 13-year-old student を修飾する関係代名詞です。関係代名詞や
> 関係副詞は修飾語（今回は from Hong Kong）を挟んで名詞を修飾することがあ
> ります。, which ～ は a smartphone app を先行詞とする関係代名詞の非制限用法
> です。また so that は直前にコンマがなく後続の動詞に助動詞が伴っていれば「目
> 的」を表すことが多いです。³ benefit は名詞「利益」という意味が有名ですが，
> benefit from ～「～から利益を受ける」の形で動詞として使われることも多いで
> す。and は2つの名詞（apps／games）を結んでおり，形容詞 educational はどち
> らにもかかっています。

　　　　　　　　　　　　　　　　　　　　　　　　　　　　　因果表現

2 ⁴Cultural diversity is increasing (globally), especially (due to increasing
　　　　　 S　　　　　　 V
levels of international movement). ⁵(Today), 258 million people live (in a
　　　　　　　　　　　　　　　　　　　　　　　　　　　　　 S　　　　 V
country [other than their country of birth]) — an increase of 49% since 2000.
　　　　　　　　　　　　　　　　　　　　　　　　　 直前の内容の同格

6 More people, [from more mixed backgrounds], are coming into contact with
　　S　　　　　　　　　　　　　　　　　　　　　　　　V
each other (in cities around the world).
　　O

> **訳** **4**文化の多様性は，特に国際的な移動の増加によって，ますます地球全体で高まりつつある。**5**今日では，2億5800万の人々が自分が生まれた国とは違う国に住んでおり，この人数は2000年から49％増えている。**6**より多くの，よりいろいろな背景を持った人々がお互いに，世界中の都市で接触するようになっているのだ。

> **語句** **4**diversity 名 多様性／increase 動 増加する／especially 副 とりわけ／due to ～ ～が原因で／**5**other than ～ ～以外の／**6**background 名 背景，経歴／come into contact with ～ ～と接触する

> **文法・構文** **5**an increase ～ は直前の内容と同格で，「2億5800万の人々が～住んでいること」＝「49％の増加」という関係です。このように文と単語が同格になることもあります。

Sの同格

3 **7** Angela Creese, a professor of educational linguistics, said "Many young
　　　　S　　　　　　　　　　　　　　　　　　　　　　　　V　　　　S′
people today have a positive approach (to social and linguistic differences).
　　　　　　　V′　　　　O′

現在 → 過去との対比を予想

8 They are more likely to be creative and interested in other languages. **9** (In
　S　V　　　　　　　　C　　　　　　　　　　C
traditional, single language environments) people were (often) (slightly) nervous
　　　　　　　　　　　　　　　　　　　　　S　　　　V

過去 → 現在との対比を予想

about different languages."
　　　　　O

> **訳** **7**教育言語学の教授であるアンジェラ・クリースは，こう述べた。「今日の多くの若者は，社会の違いや言語の違いに対して肯定的な捉え方をしています。**8**彼らは創造性に富んでおり，他の言語に関心を持つ傾向が強いのです。**9**従来の1つの言語しかない環境では，人々は他の言語に対してやや身構えてしまうことが多かったものです。」

> **語句** **7**linguistics 名 言語学／positive approach 肯定的な捉え方／social 形 社会的な／**8**be likely to 原形 ～する可能性が高い・傾向が強い／**9**environment 名 環境／be nervous about ～ ～に対して身構えている／slightly 副 わずかに

> **文法・構文** **7**a professor of educational linguistics は Angela Creese の同格で，どんな人物なのか説明を加えています。**9**traditional と single はどちらも形容詞で，名詞 language environments を修飾しています。

4 ¹⁰ Young people are speaking more languages. ¹¹ A recent study found ⟨ that

〈A + 名詞〉→ 具体例

77% of young people [in Europe] can speak more than one language⟩. ¹² (On the other hand), older European people are less likely to speak a second, or third, language. ¹³ Many European companies are promoting foreign language training [for their staff]. ¹⁴ (In addition), globalization has encouraged many more people to travel for both business and pleasure, another process [that promotes language learning].

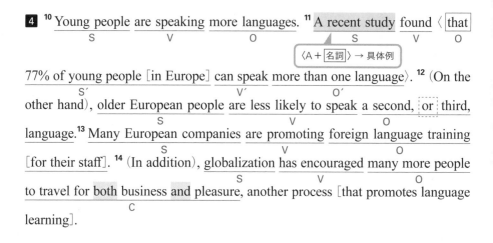

> 訳　¹⁰ 若者はより多くの言語を話すようになってきている。¹¹ 最近の研究で，ヨーロッパの若者のうち77％が，複数の言語を話せることが明らかになった。¹² その一方で，年配のヨーロッパの人々が第2言語や第3言語を話せることは少ない傾向にある。¹³ 多くのヨーロッパ企業は，従業員向けの外国語研修を推し進めている。¹⁴ その上，グローバル化によって，さらに多くの人々が出張でも遊びでも旅行に行くようになっているが，これもまた言語学習を促進するもう1つの要因である。

> 語句　¹⁴ globalization 名 グローバル化／encourage 人 to 原形 人 が〜することを促す／both A and B　A も B も

> 文法・構文　¹⁴ 比較級の強調では much が使われますが，今回のように more ＋可算名詞を修飾する場合は many が使われます。また another process 〜 は直前の内容と同格で，「グローバル化によってさらに多くの人々が旅行に行くようになっている」＝「言語学習を促進するもう1つの作用」という関係です。

5 ¹⁵ (In the United States) a record of 65 million people speak another language

固有名詞 → 具体例

(at home), a number [that has doubled (since 1990)]. ¹⁶ Many of these foreign

65 million people の同格　　コロン (:) → 具体化

language speakers are not immigrants: half of the growth [in foreign language speakers (since 2010)] was among those [born in the US]. ¹⁷ A similar trend is

〈A + 名詞〉→ 具体例

happening (in Canada), [where the number of people [who speak a language

other than English or French] has risen (by 14.5% (since 2011))].
_{V′}

訳 **15** アメリカ合衆国では，6500万人という記録的な数の人が家で別（英語以外）の言語を話しており，この人数は1990年から倍増している。**16** こういった外国語を話す人の多くは移民ではない。2010年以降に増えた外国語話者のうち半分はアメリカ生まれだった。**17** 同じような傾向はカナダでも起こっており，そこでは，英語でもフランス語でもない言語を話す人の数が2011年から14.5％増えている。

語句 **15** double 動 倍増する／**16** immigrant 名 (外国からの) 移民／growth 名 増加, 成長／**17** trend 名 傾向／other than ～ ～以外の／rise 動 上昇する

文法・構文 **15** 固有名詞 the United States に注目して，具体例を表す文だと判断できます。この段落でも「多くの言語を話す人々が増えている」ということを説明しています。**16** コロン (:) 以下で直前の内容を具体的に説明しています。those は後ろに関係詞の続く those who ～「～な人々」という形が有名ですが，形容詞のカタマリや，今回のように分詞のカタマリが続くこともあります。**17** 〈A + 名詞〉は「具体例」の目印です。また，similar という反復表現が使われていることからも，「多くの言語を話す人々が増えている」ということを繰り返し述べているとわかります。ちなみに，by 14.5％の by は「14.5％分だけ増えた」という「差」を表しています。「14.5％にまで増えた」わけではないので注意してください。

6 **18** Tom Roeper, a linguistics professor, says 〈 that classrooms [around the
_S　　　　　　　　　　　　　　　　　　 _V　 _O　　　　 _{S′}

（Sの同格）

world] could (soon) be filled with children [who might speak six or more
　　　　　　　 _{V′}　　　　　　　 _{O′}
languages]〉. **19** 〈Teachers〉, he says, 〈should appreciate this diversity and make
_{O′}　　　　　　 _{S′}　　 _S _V　　 _{V′}　　　 _{O′}　　　 _{V′}
use of it (in the classroom)〉.
_{O′}

〈this + 名詞〉→ まとめ表現

訳 **18** 言語学教授のトム・ローパーは，世界中の教室がそのうち，6か国語以上を話せる子どもでいっぱいになるかもしれないと言う。**19** 教師たちはこの多様性を正しく認識し，教室で活用すべきだと彼は言う。

語句 **18** professor 名 教授／*be* filled with ～ ～で満たされている／**19** appreciate 動 正しく認識する, 感謝する／make use of ～ ～を利用する

文法・構文 **18** Tom Roeper という固有名詞が使われていることから，「具体例」だと判断できます。ここでも「多くの言語を話す人々が増えている」ということを具体的に説明しています。**19** 〈this + 名詞〉は「まとめ表現」の目印です。ここまでの内容がわからなくても，diversity「多様性」に関する話だと判断できます。

7 ²⁰ (Today), it is common for teenagers to make new friends (online) (through
仮S　V　　C　　　　意味上のS　　　　　　　真S

現在 → 過去との対比　　意味上のS

social media and online games). ²¹ Any teenager [with a smartphone and an
　　　　　　　　　　　　　　　　　　　　S
internet connection] can have a video conversation (with friends [who speak
　　　　　　　　　　　V　　　　　O
different languages (on the other side of the world)]). ²² (In the past), making

過去 → 現在との対比

friends (in another language) was hard work. ²³ You had to go (to the other
S　　　　　　　　　　　　　V　　C　　　S　　V
country), spend some time (there), and make friends (in a second language).
　　　　V　　　O　　　　　　　　V　　O
²⁴ Technological progress has made the whole process of meeting people [in other
　　　　　　S　　　　　V　　　　　　O
countries] much easier.
　　　　　C

> **訳** ²⁰ 今日，ティーンエイジャーがソーシャルメディアやオンラインゲームを通して
> ネット上で新しい友人を作るのはよくあることだ。²¹ スマートフォンを持ち，イ
> ンターネットに接続できるティーンエイジャーなら誰でも，世界の反対側で異な
> る言語を話す友人とビデオ通話をすることができる。²² かつては，別の言語を話
> す人と友人になるのは大変なことだった。²³ その別の国に行って，しばらくそこ
> で過ごし，第2言語を使って友人にならないといけなかったのだ。²⁴ 技術の進歩
> によって，他の国にいる人と出会うプロセス全体がずっと簡単になった。

> **語句** ²⁰ common 形 普通の／teenager 名 ティーンエイジャー（※13歳から19歳までのこ
> と）／make friends 友達になる（※必ず ～ friends と複数形で使われるので注意。友だち
> になるには2人以上必要ですよね）／online 副 形 オンラインで[の]，ネット上で[の]／
> ²¹ conversation 名 会話／²² hard work 大変なこと／²⁴ technological 形 科学技
> 術の／progress 名 進歩／whole 形 全体の

> **文法・構文** ²³ and は A, B, and C の形で，動詞3つ（go ～／spend ～／make ～）を結ん
> でいます。²⁴ make OC の形で，Oが長くなっているためにつながりが見えにくく
> なっています。直訳「技術の進歩が他の国にいる人々と出会うプロセス全体をず
> っと簡単にした」→「技術の進歩によって，～がずっと簡単になった」としてい
> ます。

8 ²⁵ Language learning has (also) been encouraged (by the rise of cheap or free
　　　　　　　　S　　　　　　　　　V
apps [that make learning fun]). ²⁶ This is (especially) important (for children
　　　　　　　　　　　　　　　　　S　V　　　　　　C
[who, (unlike adults), are often not even aware 〈 that they are learning
　　　　　　　　　　　　　　　　　　　　　　　S′　　　V′

something, 〔when they actually are〕〕]). ²⁷ Children are good at learning (in
<u>O′</u>　　　　　　　　　　　　　　　　　　　　　　<u>S</u>　<u>V</u>　　　　　<u>O</u>
informal situations) and (through playing games). ²⁸ (Through doing something
〔they like φ〕) they can learn another language.
　　　　　　　　　<u>S</u>　<u>V</u>　　　　<u>O</u>

> **訳** ²⁵ 言語学習はまた，学習を楽しくするような，低価格あるいは無料のアプリの増
> 加によっても促進されてきた。²⁶ これは特に，子どもにとって大切である。子ど
> もは大人と違って，実は学習しているのに，自分が何かを学習しているという意
> 識さえないことがしばしばある。²⁷ 子どもは，形式ばらない場においてや，ゲー
> ムをすることを通して学習するのが上手である。²⁸ 彼らはやりたいことをやりな
> がら，別の言語を学ぶことができるのだ。

> **語句** ²⁵ rise 名 増加／²⁶ be aware that S′V′ S′V′ であると意識している・気づいてい
> る／²⁷ be good at ～ ～が得意である／informal 形 形式ばらない，規定によらな
> い／situation 名 状況

> **文法・構文** ²⁷ and は前置詞句2つ（in ～／through ～）を結んでいます。²⁸ something
> they like は something {which} they like から目的格の関係代名詞が省略されて
> います。

「比例」の as

9 ²⁹ (As children become teenagers), they are more likely to be self-conscious
　　　　　<u>S′</u>　　　<u>V′</u>　　<u>C′</u>　　　<u>S</u>　　　　<u>V</u>　　　　　　<u>C</u>
and fear making mistakes (in front of others). ³⁰ An online environment,
　　<u>V</u>　　　<u>O</u>　　　　　　　　　　　　　　　　　　　　<u>S</u>
〔where a teenager can get instant feedback and can experiment〕, is less
　　　　<u>S′</u>　　　<u>V′</u>　　　<u>O′</u>　　　　　　<u>V′</u>　　　<u>V</u>
frightening. ³¹ Teenagers are (also) more likely to guess and to take risks (in
　<u>C</u>　　　<u>S</u>　　　　　　　　　　　　　<u>V</u>　　　　<u>V</u>　　<u>O</u>
situations 〔where there is no audience〕), something 〔that promotes learning〕.
　　　　　　　　<u>V′</u>　<u>S′</u>

直前の内容の同格

> **訳** ²⁹ 子どもはティーンエイジャーになるにつれて，人目を気にする傾向が強くな
> り，人前でミスをすることを恐れる。³⁰ オンライン環境なら，ティーンエイジャ
> ーはすぐに意見がもらえて，試してみることができ，それほど怖くない。³¹ ティ
> ーンエイジャーはまた，自分を見ている人がいない状況だと，見当をつけたりリ
> スクを冒したりする可能性が高くなり，これにも学習を促進する効果がある。

> **語句** ²⁹ self-conscious 形 人目を気にする／in front of ～ ～の前で／³⁰ instant 形 即
> 時の／feedback 名 意見，感想／experiment 動 試してみる／frightening 形 怖
> い／³¹ guess 動 推測する／take risks [a risk] 危険を冒す

> **文法・構文** ²⁹ 文頭の As は，become や比較級（are more likely to ～）などの「変化を表

Lesson 5

91

す表現」があることから，「比例（〜するにつれて）」の意味だと判断できます。
³⁰ , where は An online environment を先行詞とする関係副詞の非制限用法です。
³¹ something that 〜 は直前の内容と同格で，「ティーンエイジャーが見当をつけ
たりリスクを冒したりすること」＝「学習を促進するもの」という関係です。

> see *A* as *B* の受動態

10 ³² (However), technology works (best) (|when| it is seen (as a support to real-world communication)). ³³ (|If| a language learner (really) wants to get better), there comes a point [where they need to start talking with native speakers]. ³⁴ (In the future), (however), it may be possible to practice conversation (in a second language) (with computers [powered by artificial intelligence]).

訳 ³² しかし，技術が最も効果を発揮するのは，現実世界でのコミュニケーションの補助としてみなされている場合である。³³ 言語学習者が本当に上達を望むのであれば，ネイティブスピーカーと話し始めなければならないときが訪れる。³⁴ しかし将来的には，人工知能が搭載されたコンピューターと第2言語での会話を練習することが可能になるかもしれない。

語句 ³² work best 最もうまく機能する（※ここでのbestは副詞wellの最上級）／³³ get better 上達する／there comes a point where 〜 〜するときが訪れる／³⁴ powered by 〜 〜を搭載した／artificial intelligence 人工知能（＝AI）

文法・構文 ³³ there comes 〜 は there is 構文の動詞に comes が使われている形です（come の他にも seem／happen／live などの動詞が続くことがあります）。また，where 〜 は a point を先行詞とする関係副詞です。このように where は広い意味で「場所（場面）」ととらえられる名詞も先行詞に取ることができるんでしたね（Lesson 4 p.73）。

11 ³⁵ The benefits [of speaking many languages] are clear. ³⁶ Developing language ability keeps our thinking young, improves concentration ¦and¦ problem-solving, ¦and¦ allows many to earn more money. ³⁷ But the spread of language ability [among modern children] may (also) bring benefits (to society [as a whole]). ³⁸ Adults (perhaps) think (too often) about the differences [that keep us apart]. ³⁹ (However), (for a kid), everyone is just a kid.

訳 ³⁵ 多くの言語を話せることのメリットは明らかである。³⁶ 言語能力を鍛えれば，私たちの思考力は若いままに保たれ，集中力と問題解決能力は高まり，多くの人がもっとお金を稼げるようになる。³⁷ しかし，現代の子どもに言語能力が広がることは，社会全体にも恩恵をもたらすかもしれない。³⁸ ひょっとしたら大人は，自分たちを隔てる差異について考えてばかりいるかもしれない。³⁹ しかし子どもにとっては，誰もがただの子どもに過ぎないのである。

語句 ³⁶ benefit 图 メリット，恩恵／develop 動 発達させる／ability 图 能力／improve 動 向上させる／concentration 图 集中力／allow 人 to 原形 人 に〜することを許可する／earn 動 稼ぐ／³⁷ spread 图 広がること／as a whole 全体として(の)／³⁸ keep 〜 apart 〜を引き離しておく／³⁹ just 副 ただ〜だけ

文法・構文 ³⁶ 2つ目のandはA, B, and Cの形で，動詞3つ（keeps 〜／improves 〜／allows 〜）を結んでいます。「多くの言語を話せることのメリット」の「具体例」が羅列されています。

Hillary Yip is a 13-year-old student from Hong Kong / who has designed a smartphone app, // which connects children from around the world / so that they can learn each other's mother tongue. // Yip is an example of the generation / that has grown up in a world where language learning is easier than before // thanks to an increasingly culturally mixed global population. // This group is also benefiting from the spread of educational apps and games. //

Cultural diversity is increasing globally, // especially due to increasing levels of international movement. // Today, / 258 million people live in a country other than their country of birth // — an increase of 49% since 2000. // More people, / from more mixed backgrounds, / are coming into contact with each other in cities around the world. //

Angela Creese, // a professor of educational linguistics, // said "Many young people today have a positive approach to social and linguistic differences. // They are more likely to be creative and interested in other languages. // In traditional, / single language environments / people were often slightly nervous about different languages." //

Young people are speaking more languages. // A recent study found that 77% of young people in Europe can speak more than one language. // On the other hand, // older European people are less likely to speak a second, / or third, / language. // Many European companies are promoting foreign language training for their staff. // In addition, / globalization has encouraged many more people to travel / for both business and pleasure, // another process that promotes language learning. //

In the United States / a record of 65 million people speak another language at home, // a number that has doubled since 1990. // Many of these foreign language speakers are not immigrants: // half of the growth in foreign language speakers since 2010 / was among those born in the US. // A similar trend is happening in Canada, // where the number of people who speak a language other than English or French / has risen by 14.5% since 2011. //

Tom Roeper, // a linguistics professor, // says that classrooms around the world could soon be filled with children / who might speak six or more languages. // Teachers, // he says, // should appreciate this diversity / and make use of it in the classroom. //

Today, / it is common for teenagers to make new friends online / through social media and online games. // Any teenager with a smartphone and an internet connection / can have a video conversation with friends / who speak different languages on the other side of the world. // In the past, / making friends in another language was hard work. // You had to go to the other country, // spend some time there, // and make friends in a second language. // Technological progress has made the whole process of meeting people in other countries much easier. //

Language learning has also been encouraged / by the rise of cheap or free apps that make learning fun. // This is especially important for children who, / unlike adults, / are often not even aware that they are learning something, / when they actually are. // Children are good at learning in informal situations / and through playing games. // Through doing something they like / they can learn another language. //

日本語訳

　ヒラリー・イップは香港出身の13歳の学生で，／スマートフォンアプリを設計した／／世界中の子どもたちを繋ぐ／子どもたちがお互いの母語を学べるように。／／イップは，世代の典型のような人物だ／以前よりも言語学習がしやすい世界で育った／／世界中の人々がますます文化的に混ざり合うようになっているおかげで。／／この世代の人々はまた，教育アプリや教育ゲームの普及からも恩恵を受けている。／／

　文化の多様性は，ますます地球全体で高まりつつある／特に国際間の移動の増加によって。／／今日では，／2億5800万の人々が自分が生まれた国とは違う国に住んでおり，／／この人数は2000年から49％増えている。／／より多くの人々が，／よりいろいろな背景を持った／お互いに，世界中の都市で接触するようになっているのだ。／／

　アンジェラ・クリースは／／教育言語学の教授で，／／こう述べた。「今日の多くの若者は，社会の違いや言語の違いに対して肯定的な捉え方をしています。／／彼らは創造性に富んでおり，他の言語に関心を持つ傾向が強いのです。／／従来の／1つの言語しかない環境では，／人々は他の言語に対してやや身構えてしまうことが多かったものです。」／／

　若者はより多くの言語を話すようになってきている。／／最近の研究で，ヨーロッパの若者のうち77％が，複数の言語を話せることが明らかになった。／／その一方で，／／年配のヨーロッパの人々が第2の…話すことは少ない傾向にある／あるいは第3の／言語を。／／多くのヨーロッパ企業は，従業員向けの外国語研修を推し進めている。／／その上，／グローバル化によって，さらに多くの人々が旅行に行くようになっているが／出張でも遊びでも，／／これもまた言語学習を促進するもう1つの要因である。／／

　アメリカ合衆国では，／6500万人という記録的な数の人が家で英語以外の言語を話しており，／／この人数は1990年から倍増している。／／こういった外国語を話す人の多くは移民ではない。／／2010年以降に増えた外国語話者のうち半分は／アメリカ生まれだった。／／同じような傾向はカナダでも起こっており，／／そこでは，英語でもフランス語でもない言語を話す人の数が／2011年から14.5％増えている。／／

　トム・ローパーは，／／言語学教授で／／世界中の教室がそのうち，子どもでいっぱいになるかもしれないと言う／6か国語以上を話せる。／／教師たちは／／彼は言う／／この多様性を正しく認識し，／教室で活用すべきだ。／／

　今日，／ティーンエイジャーがネット上で新しい友人を作るのはよくあることだ／ソーシャルメディアやオンラインゲームを通して。／／スマートフォンを持ち，インターネットに接続できるティーンエイジャーなら誰でも，／友人とビデオ通話をすることができる／世界の反対側で異なる言語を話す。／／かつては，／別の言語を話す人と友人になるのは大変なことだった。／／…しなければならなかった，その別の国に行って，／／しばらくそこで過ごし，／／第2言語を使って友人になることを。／／技術の進歩によって，他の国にいる人と出会うプロセス全体がずっと簡単になった。／／

　言語学習はまた，促進されてきた／学習を楽しくするような，低価格あるいは無料のアプリの増加によっても。／／これは特に，子どもにとって大切である，／子どもは大人と違って，／自分が何かを学習しているという意識さえないことがしばしばある／実は学習しているのに。／／子どもは，形式ばらない場で，学習するのが上手である／ゲームのプレイを通じて。／／彼らはやりたいことをやりながら，／別の言語を学ぶことができるのだ。／／

As children become teenagers, / they are more likely to be self-conscious / and fear making mistakes in front of others. // An online environment, / where a teenager can get instant feedback and can experiment, / is less frightening. // Teenagers are also more likely to guess / and to take risks in situations where there is no audience, // something that promotes learning. //

However, // technology works best when it is seen as a support to real-world communication. // If a language learner really wants to get better, // there comes a point where they need to start talking with native speakers. // In the future, / however, / it may be possible to practice conversation in a second language / with computers powered by artificial intelligence. //

The benefits of speaking many languages are clear. // Developing language ability keeps our thinking young, // improves concentration and problem-solving, // and allows many to earn more money. // But the spread of language ability among modern children / may also bring benefits to society as a whole. // Adults perhaps think too often about the differences that keep us apart. // However, // for a kid, // everyone is just a kid. //

子どもはティーンエイジャーになるにつれて, //人目を気にする傾向が強くなる／そして人前でミスをすることを恐れる。//オンライン環境なら,／ティーンエイジャーはすぐに意見をもらえて, 試してみることができ,／それほど怖くない。//ティーンエイジャーはまた, 見当をつけたり…する可能性が高くなり／自分を見ている人がいない状況でリスクを冒したり, //これにも学習を促進する効果がある。//

　しかし, //技術が最も効果を発揮するのは, 現実世界でのコミュニケーションの補助としてみなされている場合である。//言語学習者が本当に上達を望むのであれば, //ネイティブスピーカーと話してみなければならないときが訪れる。//将来的には,／しかし／第2言語での会話を練習することが可能になるかもしれない／人工知能が搭載されたコンピューターと。//

　多くの言語を話せることのメリットは明らかである。//言語能力を鍛えれば, 私たちの思考力は若いままに保たれ, //集中力と問題解決能力は高まり, //多くの人がもっとお金を稼げるようになる。//しかし, 現代の子どもに言語能力が広がることは,／社会全体にも恩恵をもたらすかもしれない。//ひょっとしたら大人は, 自分たちを隔てる差異について考えてばかりいるかもしれない。//しかし／子どもにとっては, //誰もがただの子どもに過ぎないのである。//

Lesson 6　解答・解説

▶問題 別冊 p.23

このLessonで出てくるルール

Rule 9 　読解　Ifを見たら「具体例」と考える！ ⇒ 問1
Rule 5 　読解　「まとめ単語」による言い換えを見抜く！ ⇒ 問8

解答

問1 ④　　問2 ④　　問3 ④　　問4 ①　　問5 ③　　問6 ③
問7 ⑦, ② 　doesn't feel <u>involved</u> much with *emoji* today, because they have <u>evolved</u> far beyond
問8 ④, ⑤

問1 難易度 ★★☆

I ＿A＿ arrive at the idea. の直後に，Ifで始まる文が続いています。Ifは誰もが知っている単語ですが，ある重要な働きが説明されることはあまりありません。実はIfは「具体例」など前の文を補足する働きがあるのです。

≫ ***Rule 9*** 　読解　Ifを見たら「具体例」と考える！

■ Ifを見つけたら具体例！

for exampleがなくても具体例を見つけ出す方法にはすでに触れていますが（***Rule 8*** ▶ p.79，***Rule 12*** ▶ p.27，***Rule 13*** ▶ p.76），Ifにもその働きがあります。「**文章中にIfが出てきたら，その文から具体例が始まる**」という法則です。「文章中」とは「（固有名詞のときと同じく）第2文目以降」ということです。

固有名詞はその文の中ならどこにあっても（先頭・文中）OKでしたが，Ifの場合はほとんど文頭にくるので，大文字を使ってIfと表記しました（文頭にTodayなどの副詞句がくることも稀にありますが）。

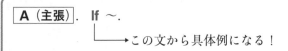

何かを主張した後で，「たとえばもしこういう状況になった<u>としたら</u>」という感じでIfを使うわけです。

■ Ifのルールは柔軟に

Ifの場合，大半は具体例になるのですが，たまに，純粋には具体例とは言えない場合もあります。「たまにはそういうこともある」と流してもいいのですが，補足しておくと（具体例というよりは）**前の文の補足**になるときで，「（たとえば）もし〜の場合は」とちょっとした補足をすることもあります。たとえば，何かルールを説明した後に，If you need help, ask someone in your school.「もし助けが必要ならば，学校の誰かに聞くようにしなさい」と補足する感じです。いずれにせよ，「Ifから始まる文は，前の内容をより詳しく説明する」と考えると，効率的な読み方ができますよ。

直後にある If I hadn't done it, someone else would have は，「（たとえ）もし私がそれをしていなくても，他の誰かがしただろう」という意味です（仮定法過去完了で，後半はwould have {done it} ということ）。

今回のIfは（ストレートに具体例を出すのではなく）「直前の内容を裏返して，その具体例を挙げる」感覚です。いずれにせよ，前の文をフォローするのは同じなので，ここがヒントになることがわかります。それを踏まえると，④ happened to「たまたま〜する」が自然です。「たまたま行き着いた」→「私でなくても誰かが行き着いた」という流れです。

選択肢の訳

　① 〜できなかった
　② 決して〜できなかった
　③ 〜してもよい，〜するかもしれない
　　　→「これから〜してよい，〜かもしれない」では「時制」が合いません。
　④ たまたま〜した

問2 難易度 ★★★

「250文字の制限」→「新しいツールを必要とした」という流れが自然です。空所の前にある **which** は関係代名詞の非制限用法で，**前の内容全体**（メッセージに文字制限を課していたこと）**を受け**ます。

　この文脈に合うのは **call for 〜**「〜を求める・必要とする」という熟語です。直訳「〜を求めて（for）叫ぶ（call）」→「〜を必要とする」です。callの熟語は大事なものが多いのでしっかりチェックしておきましょう。

選択肢の訳

　① (call on 〜 で)「〜を訪ねる・求める」

② (call upで)「電話をかける，呼び起こす」
③ (call backで)「折り返し電話する，呼び戻す」
④ (**call for 〜 で**)「〜を求める・必要とする」
⑤ (call off 〜 で)「〜を中止する」

問3 難易度 ★★☆

　下線部最後のbeing given a free handは「自由裁量に任される」という表現ですが，受験生が知らないであろう熟語なので，**文脈**と**対比表現**から考えていきましょう。

　まず**文脈**ですが，直前の発言で"Japanese tend to be outstanding when making the most of limitations. It's a small nation filled with limitations,"「日本人は，制限を最大限に活用することにかけては傑出している傾向にあります。制限でいっぱいの，小さな国ですから」と言っています。「制限内でうまくやるのが日本人の特長」なのです。

　次に下線部の*A* rather than *B*「BよりもむしろA」で前後が**対比**されることを意識してください（**Rule 22** ▶ p.29）。前半で「枠の中でうまくやる」と言っていることから，後半being given a free handは，freeから「自由に」→「枠に閉じ込められず自由に」くらいを予想できれば十分です。ここまで目星をつけて選択肢を見れば，④ do our best when given restrictions, not complete freedomが選べます。本文の**X, rather than Y**が，選択肢で**X, not Y**「YでなくX」と表されています。

選択肢の訳

① 状況を全面的に支配していれば，はるかによいパフォーマンスを発揮できる
　→ 後半のif we have total control of the situationが本文と真逆です。ちなみに，ここは名詞構文を意識して，totalを副詞的に（totally），controlをV´，the situationをO´（ofは「目的格」）と考えると，「もし私たちがその状況を完全に支配していれば」と訳せます。直訳「もし私たちがその状況の完全な支配を持っていれば」より，はるかに理解しやすいですね。
② 自由裁量に任されたときのみ，すでに持っているものを最大限活用できる
　→ 本文は「自由裁量より制限の中でうまくやる」という意味で，方向性が真逆です。
③ いつも際限なく作業を遂行する
　→ 本文で言及されていません。
④ **完全な自由を与えられたときではなく，制約を設けられたときに最善を尽くす**

100

問4 難易度 ★★☆

下線部はcrossが動詞「横断する，超える」で使われていて，cross cultural gaps「文化の隔たりを超える」となっています。

直後には〈A +名詞〉（A drop）で始まっているので，ここから「具体例」になります。当然ここも大きなヒントになるはずです。「頬を伝って落ちる1滴の汗は，ほとんどあらゆる文化において不安を表し得る」とは，「視覚イメージは文化を超える」ことですね。これを踏まえて，①を選べばOKです。

選択肢の訳

① 絵や画像は，文化を超えて同じように解釈され得る。
② 文化の違いを超えるために，私たちは視覚イメージを理解しようとする。
③ 一部の文化の視覚イメージは，他の文化ではほとんど理解されないことがある。
④ 私たちが視覚イメージを活用しようとも，文化の違いを超えることはあり得ない。

問5 難易度 ★★☆

空所直前にApple's *emoji* style became extremely influential, to the point that when most people on this planet think of *emoji*, they bring to mind Apple's「Appleの絵文字スタイルがきわめて有力となり，地球上のほとんどの人が，絵文字といえばAppleの絵文字を思い浮かべるほどでしょう」，空所直後にThe dozen-member team that designed i-mode was making something for Japan, not for the rest of the world, long before smartphones were invented.「スマートフォンが発明されるずっと前，iモードを設計した12人組のチームは，日本のために何かを作っていたのであって，世界の他の国々のために作っていたわけではないのだ」とあります（*A*, not *B*「BでなくてA」という対比）。

「絵文字といえばみんなApple（の絵文字）を考える」→（空所）→「栗田のチームは日本のために作ったのであり，世界の他の国々のためではない」が自然につながるには，③ careを選んで，Kurita doesn't care.「栗田は気にしていない」とすればOKです。「気にする」という意味の動詞careを知らない受験生も多いのでしっかり押さえておきましょう。

選択肢の訳

① 働く　　② 眠る　　③ 気にする　　④ 走る　　⑤ 遊ぶ

問6 難易度 ★★☆

　下線部解釈問題は和訳問題のつもりで取り組まないと，選択肢の違いで混乱してしまうという典型問題です（***Rule 60*** ▶ p.42）。まずは構文をしっかり把握します。文頭のWhatは関係代名詞で名詞のカタマリを作ります。What began as 〜「〜として始まったもの」という意味です。are (now) growing into 〜「〜に成長している」の部分がVです。

　大雑把には，primitive digital drawings → an elaborate tool for communicationが把握できればOKでしょう。それと合致するのは③です。

　ちなみに，以下のように意味がきれいに対応しています。選択肢のStarting as 〜「〜として始まり」は分詞構文なので，副詞のカタマリになっています（つまり構文は同じではありませんが，表している内容は同じです）。

本文：What began as primitive digital drawings are now growing into
　　　　　　　an elaborate tool for communication with 〜.

選択肢：Starting as simple digital pictures, they have now turned into
　　　　　　　sophisticated instruments for communication.

選択肢の訳

① 原始人が洞窟の壁に描いたものが今では，様々な言語に発達した。
② 当初デジタルで書かれていたものが今では，よりよいコミュニケーションのために，手書きで書かれている。
③ **単純なデジタル絵として始まったものが今では，高度なコミュニケーション手段になった。**
④ 初歩的なデジタル絵として生まれたものが今では，先端技術を使って描かれる絵に変わりつつある。

問7 難易度 ★★☆

　日本文「〜と感じていない」に注目して，主語のKuritaに対するメインの動詞部分はdoesn't feelになります。「〜に関わりがある」は *be* involved with 〜という熟語を使って，doesn't feel involved much with *emoji* today「今日の絵文字にはそれほど関わりがあると感じていない」とします（feel 形容詞 「形容詞 と感じる」の形で，形容詞 部分に過去分詞involvedが入っています）。

　次に「自分のオリジナルの絵文字をはるかに超えて進化しているため」の部分

を続けます。接続詞 because は〈SV because S´V´.〉の形になるので, because の後に they have evolved を続け, 残りの far beyond を最後に持ってくれば, 後ろの名詞 (his original set) とつながります (beyond は前置詞なので直後に名詞がくる)。

　ちなみに, **並べ替え問題は,** (1)「**動詞**」に注目 → (2)「**接続詞**」に注目 → (3)「**つなげるもの**」をつなぐ, というのが鉄則です (長文読解ではなく文法問題の解法なので **Rule** には入れませんが, 受験生には大事なことです)。これを意識すれば, 今回も動詞に注目して, doesn't feel involved をつなげ, 接続詞 because に着目することで, 日本文を見ないで解くことも可能なんです。もちろんあえてそんなことをする必要はありませんが, 日本文のない整序問題対策としても解法を知っておいてください。

問8 難易度 ★★☆

④ Kurita は, 日本人は常に時代の先端を行きすぎると考えている。

　35行目の "Japanese are always too ahead of our time," Kurita said. と合致します。

⑤ 絵文字を使うことに抗った人たちも, 当初は存在した。

　41行目に Some people, as always, were opposed to using the newly invented items at first.「例によって, 一部の人々は当初, 新しく発明されたものの使用に反対していた」とあります。the newly invented items は「絵文字」を指し (「まとめ単語」の item), 選択肢と合致します。

≫≫ **Rule 5**　　読解　「まとめ単語」による言い換えを見抜く!

　ある単語を「**より広い範囲を表す単語**」**で**「**まとめる [言い換える]**」ことがよくあります。たとえば guitar → instrument や, smartphone → device となって,「総称的にまとめた単語」がよく使われます。こういう単語に慣れておくと「単語の言い換え」に気づきやすくなりますし, 何より設問でよくキーになるので必ず意味をチェックしておきましょう (リスニングでもよく使われます)。

重要な「まとめ単語」
□ instrument 道具, 楽器／□ vehicle 乗り物／□ produce 農作物／
□ artwork 芸術品／□ machine, machinery 機械／□ equipment 装置, 機器／
□ device 機械, 機器／□ tool 道具／□ facility 施設, 設備／□ product 製品／
□ item, goods, merchandise 商品／□ supplies 備品／□ appliance 家電製品／
□ furniture 家具／□ document 資料

選択肢

① 「今何してるの？」という文面に笑顔の絵文字を添えても，文の調子は変わらない。

→ 18行目に，In addition, a message saying "What are you doing now?" could be threatening or annoying. Adding a smiling face, however, could calm the tone down.「さらに，『今何してるの？』というメッセージは，脅すような雰囲気になったり，うっとうしがられたりしかねない。しかし，笑顔を付け加えれば，トーンを和らげられるかもしれない」とあります。

② Kurita が今でも唯一気に入っているのは，笑顔の絵文字である。

→ 23行目に A smiling happy face is still one of his favorites.「嬉しそうに笑っている顔は，今でも彼のお気に入りの1つだ」とあります。あくまで「お気に入りの1つ」にすぎません。「唯一」は言い過ぎです（**Rule 46** ▶ p.139）。

③ 一滴の汗が頬を伝っている絵は，どんな文化でも「疲れ」を表現するものと読める。

→ 26行目に A drop of sweat rolling down a cheek can represent anxiety in almost any culture.「頬を伝って落ちる1滴の汗は，ほとんどあらゆる文化において不安を表し得る」とあります。本文 anxiety「不安」と選択肢「疲れ」が合いません。また，本文は in almost any culture「ほとんどあらゆる文化において」なので，選択肢の「どんな文化でも」は言い過ぎです（**Rule 46** ▶ p.124）。

④ **Kurita は，日本人は常に時代の先端を行きすぎると考えている。**

⑤ 絵文字を使うことに抗った人たちも，当初は存在した。

⑥ 日本を重要な市場と考えた企業が成功を収めたと，Jason Snell は述べている。

→ 43行目に But Tomoya Yamakawa, ～, says, "Companies that saw Japan as an important market have won."「しかし～山川智也は，『日本を重要な市場であるとみなした企業が勝ったのです』と述べる」とあります。Jason Snell の発言ではありません。

⑦ ニューヨークの美術館に展示された作品に，Kurita の名前は添えられていなかった。

→ 50行目に Last year, he paid his airline fare to New York by himself to see the Museum of Modern Art exhibit, which named him as the inventor of *emoji*.「昨年彼は自腹でニューヨークまでの飛行機代を出して，絵文字の発案者として自分の名前を挙げているニューヨーク近代美術館の展示を見に行ったのだった」とあります。not を加えただけの選択肢です（**Rule 43** ▶ p.66）。

文構造の分析

1 ¹Tiny smiling faces, hearts, a knife and fork, or a clenched fist have
S   V
become a global language [for mobile phone messages]. ²(Successors to
C
ancient hieroglyphics, (in a sense)), pictures of those *emoji* are (now) displayed
S   V
(in the Museum of Modern Art in New York).

> **訳** ¹小さな笑顔, ハート, ナイフとフォーク, 握りこぶしは携帯電話のメッセージで
> 使われる世界共通語となっている。²ある意味では古代の象形文字を受け継いで
> いる, こういった絵文字の画像が現在ニューヨーク近代美術館に展示されている。

> **語句** ¹tiny 形 小さな／clenched fist 握りこぶし／²successor 名 後継者／
> hieroglyphics 名 象形文字／in a sense ある意味／display 動 展示する

> **文法・構文** ²Successors to ～は 名詞 ～, SV. という形から, {Being} successors to ～ の
> Being が省略された分詞構文と解釈できます。

2 ³(Despite their almost universal presence), they started (in 1998) (with one
S   V
Japanese man): a then 25-year-old employee of a mobile phone company [called

> コロン(:) → 具体化

NTT DoCoMo], [who created the first set of 176 *emoji* (in one month) (as he
S′

> 仮定法過去完了

rushed to make a deadline)]. ⁴"I happened to arrive (at the idea). (If I hadn't
V′   O′   S   V   S′ V′
done it), someone else would have," said Shigetaka Kurita, [who now is a board
O′   S   V   V   S
member of another technology company in Tokyo]. ⁵"Digital messaging was
S
(just) getting started, so I was thinking about ⟨what was needed⟩."
V   S   V   O

> **訳** ³絵文字は今ではほとんど世界中で使われているが, 最初は1998年に1人の日本
> 人男性から始まったのだった。彼は当時25歳の, NTTドコモという携帯電話会
> 社の社員で, 締め切りに間に合うように急いでいたときに, 1か月で176個の, 最
> 初の絵文字一式を作り出した。⁴「私はたまたまこのアイディアに行き着いたんで
> す。もし私がやっていなくても, 他の誰かがやったことでしょう」と栗田穣崇は
> 述べた。彼は現在, 東京にある他のテクノロジー企業の取締役を務めている。⁵「電

子メッセージがちょうど始まりつつあるところだったので，必要なものを考えていたのです。」

語句 ³ then 形 当時の／in ～ 前 ～期間で／rush to 原形 大急ぎで～する／make a deadline 締め切りに間に合わせる／⁴ arrive at ～ ～に行き着く／board member 取締役／⁵ get started 始まる

文法・構文 ³, who ～は，a then 25-year-old employee of ～ を先行詞とする関係代名詞の非制限用法です。as ～ は「時（～するとき）」を表しています。⁴ 仮定法過去完了（if S had p.p., S would have p.p.）の形で，今回の if ～ は「もし～でも（= even if）」の意味です（if は単体で使用しても「もし～でも（= even if）」の意味になることがあります）。また，, who ～は「固有名詞」Shigetaka Kurita を先行詞とする関係代名詞の非制限用法です（p.212）。

3 ⁶ Here was Kurita's challenge: NTT DoCoMo's mobile Internet service [at that
time], (named "i-mode)," limited messages (to 250 characters), [which definitely
called for some kind of new tool [to write (quickly and easily)]]. ⁷ "Japanese
tend to be outstanding (when making the most of limitations). It's a small nation
⟨S＋be動詞⟩の省略
[filled with limitations]," said Kurita. ⁸ "We do (well) (at carrying out tasks
(within a framework)), (rather than being given a free hand)."

訳 ⁶ 栗田の挑戦は次のようなものだった。「iモード」という当時のNTTドコモの携帯インターネットサービスは，メッセージに250文字の文字数制限を課していたので，素早く簡単にメッセージを打つための何らかの新機能が間違いなく必要とされていたのだ。⁷「日本人は，制限を最大限に活用することにかけては傑出している傾向にあります。制限でいっぱいの，小さな国ですから」と栗田は述べた。⁸「私たちは自由裁量に任せられるよりも，枠組みの中で業務を遂行するほうがうまくいくのです。」

語句 ⁶ here is ～ （紹介して）～です，これが～です／challenge 名 課題，難題／limit A to B A を B に制限する／character 名 文字／definitely 副 間違いなく／call for ～ ～を必要とする・求める／⁷ outstanding 形 傑出している／make the most of ～ ～を最大限に活用する／be filled with ～ ～でいっぱいである／limitation 名 制限／⁸ carry out 遂行する／framework 名 枠組み／A rather than B B よりもむしろ A／be given a free hand 自由裁量に任される

文法・構文 ⁶ named ～ はNTT DoCoMo's mobile Internet service を意味上の S とする分詞構文です（S の直後にある分詞構文は，S の説明になることが多いです）。ま

た，，which ～ は直前の内容（メッセージに文字数制限を課していたこと）を先行詞とする関係代名詞の非制限用法です。

4 ⁹ (In addition), a message [saying "What are you doing now?"] could be
　　　　　　　　　　　　　　　　S
threatening or annoying. ¹⁰ Adding a smiling face, (however), could calm the
　　　　　　C　　　　　　　　　　　S　　　　　　　　　　　　　V
tone down.
O

> **訳** ⁹ さらに，「今何してるの？」というメッセージは，脅すような雰囲気になったり，うっとうしがられたりしかねない。¹⁰ しかし，笑顔を付け加えれば，トーンを和らげられるかもしれない。

> **語句** ⁹ threatening 形 脅迫的な／annoying 形 うっとうしい／¹⁰ calm *A* down *A* を和らげる

> **文法・構文** ⁹ ¹⁰ どちらの could も「過去」ではなく「可能性（ことによれば～があり得る）」を表しています。

5 ¹¹ Kurita collected common images [including public signs, weather symbols,
　　　　S　　　　V　　　　　O
and comic book style pictures]. ¹² (Then), (with simple lines), he made five
　　　　　　　　　　　　　　　　　　　　　　　　　　　　　　S　　V　　O
faces — happy, angry, sad, surprised, and puzzled. ¹³ A smiling happy face is
　　　　　　　　　　　　　　　　　　　　　　　　　　　　S　　　　　　　V

　　　　羅列 → 具体例

(still) one of his favorites. ¹⁴ (Following i-mode's launch in 1999), the *emoji*
　　　　　　　　C　　　　　　　　　　　　　　　　　　　　　　　　　　　S
became an immediate hit (in Japan).
　V　　　　　C

> **訳** ¹¹ 栗田は，公共の標識，天気記号，漫画風イラストなどのよく使われる画像を集めた。¹² それから，シンプルな線で，彼は5つの顔を作った。嬉しそうな顔，怒っている顔，悲しそうな顔，驚いている顔，そして困っている顔である。¹³ 嬉しそうに笑っている顔は，今でも彼のお気に入りの1つだ。¹⁴ 1999年にiモードのサービスが開始されたのに続いて，絵文字は日本ですぐにヒットした。

> **語句** ¹¹ including ～ 前 ～を含む／weather symbol 天気記号／¹² puzzled 形 困っている／¹⁴ following ～ 前 ～の後で（※follow 動 後に続く）／launch 名 開始／become a hit ヒットする

> **文法・構文** ¹¹ and は3つの名詞（public signs／weather symbols／comic book style pictures）を *A*, *B*, and *C* の関係で結んでいます。また，*A* including *B* は「A，たとえばB」という形で具体例を表すこともポイントです。¹² five faces「5つの顔」

の具体的な内容を，— （ダッシュ）以下で羅列しています。**14** following 〜 は本来分詞構文ですが，もはや辞書では「前置詞」と分類されています。

6 **15** (As we all know), some visual images cross cultural gaps. **16** A drop of
　　　　S′　V′　　　　S　　　　　　　V　　O　　　　　S

〈イコール表現〉　　　　　　　　　　　　　　　　〈A + 名詞〉→ 具体例

sweat [rolling down a cheek] can represent anxiety (in almost any culture). **17** So,
　　　　　　　　　　　　　　　　　　V　　　O
it was no surprise 〈that major Western enterprises [like Apple or Google]
仮S　V　　C　　　　真S　　　　　　　　　　　　　　　　S′
(soon) made emoji a global phenomenon〉. **18** "(Perhaps) (because of the
　　　　V′　　O′　　　C′

〈因果表現〉

popularity of the iPhone), Apple's emoji style became extremely influential, (to
　　　　　　　　　　　　　　　　　S　　　　　V　　　　　　C
the point [that (when most people on this planet think of emoji), they bring (to
　　　　　　　　　　　(S)　　　　　　　　(V)　　(O)　　s′　v′
mind) Apple's])," said Jason Snell, a technology journalist.
　　　O′　　　　　V　　S

〈Jason Snellの同格〉

訳 **15** 知っての通り，視覚イメージの中には文化の隔たりを超えるものもある。**16** 頬を伝って落ちる1滴の汗は，ほとんどあらゆる文化において不安を表し得る。**17** そのため，AppleやGoogleのような西洋の大手企業によって絵文字がすぐに世界的な現象になったことは驚くようなことではなかった。**18**「おそらくiPhoneの人気によって，Appleの絵文字スタイルがきわめて有力となり，地球上のほとんどの人が，絵文字といえばAppleの絵文字を思い浮かべるほどでしょう」と，技術ジャーナリストのジェイソン・スネルは述べた。

語句 **15** cross 動 超える／gap 名 隔たり，溝／**16** sweat 名 汗／roll down 流れ落ちる／anxiety 名 不安／**17** enterprise 名 企業／phenomenon 名 現象／**18** because of 〜 〜が原因で／influential 形 影響力の大きい，有力な／to the point that S′V′S′V′にいたるほど／planet 名 惑星，(the planet で) 地球／bring 〜 to mind 〜を思い浮かべる（※今回は they bring Apple's {emoji} to mindの形から，Apple's {emoji}が後置されています。Apple'sの直後は emojiが省略されています）

文法・構文 **15** 文頭のasは「様態（〜のように）」を表しています。また，allはweの同格です。**16** representはオーバーに言えば「イコール」と考える単語です（p.163）。**17** SVOCは「SによってOがCする」と訳すと理解しやすい（p.59）ので，「西洋の大手企業によって〜がすぐに世界的な現象になった」と訳してあります。**18** to the point that 〜 のthatはこの場合，whereの代わりの関係副詞です（thatは関係副詞として用いられることがあります）。

7 ¹⁹ Kurita doesn't care. ²⁰ The dozen-member team [that designed i-mode] was making something (for Japan), (not for the rest of the world), long (before smartphones were invented). ²¹ "Japanese are (always) too ahead of our time," Kurita said. ²² "I think ⟨{that} Galapagos is OK⟩. It's cool," he said, (referring to the name of the remote Pacific islands [with uniquely evolved animals]), (used in Japan to describe its own insularity). ²³ "(After all), how can Japan hope to win (from the start) (as a global standard)? ²⁴ We always go ahead (with our own ways in Japan), and (then) people abroad will see it (as wonderfully Japanese)."

訳　¹⁹ 栗田は気にしていない。²⁰ スマートフォンが発明されるずっと前, iモードを設計した12人組のチームは, 日本のために何かを作っていたのであって, 世界の他の国々のために作っていたわけではないのだ。²¹「日本人はいつも, 時代の先を行き過ぎているのです」と栗田は述べた。²²「ガラパゴス携帯[ガラパゴス文化]はよいと思いますよ。かっこいいです」と彼は言い, その孤立した環境を表すために日本で使われている, 独自に進化した動物たちが住んでいる遠く離れた太平洋の諸島の名前を出した。²³「そもそも日本が, どうして最初から世界標準規格として勝つことが見込めるでしょうか (見込めるはずがありません)。²⁴ 私たちは常に日本独自のやり方で進めていき, すると海外の人々がそれを非常に日本的だとみなすのです。」

語句　²⁰ the rest 残り／invent 動 発明する／²¹ ahead of 〜 〜の前に, 〜より早く／²² remote 形 遠く離れた／uniquely 副 独自に／insularity 名 島国であること／²³ after all そもそも, だって〜だから／global standard 世界標準規格

文法・構文　²² referring to 〜 はhe を意味上のSとする分詞構文です。また, used in Japan to describe its own insularity は過去分詞で始まる分詞構文で, the name of the remote Pacific islands (= Galapagos) を意味上のSとしています (直前の uniquely evolved animals を修飾しているわけではないので注意しましょう)。ちなみに, 日本独自の進化をした携帯電話のことを「ガラケー」と呼びますが, これは「ガラパゴス・ケータイ」のことで, 独自の進化を遂げるガラパゴス諸島に由来する呼び方です。²³ after all は「結局」という訳語だけ覚えている人が多いのですが, 今回のように文頭に置かれた場合は「そもそも, だって〜だから」という意味になることが多いです。また, how 〜 は直訳「どのようにすれば〜できるでしょうか」→「どうしても〜は望めるはずがない」という「反語」の働きをしています。

8 ²⁵ Some people, (as always), were opposed to using the newly invented items
(at first). ²⁶ They argued ⟨ that *emoji* were mere pictures, too childish and too

> But を予想

> S の同格

Japanese⟩. ²⁷ But Tomoya Yamakawa, a technology expert in Japan, says,
"Companies [that saw Japan as an important market] have won." ²⁸ ⟨What began
[as primitive digital drawings]⟩ are (now) growing (into an elaborate tool for
communication [with not only pictures but also animation, [such as Apple's latest
Animoji]]).

> **訳** ²⁵ 例によって，一部の人々は当初，新しく発明されたものの使用に反対していた。
> ²⁶ 彼らは，絵文字はただのイラストに過ぎず，あまりにも幼稚かつ日本的だと主
> 張したのだった。²⁷ しかし日本の技術者である山川智也は，「日本を重要な市場で
> あるとみなした企業が勝ったのです」と述べる。²⁸ 単純なデジタル絵として始ま
> ったものが今では，イラストを用いるだけではなく，Apple の最新機能であるア
> ニ文字のようにアニメーションも用いて，よく作り込まれたコミュニケーション
> ツールに成長しているのだ。

> **語句** ²⁵ as always いつものように，例によって／*be* opposed to ~ ~に反対している／
> at first 最初のうちは／²⁶ argue 動 主張する／mere 形 単なる（=only）／
> childish 形 子どもっぽい，幼稚な／²⁸ primitive 形 単純な，未発達な，初期の／
> elaborate 形 よく作り込まれた，精巧な／not only A but also B A だけでなく B
> も／latest 形 最新の／Animoji 名 アニ文字（アップルが開発した，顔認証システ
> ムを使って表情や仕草を絵文字に反映できる機能）

> **文法・構文** ²⁵ at first は「最初は（~だったけど，後で変化した）」という流れで使われる
> ことが多く，「過去と現在の対比」の目印になります。今回も Some people ~ at
> first. ⇔ But Tomoya Yamakawa, ... と対比されています。

9 ²⁹ (Working on a new project of his own now), Kurita doesn't feel involved
(much) with *emoji* today, (because they have evolved (far beyond his original
set)). ³⁰ (After all), he receives no royalties, and is little known (in Japan)
(outside technology circles). ³¹ (Last year), he paid his airline fare [to New
York] (by himself) (to see the Museum of Modern Art exhibit), [which named
him as the inventor of *emoji*].

> 訳 29 現在，自身の新プロジェクトに取り組んでいる栗田は，今日の絵文字には自分はそれほど関わりがあると感じていない。なぜなら，それらは自分の初期の絵文字一式をはるかに超えて進化しているからだ。30 そもそも彼は，著作権使用料は一切貰っていないし，テクノロジー領域以外では日本でほとんど知られていない。31 昨年彼は自腹でニューヨークまでの飛行機代を出して，絵文字の発案者として自分の名前を挙げているニューヨーク近代美術館の展示を見に行ったのだった。

> 語句 29 be involved in [with] 〜 〜に関わる，〜に取り組む／evolve 動 進化する／beyond 〜 前 〜を越えて／original 形 最初の，本来の（※日本語と同様の「オリジナルな（独創的な）」という意味もありますが，まずは「最初の，本来の」という意味を思い浮かべてください）／30 after all そもそも，だって〜だから／royalty 名 （通例 royalties で）著作権使用料／little 副 ほとんど〜ない／circle 名 領域，社会／31 fare 名 運賃／by oneself 1 人で，自力で／name A as B B として A の名前を挙げる／inventor 名 発明者，発案者

> 文法・構文 29 working on 〜 は，Kurita を意味上の S とする分詞構文です。31 , which 〜 は the Museum of Modern Art exhibit を先行詞とする関係代名詞の非制限用法です。

10 32 He was overcome (with emotion).
　　　　S　　　　V

> 訳 32 彼は感極まった。

> 語句 32 be overcome with emotion 感極まる，感情に圧倒される

11 33 "(There) they were, something [I'd been involved with φ]. 34 (Although
　　　　　　　　　S　V
I'm neither an artist nor a designer), the museum saw value (in the design [that
S´V´　　　　　C´　　　　　　　　　　　S　　V　O
had the power to change people's lifestyles])."

> 訳 33 「ありました，私が関わっていたものが。34 私は芸術家でもデザイナーでもありませんが，美術館は，人々の生活様式を変える力を持っていたそのデザインに価値を認めてくれたのです。」

> 語句 33 There they are. （探していたものなどが）あった。／34 see value in 〜 〜に価値を認める

> 文法・構文 33 There they are. は本来 They are there. で，there が前に置かれた形です（この There they are. という表現は，語句にもある通り「（探していたものなどが）あった」という意味でそのまま載っている辞書もあります）。また，something 〜 は they の内容を詳しく説明しています。

Tiny smiling faces, // hearts, // a knife and fork, // or a clenched fist / have become a global language for mobile phone messages. // Successors to ancient hieroglyphics, // in a sense, // pictures of those *emoji* are now displayed in the Museum of Modern Art in New York. //

Despite their almost universal presence, // they started in 1998 with one Japanese man: // a then 25-year-old employee of a mobile phone company called NTT DoCoMo, // who created the first set of 176 *emoji* in one month, // as he rushed to make a deadline. // "I happened to arrive at the idea. // If I hadn't done it, // someone else would have," // said Shigetaka Kurita, // who now is a board member of another technology company in Tokyo. // "Digital messaging was just getting started, // so I was thinking about what was needed." //

Here was Kurita's challenge: // NTT DoCoMo's mobile Internet service at that time, // named "i-mode," // limited messages to 250 characters, // which definitely called for some kind of new tool to write quickly and easily. // "Japanese tend to be outstanding when making the most of limitations. // It's a small nation filled with limitations," // said Kurita. // "We do well at carrying out tasks within a framework, // rather than being given a free hand." //

In addition, // a message saying / "What are you doing now?" // could be threatening or annoying. // Adding a smiling face, // however, // could calm the tone down. //

Kurita collected common images / including public signs, // weather symbols, // and comic book style pictures. // Then, // with simple lines, // he made five faces // — happy, / angry, / sad, / surprised, / and puzzled. // A smiling happy face is still one of his favorites. // Following i-mode's launch in 1999, // the *emoji* became an immediate hit in Japan. //

As we all know, // some visual images cross cultural gaps. // A drop of sweat rolling down a cheek can represent anxiety / in almost any culture. // So, it was no surprise that major Western enterprises like Apple or Google / soon made *emoji* a global phenomenon. // "Perhaps because of the popularity of the iPhone, // Apple's *emoji* style became extremely influential, // to the point that when most people on this planet think of *emoji*, // they bring to mind Apple's," // said Jason Snell, // a technology journalist. //

Kurita doesn't care. // The dozen-member team that designed i-mode was making something for Japan, // not for the rest of the world, // long before smartphones were invented. // "Japanese are always too ahead of our time," / Kurita said. // "I think Galapagos is OK. // It's cool," // he said, // referring to the name of the remote Pacific islands with uniquely evolved animals, // used in Japan to describe its own insularity. // "After all, / how can Japan hope to win from the start as a global standard? // We always go ahead with our own ways in Japan, // and then people abroad will see it as wonderfully Japanese." //

日本語訳

　小さな笑顔，//ハート，//ナイフとフォーク，//握りこぶしは／携帯電話のメッセージで使われる世界共通語となっている。//古代の象形文字を受け継いでいる，//ある意味では//こういった絵文字の画像が現在ニューヨーク近代美術館に展示されている。//

　絵文字は今ではほとんど世界中で使われているが，//最初は1998年に1人の日本人男性から始まったのだった。//彼は当時25歳の，NTTドコモという携帯電話会社の社員で，//1か月で176個の，最初の絵文字一式を作り出した//締め切りに間に合うように急いでいたときに。//「私はたまたまこのアイディアに行き着いたんです。//もし私がやっていなくても，//他の誰かがやったことでしょう」//と栗田穣崇は述べた。//彼は現在，東京にある他のテクノロジー企業の取締役を務めている。//「電子メッセージがちょうど始まりつつあるところだったので，//必要なものを考えていたのです。」//

　栗田の挑戦は次のようなものだった。//当時のNTTドコモの携帯インターネットサービスは，//「iモード」という//メッセージに250文字の文字数制限を課していたので，//素早く簡単にメッセージを打つための何らかの新機能が間違いなく必要とされていたのだ。//「日本人は，制限を最大限に活用することにかけては傑出している傾向にあります。//制限でいっぱいの，小さな国ですから」//と栗田は述べた。//「私たちは枠組みの中で業務を遂行するほうがうまくいくのです//自由裁量に任されるよりも。」//

　さらに，//…というメッセージは／「今何してるの？」//脅すような雰囲気になったり，うっとうしがられたりしかねない。//笑顔を付け加えれば，//しかし//トーンを和らげられるかもしれない。//

　栗田は，よく使われる画像を集めた／公共の標識…などの，//天気記号，//漫画風イラスト。//それから，//シンプルな線で，//彼は5つの顔を作った。//嬉しそうな顔，／怒っている顔，／悲しそうな顔，／驚いている顔，／そして困っている顔である。//嬉しそうに笑っている顔は，今でも彼のお気に入りの1つだ。//1999年にiモードのサービスが開始されたのに続いて，//絵文字は日本ですぐにヒットした。//

　知っての通り，//視覚イメージの中には文化の隔たりを超えるものもある。//頬を伝って落ちる1滴の汗は，不安を表し得る／ほとんどあらゆる文化において。//そのため，AppleやGoogleのような西洋の大手企業が…ことは驚くようなことではなかった／絵文字をすぐに世界的な現象にした。//「おそらくiPhoneの人気によって，//Appleの絵文字スタイルがきわめて有力となり，//地球上のほとんどの人が，絵文字といえば…ほどでしょう//Appleの絵文字を思い浮かべる」//と，ジェイソン・スネルは述べた／技術ジャーナリストの。//

　栗田は気にしていない。//iモードを設計した12人組のチームは，日本のために何かを作っていたのであって，//世界の他の国々のために作っていたわけではないのだ//スマートフォンが発明されるずっと前。//「日本人はいつも，時代の先を行き過ぎているのです」／と栗田は述べた。//「ガラパゴス携帯［ガラパゴス文化］はよいと思いますよ。//かっこいいです」//と彼は言い，//独自に進化した動物が住んでいる遠く離れた太平洋の諸島の名前を出した//その孤立した環境を表すために日本で使われている。//「そもそも／日本が，どうして最初から世界標準規格として勝つことが見込めるでしょうか（見込めるはずがありません）。//私たちは常に日本独自のやり方で進めていき，//すると海外の人々がそれを非常に日本的だとみなすのです。」//

Some people, / as always, / were opposed to using the newly invented items at first. // They argued that *emoji* were mere pictures, // too childish and too Japanese. // But Tomoya Yamakawa, // a technology expert in Japan, // says, / "Companies that saw Japan as an important market have won." // What began as primitive digital drawings / are now growing into an elaborate tool for communication / with not only pictures / but also animation, / such as Apple's latest Animoji. //

Working on a new project of his own now, // Kurita doesn't feel involved much with *emoji* today, // because they have evolved far beyond his original set. // After all, // he receives no royalties, // and is little known in Japan outside technology circles. // Last year, // he paid his airline fare to New York by himself / to see the Museum of Modern Art exhibit, // which named him as the inventor of *emoji*. //

He was overcome with emotion. //

"There they were, // something I'd been involved with. // Although I'm neither an artist nor a designer, // the museum saw value in the design / that had the power to change people's lifestyles." //

一部の人々は／例によって，／当初，新しく発明されたものの使用に反対していた。／／彼らは，絵文字はただのイラストに過ぎず…と主張したのだった／あまりにも幼稚かつ日本的だ。／／しかし山川智也は／／日本の技術者である／／述べる／「日本を重要な市場であるとみなした企業が勝ったのです。」／／単純なデジタル絵として始まったものが／今では，よく作り込まれたコミュニケーションツールに成長しているのだ／イラストを用いるだけではなく，／アニメーションも用いて／Appleの最新機能であるアニ文字のように。／／

　現在，自身の新プロジェクトに取り組んでおり，／／栗田は今日の絵文字には自分はそれほど関わりがあると感じていない。／／なぜなら，それらは自分の初期の絵文字一式をはるかに超えて進化しているからだ。／／そもそも／彼は，著作権使用料は一切貰っていないし，／／テクノロジー領域以外では日本でほとんど知られていない。／／昨年／／彼は，自腹でニューヨークまでの飛行機代を出して行ったのだった／ニューヨーク近代美術館の展示を見るために／／絵文字の発案者として自分の名前を挙げている。／／

　彼は感極まった。／／

　「ありました，／／私が関わっていたものが。／／私は芸術家でもデザイナーでもありませんが，／／美術館は，そのデザインに価値を認めてくれたのです／人々の生活様式を変える力を持っていた。」／／

Lesson 7　解答・解説

このLessonで出てくるルール

Rule 61 解法　記述問題の心構え ⇒ 問1
Rule 71 構文　〈V *A* as *B*〉は「AをBとみなす」という意味！⇒ 問1
Rule 72 構文　分詞構文の訳し方のコツ ⇒ 問5
Rule 46 解法　「過剰」選択肢のパターン（all系）⇒ 問6

解答

問1 ニューイングランドの町の，白い教会が建ち，もともと家畜の餌やりに使われたり，屋外集会場として使われたりしていた，共用の青々とした野原がある様子。

問2 ③　　**問3** ②

問4 アメリカの入植者が自らを「アメリカ人」とみなして，もはや自分たちがイギリス人だと考えていないことを世間に示すため。

問5（A）ニューイングランド地方は，アメリカ合衆国の北東部に位置するのだが，英語を話す人々が大西洋を船で渡ってやって来た，最初の地域のうちの1つだった。

（B）彼らはその紅茶に課された高い税金を払わなければならなかったが，彼らはイギリス政府がその税金を課すことは不公平であると考えた。

問6 ① 1　　② 2　　③ 1　　④ 2　　⑤ 1

問1 難易度 ★★☆

≫≫ *Rule 61* 解法　記述問題の心構え

■「探す」→「きわめて丁寧に訳す」

　求められているのは「英文を正確に読む→設問の要求を理解→日本語で表す力」です。そして「**内容を丁寧に説明する**」姿勢が必要です。普段の会話では「当然のこと，お互いの了解」があるので，前提まで触れませんが，説明問題でその発想は危険です。具体的なことは各問題で指摘しますが，たとえるなら「校長先生に最新アプリを説明する」姿勢でいてください。いきなりアプリの中身を説明するのではなく，「そもそもスマホで使うもの」「要するに○○がラクにできるよう

116

になるもの」という前提から説明する心構えを持ってください。

■目指すのは「最大字数」

「60字～80字で書け」とあるとき，出題者のメッセージは「無駄がない完璧な答案なら60字，多少無駄なこと・冗長な表現を使っても80字が限度」ということです。つまり，受験生の答案が60字だった場合，それは「完璧な答案」か「何かポイントが欠けた答案」のどちらかです。ですから**最大字数を目指す**ほうが無難です。

■文末は「オウム返し」

「なぜ」と問われたら，「～だから」で答えるのは有名ですが，それ以外は教わりませんよね。ぜひ**「文末オウム返し」**という発想を知ってください。たとえば「変化について説明せよ」とあれば「～という変化」，paradoxを説明するなら「～という矛盾」，「この話はどこがおもしろいのか」なら「～という点がおもしろい」のように，説明を求められている言葉をそのままオウム返しするだけです。

このメリットとして，「減点を避けられる」と「**見当違いの答案に気づけること**」があります。たとえば「この差別を説明せよ」という問題が早稲田で出ましたが，つい優等生的発想で「～してはいけない」と終えてしまった受験生がすごく多かったのです。設問の要求は「差別」なので，この答案では0点になります。文末オウム返しを意識すれば，答案の最後は「～という差別」になるはずなので，こういった勘違いにも気づけるのです。

●構文を見抜いて，どこを訳すか判断する

下線部を含む英文はthink of *A* as *B*「AをBとみなす」の形で，AはNew England towns, with ～ place，Bはtypically Americanです（Aが長いために構文が見づらくなっています）。

think of *A* as *B*「AをBとみなす」

(Even today), many people think of New England towns, [with their white
churches and shared green fields [(originally used for feeding cattle and as
an open-air meeting place)]], (as "typically American)."

originally used for feeding cattle and as an open-air meeting placeにもasがあ

りますが，これは originally used as ～「もともと～として使われていた」です（and は，for feeding cattle と as an open-air meeting place を結んでいます）。think of *A* as *B* の as ではありません。

　　think of *A* as *B*「AをBとみなす」は，A＝Bの関係になります。今回はB（"typically American"）を説明する問題なので，それとイコールになるA（New England towns, with ～ place）を訳せばOKです。

● 「～の…する様子」とまとめる
　think of *A* as *B* のAに相当する部分は，New England towns, with their white churches and shared green fields (originally used for feeding cattle and as an open-air meeting place)「白い教会と，（もともと家畜の餌やりに使われたり，屋外集会場として使われたりしていた）共用の青々とした野原がある，ニューイングランドの町」です。
　設問文には「何のどのような様子」とあるので，「ニューイングランドの町の，白い教会が建ち，～の共用の青々とした野原がある様子」とまとめればOKです。
　ちなみに think of *A* as *B* のような〈V *A* as *B*〉の形になる動詞とその特徴を知っておくといろいろと便利なので，ここでチェックしておきましょう。

>>> *Rule 71* 構文 〈V *A* as *B*〉は「AをBとみなす」という意味！

　知らない動詞であっても，〈**V *A* as *B***〉の形になっていれば「**AをBとみなす**」と考えてみてください。大半の動詞で意味がとれてしまいます。ごく簡単な例で証明してみましょう。I used the box as a chair.「その箱を椅子として使った」という文は簡単ですが，仮に used がわからなかったとしましょう（あり得ませんが「仮に」です）。〈V *A* as *B*〉の形から「その箱を椅子とみなした」で意味がとれますね。知らない動詞が出てきたときに役立つルールです。
　この形でよく出る動詞をチェックしておきましょう。参考までにそれぞれの代表的な訳語を横に載せましたが，もちろんすべて「みなす」で解決します。

---

regard型の動詞：V *A* as *B*　AをBとみなす
● 文法問題で狙われるもの
　□ **regard** みなす／□ **look on** みなす／□ **think of** 考える，みなす
● 長文でよく出るもの
　□ **see** みなす／□ **take** 受け入れる／□ **view** 考える／□ **identify** 同一視する／
　□ **refer to** 言及する／□ **describe** 説明する／□ **recognize** 認識する／
　□ **treat** 扱う

問2 難易度 ★★☆

　関係詞の判別がポイントです。〜 when he returned to England,（　**ア**　）encouraged and supported the British colonization of North America では，空所の後ろは「主語が欠けた“不完全文”」なので，関係代名詞の③ which を選べばOKです（この which は「非制限用法」で，前の内容を指しています）。

関係代名詞と関係副詞の判別
- ●　関係代名詞 ＋ **不完全文**　　※「不完全」とは「SかOが欠けた」状態。
- ●　関係副詞 ＋ **完全文**　　※「完全」とは「SもOも欠けてない」状態。
- ●　前置詞＋関係代名詞 ＋ **完全文**

　次に，誤りの選択肢を見てみましょう。
① where
　→ 関係副詞なので，後ろには「完全文」がくるはずです。空所直前に「場所（England）」を示す単語があるからといって，where を選んではいけません。
② what
　→ what は特殊な関係代名詞で，後ろに「不完全文」がくる点はOKなのですが，「〜するもの[こと]」という意味で「名詞節」を作るので，今回はアウトです。

問3 難易度 ★★☆

　18行目に the town of Boston was the center of opposition between the colonists and the British government「ボストン市は，植民地住民とイギリス政府の対立の中心地だった」，21行目に and tensions between them were running high.「両者間の緊張は高まりつつあった」とあり，マイナス内容が続きます。

　きわめつけは，22行目の Specifically「特に，具体的に言うと」です。specifically は前の内容を「さらに特定のことに絞って詳述する」役割なので，ここからもマイナスの流れが続くはずです。

　the presence of British troops in Boston was increasingly（　**イ**　）は「ボストン市内のイギリス軍の存在はますます（　**イ**　）になっていた」で，空所には「マイナス」になる，② unwelcome「歓迎されない」を選べばOKです。

　specifically は大学受験の世界ではあまり強調されませんが，資格試験では specifically の後に続く「具体例」を選ぶ問題が出たこともあるほど大事な単語です。

　ダメ押しで，後ろの内容 because of high taxes imposed by the British

government「イギリス政府によって高い税金が課されていたことが原因で」とうまくつながることも確認できます。ここでは**because of 〜**「〜が原因で」, さらにその後〈**As a result of** 原因 , 結果 〉という因果表現が出てきます（***Rule 16*** ▶ p.61）。

選択肢の訳

① 歓迎される　　② **歓迎されない**　　③ 重要な

④ 困難だがやりがいのある

　→ 単に「困難な」というマイナスの意味もありますが,「軍の存在がますます困難なものになった」では文意が通りません。

問4 難易度 ★★☆

51行目に The act of wearing American Indian dress was meant to 〜「アメリカ先住民の身なりを装うという行為は〜を意図した」とあります。「意図」が示されているので, この後に注目すればOKだとわかります。

The act〔of wearing American Indian dress〕was meant to express〈to the
　　　　　S
world〉〈that the American colonists identified themselves〈as "Americans"〉
　　　　　　　　O　　　S′　　　　　　　V′　　　　　O′

> consider OC「OをCとみなす」

> identify A as B「AをBとみなす」

and no longer considered themselves British〉.
　　　　　　V′　　　　　　O′　　　　　C′

● express that 〜「〜と表現する・示す」

was meant to 〜以下は, express〈to the world〉that 〜「（世に）〜と示す」となっています。間に割り込んだ**to the world**は, 誰もが「世界」と訳してしまいます。それでも間違いではありませんが,「身の周りの世界」→「**世間, 世の中**」という訳語が便利なときがよくあります。

● 〈V A as B〉の形に注目

that節中（前半）は**identify A as B**「AをBとみなす」の形です。identifyには「同一視する, 確認する, 特定する」などの意味がありますが, ここでは〈V A as B〉の形に注目して「みなす」と考えれば十分です（***Rule 71*** ▶ p.118）。

後半は, **no longer 〜**「もはや〜ない」と **consider OC**「OをCとみなす」が

ポイントです。considerはSVOCの形をとっています（**Rule 67** ▶ p.58）。設問文は「なぜ」とあるので，以上の内容を「〜だから，〜のため」とまとめます。

問5 （A）　難易度 ★★☆

和訳問題は構文が大事です。The New England regionがS，wasがVで，2つある「分詞構文」が最大のポイントになります。

The New England region, (located in the northeast part of the United States),
　　　　　S

〔関係副詞〕　〔分詞構文〕

was one of the first areas [where English-speaking people came over, (sailing
　V　　　　　C　　　　　　　　　　　　　　　　　　　S′　　　　　　V′
across the Atlantic Ocean)].

〔分詞構文〕

>>> **Rule 72** 構文 分詞構文の訳し方のコツ

分詞構文は従来，5つの訳し方（時／原因・理由／条件／譲歩／付帯状況）が羅列されてきましたが，それを丸暗記する必要はありません。そもそも分詞構文は2つの文を「補足的にくっつけたもの」なので，意味も「軽く（適当に）」つなげればOKなんです。さらに詳しく説明すると，分詞構文の意味は「位置」で決まります。

分詞構文の「意味」

● 文頭　-ing 〜 , S V.　　　　　→　適当な意味

● 文中　S, -ing 〜 , V.　　　　　→　適当な意味　※主語の説明になることが多い。

● 文末　S V (,) -ing 〜 .　　　　→　「そして〜」「〜しながら」

「**文頭・文中**」にある場合は，主節との関係を考えて「適当（適切）」な意味を考えてください。手っ取り早い方法としては「**〜して[〜で]，SVだ**」のように，「て，で」を使うと便利です。

「**文末**」にある場合は，「**そして〜／〜しながら**」が便利です。「SVだ。そして〜だ」か，「〜しながら，SVだ」となります。下線部和訳問題ではこの両方を検討して，適切なほうの訳にしてください（どっちの意味でも通る場合も多いです）。

●1つ目の分詞構文（過去分詞）

　〜, located in the northeast part of the United States, ... は「**文中**」にある分詞構文なので，「**適当**」に訳します。「ニューイングランドは，アメリカ合衆国の北東部に位置しているのだが，…」などで十分です。locateは本来「（建物をある場所に）置く」で，*be* located「置かれる」→「位置する，ある」の形でよく使われます（今回はそれが分詞構文になっている）。

　このように「**主語の直後にある分詞構文は，主語の説明をする**」ことがほとんどです。それを意識すれば，「アメリカ合衆国の北東部に位置するニューイングランド地方は」とまとめてもOKです。

【参考（特に英語指導者の方へ）】主語の直後にきた分詞は「分詞の形容詞的用法（非制限用法）」とみなす考え方もありますが，本書ではすべて分詞構文として扱います（理由は，分詞構文とみなして問題がない，分詞の形容詞的用法でコンマがつく形まで分類するのは受験生には負担が大きいためです）。

●2つ目の分詞構文（現在分詞）

　was one of the first areas where 〜「〜する最初の地域のうちの1つだった」では，関係副詞whereの節が後ろから修飾しています。**関係詞節中では分詞構文が**「**後ろ**」にある（English-speaking people came over, sailing across the Atlantic Ocean）ので，「**そして，しながら**」で考えます。今回は「そして」ではなく，「英語を話す人々が，大西洋を渡りながら［渡って］やって来た」がベストでしょう。come over「やって来る」，sail across 〜「〜を（船で）渡る」です。

(B) 難易度 ★★☆

　pay high taxes on the tea「その紅茶に課された高い税金を払う」では，tax on 〜「〜にかかる税金，〜税」が少し難しいかもしれません。この**on**は「**影響**」を表し，「税金が上から重くのしかかる」イメージです。

　but以下はthink OC「OをCと考える」がポイントです。

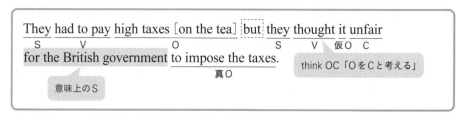

122

● but以下

think it 形容詞 to 〜「〜することは 形容詞 だと考える」の形です（itは仮O，to 〜が真Oで，その間に意味上の主語for ... が置かれている）。they thought it unfair for the British government to 〜は「彼らは，イギリス政府が〜することは不公平だと考えた」となります。

文頭Theyは the colonists「植民地住民」を指しますが，「説明問題」ではなく，単なる「和訳問題」なので，そのまま「彼ら」でOKです。

問6 難易度 ★★☆

①〜⑤を順番に見てみましょう。

① ジョン・スミスは，イギリス政府によって統治されていた植民地の拡大に大きな影響を与えた。

　→ 13行目に In addition, he made a good map of the New England coast, and wrote about the area when he returned to England, which encouraged and supported the British colonization of North America.「さらに，彼はニューイングランド沿岸部の詳細な地図を作成し，イギリスに戻った際にはその地域について文書にしたためた。彼のこういった行為がイギリス人による北アメリカの植民化を促進し，支えたのだった」とあるので，選択肢と合致します。

　選択肢の **have a great influence on 〜**「〜に大きな影響を与える」はとても大事です。以下で，似た表現を確認しておきましょう。

「影響・効果」を表す重要表現　　※influenceの代わりにimpactやeffectも使えます。
□ have a positive [negative] influence on 〜　〜によい [悪い] 影響を与える
□ have a big [great／significant／profoundなど] influence on 〜
　　〜に大きな影響を与える
□ have little influence on 〜　〜にほとんど影響を与えない
□ have a long-term influence on 〜　〜に長期的な影響を与える

---

② イギリスの役人は，ボストンマニュファクトリーハウスで暮らしている人々に，その建物を建て直す予定だから退去するようにと言った。

　→ 25行目に The riot was caused when British officials ordered the removal of all residents of the Boston Manufactory House 〜 so that the British soldiers could be stationed there.「その騒動が起こったのは，イギリスの役人が，イギリス人兵士がそこに駐在できるように，〜ボストンマニュファクトリーハウスの全住人に退去を命じた際だった」とあります（stationは動詞「配置される，駐在さ

せる」, so that S´ 助動詞 V´「S´ V´ するために」)。あくまで目的は「イギリス人兵士の駐在」なので，選択肢の because 以下「建て直すため」という理由が合致しません。

③ **イギリス政府は，イギリス領植民地のために戦うのに多額の費用を費やしているのだから，彼らは税金を払うべきだと主張した。**

→ 35行目に In the 1760s, Britain was deep in debt due to its involvement in a lot of wars and because it kept an army in America, so the British Parliament imposed a series of taxes on American colonists to help pay those debts.「1760年代，イギリスは多くの戦争に関与したりアメリカに軍隊を置いたりしていたせいで巨額の負債を抱えていたので，その返済に役立てるために，英国議会はアメリカの植民地住民に一連の税金を課した」，The British government felt that the taxes were fair since much of its debt was caused by fighting wars on the colonists' behalf.「イギリス政府は，負債の大半は植民地住民のために戦うことによって生じたものなので，これらの税金は公正なものであると考えていたのだった」とあり，選択肢と合致します。〈due to 原因〉〈結果 is caused by 原因〉という因果表現もチェック（***Rule 16*** ▶ p.61）しましょう。

ちなみに，選択肢②③は，SV because S´ V´. の形です。③は合っていますが，②は because 以下がアウトです。このように「（前半は合っているけど）後半の理由がアウト」というひっかけパターンはよくあるので，**because を見たらその後を入念にチェック**してください。

④ **茶法のおかげで，すべての製茶企業は，植民地に対して関税なしに紅茶を売ることができるようになった。**

→ 41行目に In May, 1773, the British Parliament passed the Tea Act, which allowed the British East India Company to sell tea to the colonies duty-free and much cheaper than other tea companies.「1773年5月，英国議会は茶法を可決した。この法律は，イギリス東インド会社が植民地に対して関税なしに，そして他の製茶企業よりもはるかに安く紅茶を販売することを許可するというものだった」とあります。あくまで「イギリス東インド会社」の話であって，all tea companies「すべての製茶企業」は言い過ぎです。選択肢の all に注目するようにしてください。

⋙ *Rule 46* 解法 「過剰」選択肢のパターン（all 系）

内容一致問題で誤りの選択肢としてよく使われるひっかけの1つで，本文の内容を「選択肢で過剰に言う（極端に言い過ぎる）」というパターンがあります。た

とえば本文で「6つのうち，5つはプラス，1つだけマイナス」という内容があっ
たとして，それを選択肢で「6つ全部がプラス」とする選択肢です（当然アウト）。
まずは以下の「全部」の表現に反応できるようにしておきましょう。

---

all（全部）系の語句：不正解の可能性「高」

☐ all すべて（の）　　　　　☐ both 両方（の）※両方とも全部
☐ every すべての　　　　　☐ whole 全体の　　　☐ entire 全体の
☐ entirely 全体に　　　　　☐ complete 完全な　☐ completely 完全に
☐ totally まったく，完全に　☐ always いつも　　☐ necessarily 必ず
☐ cannot［never］〜 without ... 〜すれば必ず…する ※二重否定

　こういった語句に反応したら，「さすがに全部ではないでしょ？／例外あるんじ
ゃないの？」とツッコミを入れながら，本文に戻って該当箇所を探してください。
　「全部」の応用として，**no ＋ 名詞 ／ nothing「1つもない，何もない」**も同じ
発想でチェックしてください。

[補足] このテクニックを拡大解釈して，「選択肢にallがあったら不正解」なんて考えないでくだ
さい。確かに不正解になる確率は高いです（ボクの経験上では7〜8割が不正解）が，絶対では
ないので，必ず「**allに注意しながら本文に戻って確認する**」姿勢を忘れずに。実際，Lesson 6
の問8の④の選択肢では「常に」とありますが，正解になっています（本文35行目にalwaysが
あるので）。

⑤ 自由の息子達は，茶税に抗議するために3隻の貿易船に乗り込んだ。

　→ 47行目に a meeting was held at the Old South Meeting House where a large
group of colonists voted to refuse to pay taxes on the tea「オールド・サウス集会
場で集会が開かれ，そこで大勢の植民地住民集団が茶税の支払いを拒むことを投
票で決めた」，That night, a group of men called the Sons of Liberty dressed up as
Native American Indians, boarded three trade ships in Boston Harbor「その夜，
自由の息子達と呼ばれる男性集団がアメリカ先住民に扮装して，ボストン港に停
泊していた3隻の貿易船に乗り込み」とあり，選択肢と合致します。
　本文の refuse to pay taxes on the tea「茶税の支払いを拒む」が，選択肢では
protest against the taxes on the tea「茶税に抗議する」と表されています。

文構造の分析

1 ¹The New England region, (located in the northeast part of the United States),
<u>S</u>
was one of the first areas [where English-speaking people came over, (sailing
<u>V</u> <u>C</u>   <u>S′</u>   <u>V′</u>
across the Atlantic Ocean)]. ²(For this reason), the New England states were very
<u>S</u>   <u>V</u>
important (in the early history ¦and¦ cultural development [of the United States]).
<u>C</u>
³(Even today), many people think of New England towns, [with their white
<u>S</u>   <u>V</u>   <u>O</u>
churches ¦and¦ shared green fields [(originally used for feeding cattle ¦and¦ as an
open-air meeting place)]], (as "typically American)."

> **訳** ¹ニューイングランド地方は，アメリカ合衆国の北東部に位置するのだが，英語
> を話す人々が大西洋を船で渡ってやって来た，最初の地域のうちの1つだった。
> ²そのため，ニューイングランドの各州は，アメリカ合衆国の初期の歴史および
> 文化的発展において非常に重要な存在であった。³今日でさえ多くの人々が，白
> い教会が建ち，青々とした共有地（もともと家畜への餌やりに使われたり，屋外
> 集会場として使われたりしていた）がある様子から，ニューイングランドの町を
> 「典型的なアメリカらしさがある」と考えている。

> **語句** ¹located in 〜 〜に位置する／sail across 〜 〜を船で渡る／the Atlantic
> Ocean 大西洋／²state 图 州／³think of A as B AをBとみなす／church 图 教
> 会／feed 動 餌をやる／cattle 图 畜牛／open-air 形 屋外の／typically 副 典型的に

2 ⁴New England was named (by the English explorer John Smith, [who trained
<u>S</u>   <u>V</u>
the first settlers to farm ¦and¦ work (when the Jamestown colony, the first
<u>S′</u>
permanent English settlement, was established)]). ⁵He travelled (along the
<u>V′</u>   <u>S</u>   <u>V</u>

[S′の同格]

coast of Maine ¦and¦ Massachusetts (in 1641)) (looking for gold, fish, ¦and¦ furs).
⁶This coastal area [with its mountains, valleys, rivers, ¦and¦ rolling hills] reminded
<u>S</u>   <u>V</u>
him (of his native country), (so) he called it "New England." ⁷(In addition), he
<u>O</u>   <u>S</u> <u>V</u> <u>O</u>   <u>C</u>   <u>S</u>
made a good map [of the New England coast], ¦and¦ wrote about the area (when
<u>V</u>   <u>O</u>   <u>V</u>   <u>O</u>

he returned (to England)), [which encouraged and supported the British
  S´   V´
colonization [of North America]].

- **訳** ⁴ ニューイングランドという名前は，イギリス人探検家ジョン・スミスがつけた
  ものだ。彼は，イギリス人による最初の永続的入植地であるジェームズタウンと
  いう植民地が建設された際，初期の入植者たちに農耕と労働を教えた人物である。
  ⁵ 彼は1641年に，金や魚，毛皮などを探し求めて，メイン州とマサチューセッツ
  州の海岸沿いを旅して回った。⁶ 山や谷，川，ゆるやかに起伏した丘のあるこの
  沿岸地域は彼に母国を思い出させるものだったので，彼はその地域を「ニューイン
  グランド」と呼んだ。⁷ さらに，彼はニューイングランド沿岸部の詳細な地図を
  作成し，イギリスに戻った際にはその地域について文書にしたためた。彼のこう
  いった行為がイギリス人による北アメリカの植民地化を促進し，支えたのだった。

- **語句** ⁴ settler 图 入植者／farm 動 耕作する／permanent 形 恒久的な／settlement
  图 開拓地，植民地／establish 動 設立する／⁵ along ～ 前 ～に沿って／fur 图 毛
  皮／⁶ coastal 形 沿岸の／remind A of B AにBを思い出させる／⁷ coast 图 沿
  岸／encourage 動 促進する／colonization 图 植民地化

- **文法・構文** ⁴ the first permanent English settlement は the Jamestown colony の同格で，
  どんな植民地なのかを説明しています。⁵ looking for ～ は He を意味上の S とす
  る分詞構文「～して」です。⁷ 1つ目の and は動詞2つ（made／wrote）を結んで
  います。ちなみに，the British colonization of North America は名詞構文を意識
  すると，意味がとりやすくなります。British が S´，colonization（colonize「植民
  地化する」から派生した名詞）が V´，North America を O´ と考えると（of は「目
  的格」），「イギリス人が北アメリカを植民地化すること／イギリス人による北アメ
  リカの植民地化」と理解できるわけです。

3 ⁸ (Among the thirteen English colonies), the State of Massachusetts was very
                                              ───────────────────────── S   V
important (as the starting point [of the American Revolution]). ⁹ (In particular),
─────────
   C
the town of Boston was the center [of opposition between the colonists and the
────────────── ─── ──────────
       S   V   C
British government]. ¹⁰ (In the beginning of 1770), there were 4,000 British
───────────────────   ──── ───────────
                                                              V   S
soldiers living there (with 15,000 inhabitants), and tensions [between them]
───────   ────────
                                                        S
were running high. ¹¹ (Specifically), the presence [of British troops [in Boston]]
──── ────────   ───
 V   C   S
was (increasingly) unwelcome (because of high taxes [imposed (by the British
───   ─────────
 V   C   ┌──────┐
government)]).   │因果表現│
                                               └──────┘

Lesson 7

訳 ⁸ 13のイギリス領植民地の中でも，マサチューセッツ州はアメリカ革命の起点として非常に重要であった。⁹ 特にボストン市は，植民地住民とイギリス政府の対立の中心地だった。¹⁰ 1770年の初め，そこでは4,000人のイギリス人兵士が15,000人の住民とともに暮らしており，両者間の緊張は高まりつつあった。¹¹ 特に，イギリス政府によって高い税金が課されていたことで，ボストン市内のイギリス軍の存在はますます歓迎されないものになっていた。

語句 ⁸ revolution 名 革命／⁹ in particular 特に／opposition 名 対立／government 名 政府／¹⁰ soldier 名 兵士／inhabitant 名 住民／tension 名 緊張／run high 高まる／¹¹ presence 名 存在／troops 名 (複数形で)部隊，軍隊

文法・構文 ¹⁰ there were の後ろに続く 名詞 と 分詞 の「S′＋V′」関係を意識しましょう。There is 名詞 -ing の形で，「名詞 が〜している」を表します (-ing が後ろから名詞を修飾しているわけではありません)。

---

4 ¹² (As a result of this high tension), a riot occurred (on King Street) (between

因果表現　〈this＋名詞〉→ まとめ表現　　　　　S　　V　　　　　　　因果表現

Boston citizens and a troop [of British soldiers]). ¹³ The riot was caused (when

S　　V

British officials ordered the removal [of all residents [of the Boston Manufactory

S′　　　　V′　　　　O′

House]] — a building for people [living in poverty], those [who were ill], and

the Boston Manufactory House の同格

those [who were homeless] — (so that the British soldiers could be stationed

(S)　　　　　(V)

there)). ¹⁴ (However), the Manufactory House's homeless people put up resistance.

S　　　　　　　V　　　O

¹⁵ (On March 5th), angry townspeople surrounded a British soldier, (shouting

S　　　　　　V　　　　O

insults and throwing stones and sticks (at him)). ¹⁶ The soldiers (then) fired (into

S　　　V

the crowd), (killing three people (on the spot), and wounding eight others, [two

of whom died (later)]). ¹⁷ This awful event is known (as the "Boston Massacre."

S　　　　V

〈this＋名詞〉→ まとめ表現

訳 ¹² この緊張が高まった状態の結果，キングストリートにおいて，ボストン市民とイギリス兵士の一団との間で騒動が起こった。¹³ その騒動が起こったのは，イギリスの役人が，イギリス人兵士がそこに駐在できるように，ボストンマニュファクトリーハウスという貧しい暮らしの人々や病気の人々，住む家のない人々のための建物の全住人に退去を命じた際だった。¹⁴ しかし，マニュファクトリーハウ

スで暮らしていた住む家のない人々は抵抗を示した。**¹⁵** 3月5日，怒った町の住民はあるイギリス人兵士を囲み，彼に侮辱の言葉を浴びせ，石や棒を投げつけた。**¹⁶** すると兵士たちが群衆に向かって銃弾を撃ち込み，その場で3名が死亡し，他に8名が傷を負い，そのうち2名は後に亡くなった。**¹⁷** この恐ろしい出来事は「ボストン虐殺事件」として知られている。

語句 **¹²** riot 名 暴動，騒動／occur 動 起こる／**¹³** poverty 名 貧困／so that S′ 助動詞 V′ S′V′するように／station 動 駐在させる／**¹⁴** put up resistance 抵抗を示す／**¹⁵** surround 動 取り囲む／**¹⁶** fire 動 発砲する／crowd 名 人混み，群衆／on the spot その場で／wound 動 傷つける／**¹⁷** be known as ～ ～として知られる

文法・構文 **¹²** 〈this + 名詞〉は「まとめ表現」の目印です。直前の内容がわからなくても，high tension「緊張が高まっていた」という内容だと判断できます。**¹³** a building for people ～ homeless は the Boston Manufactory House の同格で，どんな建物なのかを説明しています。また so that ～ は「目的（～するために）」を表しています。**¹⁵** shouting ～ は angry townspeople を意味上のS とする分詞構文です。また，1つ目の and は2つの -ing（shouting ～／throwing ～）を結び，2つ目の and は2つの名詞（stones／sticks）を結んで，throwing の共通のO になっています。**¹⁶** killing ～ は The soldiers を意味上のS とする分詞構文です。また，and は2つの -ing（killing ～／wounding ～）を結んでいます。

因果表現

5 **¹⁸** Another key event [leading up to the American Revolution] was the "Boston
S   V   C
Tea Party," [which occurred (in 1773)]. **¹⁹** (In the 1760s), Britain was deep in debt
                                                                                    S   V   C
(due to its involvement in a lot of wars) and (because it kept an army in
因果表現   S′ V′   O′
America), so the British Parliament imposed a series of taxes (on American
                        S   V   O
colonists) (to help pay those debts). **²⁰** The British government felt 〈 that the
                                                                            S   V   O
help {to} 原形「～するのに役立てる」   因果表現
taxes were fair (since much of its debt was caused (by fighting wars on the
S′   V′   C′   (S)   (V)
colonists' behalf))〉.

訳 **¹⁸** アメリカ革命につながる別の重要な出来事は，1773年に起こった「ボストン茶会事件」である。**¹⁹** 1760年代，イギリスは多くの戦争に関与したりアメリカに軍隊を置いたりしていたせいで巨額の負債を抱えていたので，その返済に役立てるために，英国議会はアメリカの植民地住民に一連の税金を課した。**²⁰** イギリス政

Lesson 7

府は，負債の大半は植民地住民のために戦うことによって生じたものなので，これらの税金は公正なものであると考えていたのだった。

語句 ¹⁸ lead up to 〜 〜につながる／¹⁹ *be* deep in debt 巨額の負債を抱えている／the British Parliament 英国議会／impose *A* on *B* AをBに課す／²⁰ on 人's behalf 人のために

6 ²¹ (At that time), tea was a favorite drink (among the British and the people
　　　　　　　　　　　　S　V　　　　C
[in the colonies]). ²² (In May, 1773), the British Parliament passed the Tea Act,
　　　　　　　　　　　　　　　　　　　　　S　　　　　V　　　O
[which allowed the British East India Company to sell tea (to the colonies)
(duty-free) and (much cheaper than other tea companies)]. ²³ (However), the tea
　　　　　　　　　　　　　　　　　　　　　　　　　　　　　　　　　　　　S
was (still) taxed (when it reached colonial ports). ²⁴ (In addition), the colonists
　V　　　　　　　　　S′　V′　　　O′　　　　　　　　　　　　　　　　　S
were told ⟨that they could (only) buy tea (from the British East India
　V　　　　　S′　　V′　　　　O′
Company)⟩. ²⁵ They had to pay high taxes [on the tea] but they thought it unfair
　　　　　　　S　　V　　　O　　　　　　　　　S　　V　仮O　C
for the British government to impose the taxes.
　　　　　　　　　　　　　　　真O

意味上のS

訳 ²¹ 当時，紅茶はイギリス人および植民地の人々の間で人気のある飲み物だった。²² 1773年5月，英国議会は茶法を可決した。この法律は，イギリス東インド会社が植民地に対して関税なしに，そして他の製茶企業よりもはるかに安く紅茶を販売することを許可するというものだった。²³ しかし，それにもかかわらずその紅茶は，植民地の港に到着した段階で課税されていたのだ。²⁴ さらに，植民地住民は，イギリス東インド会社からしか紅茶を買ってはいけないと言われた。²⁵ 彼らはその紅茶に課された高い税金を払わなければならなかったが，イギリス政府がその税金を課すことは不公平であると考えた。

語句 ²² pass **動** 可決する／Tea Act 茶法／allow 人 to 原形 人に〜することを許可する／duty-free **副** 関税なしに／²³ tax **動** (*be* taxedの形で) 税金を課せられる／²⁵ tax on 〜 〜に対する税

文法・構文 ²² andは，duty-free と much cheaper 〜 companies という副詞のカタマリ2つを結んでいます。²⁴ tell 人 that S′V′の，人 がSになり，受動態になった形です。

7 ²⁶ (On the morning [of December 16]), a meeting was held (at the Old South
　　　　　　　　　　　　　　　　　　　　S　　　　V
Meeting House) [where a large group of colonists voted to refuse to pay taxes
　　　　　　　　　　　　　S′　　　　　　　　　　V′　　　　　　　O′

[on the tea]]. ²⁷ (That night), a group of men [called the Sons of Liberty] dressed
　　　　　　　　　　　　　　　　S
up (as Native American Indians), boarded three trade ships [in Boston Harbor],
V　　　　　　　　　　　　　　　　　V
and threw 342 chests of tea (into the water). ²⁸ The act [of wearing American
　　　V　　　O　　　　　　　　　　　　　　　S
Indian dress] was meant to express (to the world) ⟨ that the American colonists
　　　　　　　V　　　　　O　　　　　　　　　　　　　　　S′
identified themselves (as "Americans") and no longer considered themselves
V′　　　O′　　　　　　　　　　　　　　　　　　V′　　　　　O′
British⟩. ²⁹ (However), their Native American costumes confused the British
C′　　　　　　　　　　　　　S　　　　　　　　　　V　　　　　O
soldiers and only one of the members was arrested. ³⁰ The incident was the first
　　　　　　　　S　　　　　　　　　V　　　　　　　S　　　　V
major act [of open resistance [to British rule over the colonists]].
C

訳 ²⁶ 12月16日の朝，オールド・サウス集会場で集会が開かれ，そこで大勢の植民
地住民集団が茶税の支払いを拒むことを投票で決めた。²⁷ その夜，自由の息子達
と呼ばれる男性集団がアメリカ先住民に扮装して，ボストン港に停泊していた3
隻の貿易船に乗り込み，342箱の茶箱を海に投げ捨てた。²⁸ アメリカ先住民の身
なりを装うという行為は，アメリカの植民地住民が自らを「アメリカ人」とみな
しており，もう自分たちのことをイギリス人とは思っていないことを世の中に示
すためのものだった。²⁹ しかし，そのアメリカ先住民への扮装がイギリス人兵士
を混乱させ，メンバーのうち逮捕されたのは1人だけだった。³⁰ この事件は，イ
ギリスによる入植者支配に対して堂々と抵抗した，最初の大規模な行動だった。

語句 ²⁶ vote to 原形 ～することを投票で決める／²⁷ dress up as ～ ～に扮装する／
board 動 乗り込む／chest 名 収納箱／²⁸ be meant to 原形 ～することを意図
したものである／identify A as B AをBであると認定する・みなす／no longer
～ もはや～でない／consider OC OをCだと考える・みなす／²⁹ confuse 動 混
乱させる／arrest 動 逮捕する／³⁰ open 形 公然の，率直な／rule over ～ ～に対
する支配・統治

文法・構文 ²⁶ where ～ はa meetingにかかる関係副詞です（直前のthe Old South
Meeting Houseではありません）。このように関係代名詞や関係副詞のカタマリ
は先行詞と分離することがあります。また，関係副詞whereは広い意味で「場所
（場面）」ととらえられる名詞を先行詞に取ることができるのでした（p.73）。²⁷ 今
回はboardが本文でも選択肢でも，動詞「（船に）乗る」という意味で使われてい
ました。boardは本来「ボード（板）」ですが，そこから「黒板」→「黒板がある
部屋，会議室」→「会議室に集まる人たち，役員会」となりました。さらに，「板
の上に乗る」→「（乗り物に）乗る」，「舞台の上に乗る」→「参加」という意味も
あります（on board「（仕事などに）参加した」が頻出）。³⁰ open resistance to ～
はopenly resist to ～「堂々と～に抵抗する」を名詞化した表現です。

The New England region, // located in the northeast part of the United States, // was one of the first areas / where English-speaking people came over, // sailing across the Atlantic Ocean. // For this reason, // the New England states were very important / in the early history and cultural development of the United States. // Even today, // many people think of New England towns, // with their white churches and shared green fields // (originally used for feeding cattle / and as an open-air meeting place), // as "typically American." //

New England was named by the English explorer John Smith, // who trained the first settlers to farm and work / when the Jamestown colony, // the first permanent English settlement, // was established. // He travelled along the coast of Maine and Massachusetts in 1641 / looking for gold, // fish, // and furs. // This coastal area with its mountains, // valleys, // rivers, // and rolling hills / reminded him of his native country, // so he called it "New England." // In addition, // he made a good map of the New England coast, // and wrote about the area when he returned to England, // which encouraged and supported the British colonization of North America. //

Among the thirteen English colonies, // the State of Massachusetts was very important / as the starting point of the American Revolution. // In particular, // the town of Boston was the center of opposition between the colonists and the British government. // In the beginning of 1770, // there were 4,000 British soldiers living there with 15,000 inhabitants, // and tensions between them were running high. // Specifically, // the presence of British troops in Boston was increasingly unwelcome / because of high taxes imposed by the British government. //

As a result of this high tension, // a riot occurred on King Street / between Boston citizens / and a troop of British soldiers. // The riot was caused when British officials ordered the removal of all residents / of the Boston Manufactory House // — a building for people living in poverty, // those who were ill, // and those who were homeless — // so that the British soldiers could be stationed there. // However, // the Manufactory House's homeless people put up resistance. // On March 5th, // angry townspeople surrounded a British soldier, // shouting insults and throwing stones and sticks at him. // The soldiers then fired into the crowd, // killing three people on the spot, // and wounding eight others, // two of whom died later. // This awful event is known as the "Boston Massacre." //

Another key event leading up to the American Revolution was the "Boston Tea Party," // which occurred in 1773. // In the 1760s, // Britain was deep in debt due to its involvement in a lot of wars / and because it kept an army in America, // so the British Parliament imposed a series of taxes on American colonists / to help pay those debts. // The British government felt that the taxes were fair / since much of its debt was caused by fighting wars on the colonists' behalf. //

日本語訳

　ニューイングランド地方は，//アメリカ合衆国の北東部に位置する//最初の地域の1つだった／英語を話す人々がやって来た//大西洋を船で渡って。//そのため，//ニューイングランドの各州は，非常に重要な存在であった／アメリカ合衆国の初期の歴史および文化的発展において。//今日でさえ//多くの人々が，ニューイングランドの町のことを…と考えている//白い教会が建ち，青々とした共有地がある様子から，//（もともと家畜への餌やりに使われたり，／屋外集会場として使われたりしていた）//「典型的なアメリカらしさがある」。//

　ニューイングランドという名前は，イギリス人探検家ジョン・スミスがつけたものだ／彼は初期の入植者たちに農耕と労働を教えた人物である／ジェームズタウンという植民地が…際／イギリス人による最初の永続的入植地//建設された。//彼は1641年に，メイン州とマサチューセッツ州の海岸沿いを旅して回った／金を探し求めて／魚，//毛皮を。//山のあるこの沿岸地域は／谷，//川，//ゆるやかに起伏した丘／彼に母国を思い出させるものだったので，//彼はその地域を「ニューイングランド」と呼んだ。//さらに，//彼はニューイングランド沿岸部の詳細な地図を作成し，//イギリスに戻った際にはその地域について文書にしたためた。//彼のこういった行為がイギリス人による北アメリカの植民化を促進し，支えたのだった。//

　13のイギリス領植民地の中でも，//マサチューセッツ州は非常に重要であった／アメリカ革命の起点として。//特に//ボストン市は，植民地住民とイギリス政府の対立の中心地だった。//1770年の初め，//そこでは4,000人のイギリス人兵士が15,000人の住民とともに暮らしており，//両者間の緊張は高まりつつあった。//特に，//ボストン市内のイギリス軍の存在はますます歓迎されないものになっていた／イギリス政府によって高い税金が課されていたことで。//

　この緊張が高まった状態の結果，//キングストリートにおいて，騒動が起こった／ボストン市民との間で／イギリス兵士の一団と。//その騒動が起こったのは，イギリスの役人が，全住人に退去を命じた際だった／ボストンマニュファクトリーハウスの//貧しい暮らしの人々の建物，//病気の人々，//そして住む家のない人々／イギリス人兵士がそこに駐在できるように。//しかし，マニュファクトリーハウスで暮らしていた住む家のない人々は抵抗を示した。//3月5日，//怒った町の住民はあるイギリス人兵士を囲み，//彼に侮辱の言葉を浴びせ，石や棒を投げつけた。//すると兵士たちが群衆に向かって銃弾を撃ち込み，//その場で3名が死亡し，//他に8名が傷を負い，//そのうち2名は後に亡くなった。//この恐ろしい出来事は「ボストン虐殺事件」として知られている。//

　アメリカ革命につながるもう1つの重要な出来事は，「ボストン茶会事件」である//1773年に起こった。//1760年代，//イギリスは多くの戦争に関与したせいで巨額の負債を抱えていた／またアメリカに軍隊を置いたりしていたので，//そのため英国議会はアメリカの植民地住民に一連の税金を課した／その返済に役立てるために。//イギリス政府は，これらの税金は公正なものであると考えていたのだった／負債の大半は植民地住民のために戦うことによって生じたものなので。//

At that time, // tea was a favorite drink among the British and the people in the colonies. // In May, 1773, // the British Parliament passed the Tea Act, // which allowed the British East India Company / to sell tea to the colonies duty-free and much cheaper than other tea companies. // However, // the tea was still taxed when it reached colonial ports. // In addition, // the colonists were told that they could only buy tea from the British East India Company. // They had to pay high taxes on the tea / but they thought it unfair for the British government to impose the taxes. //

On the morning of December 16, // a meeting was held at the Old South Meeting House / where a large group of colonists voted to refuse to pay taxes on the tea. // That night, // a group of men called the Sons of Liberty dressed up as Native American Indians, // boarded three trade ships in Boston Harbor, // and threw 342 chests of tea into the water. // The act of wearing American Indian dress was meant to express to the world / that the American colonists identified themselves as "Americans" // and no longer considered themselves British. // However, their Native American costumes confused the British soldiers / and only one of the members was arrested. // The incident was the first major act of open resistance to British rule over the colonists. //

当時，//紅茶はイギリス人および植民地の人々の間で人気のある飲み物だった。//1773年5月，//英国議会は茶法を可決した//この法律は，イギリス東インド会社に許可するというものだった／植民地に対して関税なしに，そして他の製茶企業よりもはるかに安く紅茶を販売することを。//しかし，//それにもかかわらずその紅茶は，植民地の港に到着した段階で課税されていたのだ。//さらに，//植民地住民は，イギリス東インド会社からしか紅茶を買ってはいけないと言われた。//彼らはその紅茶に課された高い税金を払わなければならなかった／が，イギリス政府がその税金を課すことは不公平であると考えた。//

　12月16日の朝，//オールド・サウス集会場で集会が開かれ，／そこで大勢の植民地住民集団が茶税の支払いを拒むことを投票で決めた。//その夜，//自由の息子達と呼ばれる男性集団がアメリカ先住民に扮装して，//ボストン港に停泊していた3隻の貿易船に乗り込み，//342箱の茶箱を海に投げ捨てた。//アメリカ先住民の身なりを装うという行為は，世の中に示すためのものだった／アメリカの植民地住民が自らを「アメリカ人」とみなしており，//もう自分たちのことをイギリス人とは思っていないことを。//しかし，そのアメリカ先住民への扮装がイギリス人兵士を混乱させ，／メンバーのうち逮捕されたのは1人だけだった。//この事件は，イギリスによる入植者支配に対して堂々と抵抗した，最初の大規模な行動だった。//

Lesson 8　解答・解説

▶問題 別冊 p.33

このLessonで出てくるルール

Rule 65 解法　ビジュアル問題を解く手順
Rule 46 解法　「過剰」選択肢のパターン（only系）⇒ 問4
Rule 2 読解　「重要な」という意味の重要単語に注目！ ⇒ 問5
Rule 39 読解　「広告」の頻出表現をマスターする！（多義語）⇒ 問5

解答

問1 ④　　問2 ④　　問3 ①　　問4 ③　　問5 ②

>>> *Rule 65* 解法　ビジュアル問題を解く手順

　資料（広告，予定表，パンフレット，ホームページなど）から必要な情報を読み取る問題を解く手順に関しては，「設問を先に読んだほうがいい」というのがよく言われるアドバイスです。それでもかまいませんが，ボクが勧めるのは**「本文少し→設問文先読み→本文→選択肢」**という流れです。

本番での手順
（1）本文を少しだけ見る
　いきなり設問を読むのではなく，**最初に「タイトル＋本文1〜2行」**を読んでください。これだけで内容が明確になることも多いです（ただし内容がわからなくても焦る必要はありません。特に広告の場合，いきなり変な質問（疑問文）で始まることもあるからです）。

（2）設問文を先に読む
　設問文を読むことで，何が問われているかわかります。ただし**「選択肢（①〜④など）」**はまだ読んではいけません。
　よく世間では「選択肢にざっと目を通して内容を把握するとよい」と言われることが多いのですが，この本では勧めません。というのも，選択肢4つ中3つはウソの（本文と矛盾する）内容が多いので，最初に読んでしまうと，「あれ，あんなこと書いてあったような…」と，混乱するからです。

(3) 本文を読む

　全部をしっかり理解するつもりで読んでください。該当箇所だけをピンポイントで読み取るだけの問題も出ますが，それは結果論であって，その該当箇所を見つけるためには英文すべてを読む姿勢が必要です。

　必要な部分だけを拾い読みすることは「スキャニング」などと呼ばれますが，そんなものは不要ですし，そもそも必要な部分だけを読むこと自体，とても難しいことです。普通に読んでいくことが一番です。「1文1文を確実に読める」ということがあってはじめて，その延長上に速く確実に読むことが成り立つのです。

　また，該当箇所は複数に散らばっていることもあり，そういう場合は拾い読みは通用しません。

(4) 選択肢を読む

　本文で該当箇所を見つけたら，設問に戻り，選択肢を読んでいきます。選択肢で迷う場合は，決して無理をせず，もう1度本文に戻って確認してください（時間に追われて，本文に戻ることをないがしろにしがちですが，それでミスしては意味がありませんよね）。普段の練習のときこそ，じっくりと確実に取り組んでください。

指示文の訳

　文章を読んで，問題1〜5の選択肢の中から最適なものを選択しなさい。

問1　難易度 ★★★

　「オプションなしの料金」が問われているので，表の Tour Price per Person「1人あたりのツアー料金」の $2,905 から，④が正解です。その下には Masai Village Visit (Optional) $2,190 などがありますが，Optional「オプションの，任意の」となっていることに注意しましょう。

設問文と選択肢の訳

　問1　このツアーを，1つもオプションをつけずに楽しみたい場合，旅行者は1人いくら支払う必要があるか。
　① 5,875ドル　　② 5,095ドル　　③ 2,190ドル　　④ **2,905ドル**

問2　難易度 ★★☆

　「自分でやる必要のないこと」が問われています（by *oneself*「一人で，自分で」）。11行目（表の下にある Included の2番目）に Accommodation「宿泊」がありま

す。「宿泊はツアーに含まれている」→「宿泊の予約は不要」なので, ④ book accommodation が正解です。**book**「**予約する**」と **accommodation**「**宿泊（施設）**」はとても大切な単語なので, ***Rule 39*** ▶ p.141 にてまとめます。

設問文と選択肢の訳

問2　次のうち, 旅行者が自身でやる必要のないことはどれか。
① 空港出国税を支払う　　② 旅行保険に入る　　③ ビザを手配する
→ Excluded「ツアーに含まれないもの」の6番目に Personal taxes (including airport departure and border taxes)「個人が負担する税（出国税および国境税を含む）」, 2番目に Travel and medical insurance「旅行保険および医療保険」, 3番目に Visas「ビザ」とあり, すべて「ツアーに含まれていない」→「自分で手配する」とわかります。
④ 宿泊施設を予約する

問3　難易度 ★★★

「自分で準備すべきもの」が問われています (if necessary「必要ならば」)。Excluded「ツアーに含まれないもの」の9番目に Pillows「枕」と書かれており, 「ツアーに枕は含まれていない」→「必要なら自分で枕を準備すべき」とわかるので, ①が正解です。

　動詞 exclude は「外に (ex) 締め出す (clude = close)」→「**除外する**」で, その過去分詞形が excluded です。

設問文と選択肢の訳

問3　次のうち, 必要であれば旅行者が自身で準備すべきものはどれか。
① 枕
② 到着空港から宿舎までの迎えの車
→ 7行目に This tour includes a ride to the dormitory from the airport and 1 pre-night accommodation there.「このツアーには, 空港から宿舎までの迎えの車と, そこでの前泊1泊分が含まれます」とあります。本文の a ride to A from B が, 選択肢で a ride from B to A の順で表されています（「BからAへ」という関係は同じです）。
③ ガイド
④ 旅程通りの移動手段
→ Included の3番目に Registered guides「公認ガイド」, 4番目に Transport as per itinerary「旅程通りの移動手段」とあります。ちなみに itinerary「旅程」には, 今回は語注がついていますが, 「ツアー案内」では欠かせない単語なので覚えておきましょう（海外旅行をするときも見かけますよ）。

　Important Touring Tips「旅行上の重要な注意点」の3番目に, Space in the truck is limited ― PLEASE DON'T BRING TOO MUCH LUGGAGE!「トラック内のスペースは限られています ― 荷物をたくさん持ってきすぎないでください!」とあるので, これと合致する③が正解です。

　「命令文」は, 今回のような広告文・案内文では**重要ポイントの目印**になります。お客に命令するくらい大事なこと・伝えたいことだからです(この発想はリスニング問題でも重要で, リスニングで命令文が出てきたら, その内容から1問正解できることがよくあります)。そもそも今回は大文字・太字で強調されていることからも「これ, 大事だから, 後で問われるだろうな」と察するようにしてください。

　ちなみに, Important Touring Tips の tip は「助言, 注意点」です。tip は本来「(もらったら)ちょっと嬉しいもの」という意味で,「お金」なら「チップ[心づけ]」,「言葉」なら「助言」の意味になります。

　次に, 不正解の選択肢④を見てみましょう。
④ 15歳未満の人だけがこのツアーに参加できる。

　→ Important Touring Tips に「年齢制限」は書かれていません。また表の Age Range「年齢幅」に 16-65 Years and Older「16〜65歳以上」とありますので, いずれにせよ不正解です。また, 大事な観点として, only「だけ」に注目してツッコミを入れることもできますね。

≫≫ *Rule 46* 解法 「過剰」選択肢のパターン(only 系)

　内容一致問題でよく使われるひっかけパターンの1つで, only を使ったものがあります。たとえば本文で「2つある」と書いてあるところを, 選択肢で「1つしかない」と言い過ぎるものです。

---

only 系の単語:不正解の可能性「高」
☐ only 唯一の, 単に〜だけ, 〜しか…しない　　☐ solely 単に

　選択肢でonlyが出てきたらチェックしてください。「Aは唯一の○○だ」という選択肢に対して,「A以外にも○○があるんじゃないの?」のようにツッコミを入れながら本文を探してください。「A以外にも○○, A以外にも○○…」と頭の中でつぶやきながら探すと, 該当箇所が格段に見つけやすくなり, 英文の内容を効率的に処理できます。

補足 この「onlyに注目する」考え方は，「日本語の選択肢」でも同じです。日本語の選択肢で「〜だけ／〜のみ」とあったら，同じように注目→ツッコミの流れで考えてください。この後に出てくる様々な内容一致の***Rule***もすべて「日本語でも同じ発想」です。

設問文と選択肢の訳

問4　「旅行上の重要な注意点」の項目によると，次の文のうち正しいものはどれか。
① このツアーは，全員が全く同じ文化的背景を持つ人々だけに限られている。
　　→ 2番目に There is a mix of different nationalities, ages and cultures.「様々な国籍，年齢，文化の方がいます」とあります。
② 旅程は一切の変更なく遂行される。
　　→ 1番目に The travel plan is a guide ONLY and is subject to change.「旅行プランは目安に過ぎず，変更の可能性があります」とあります。この be subject to change「変更の可能性がある」は超重要表現です。また，without any change「一切の変更なく」に注目して，「少しは変更の可能性もあるのでは？」とツッコミを入れることもできます。
③ 荷物は大きすぎてはいけない。
④ 15歳未満の人だけがこのツアーに参加できる。

問5　難易度 ★★★

　Pre-departure Meetingの2番目に，The pre-departure meeting lasts roughly an hour.「出発前の集まりはだいたい1時間ほどかかります」とあります（このlastは動詞「続く」）。この内容と合致する，②が正解です。本文の「約1時間続く」を，選択肢で take 時間 to 〜「〜するのに 時間 がかかる」の形を使って表しているわけです。

　さらに，本文のroughly「約」が，選択肢ではaboutに言い換えられています。「約」を表す単語は広告やグラフ問題でも多用されるので（***Rule 40*** ▶ p.153），しっかり整理しておきましょう。

　次に，不正解の選択肢④を見てみましょう。
④ その集まりは，参加者が不安に感じるのに役立つような重要な情報を提供する。
　　→ そもそもこの選択肢自体の意味が不明ですが，一応本文に該当箇所を探すと，1番目の後半に because vital information is shared and you will feel more at ease once you know what to expect「重要な情報が共有されますし，何を予期すべきか知っておくとより気持ちが安らぐでしょうから」とあり，選択肢とは真逆です。
　　ちなみに，**本文ではvital**「重要な」という単語が使われ，**選択肢ではimportant**に言い換えられていました。こういった「重要な」を表す単語は長文で重宝する

にもかかわらず，異なる意味で覚えている受験生が多いので，確認しておきましょう。

>>> *Rule 2*　読解 「重要な」という意味の重要単語に注目！

　長文で「重要だ」と言っていれば，大事な内容（つまり設問で聞かれる）に決まっていますよね。そのため「重要だ」という単語に反応することが大切ですが，importantは有名でも，その類義語は意外と知られていません。多くの単語帳では，significantは「意義深い」，fundamentalは「根本的な」，criticalは「批判的な」，vitalは「致命的な」といった訳語を最初に挙げているからです。それも間違いではありませんが，長文ではまず「重要な」という意味を考えることが大切なんです（実際に英英辞典を引いてみると，最初の意味に"important"を載せている辞書がたくさんあるんです）。

「重要な」という意味の単語（形容詞編）
☐ crucial／☐ essential／☐ significant／☐ principal／☐ fundamental／
☐ indispensable／☐ critical／☐ vital／☐ key／☐ primary／☐ leading／
☐ priceless／☐ invaluable

「重要だ」という意味の単語（動詞編）
☐ matter　重要だ　名詞 もの，こと　※「中身が詰まった」が原義
☐ count　数える，重要だ　　　　　※「（数に入れるくらい）重要だ」

>>> *Rule 39*　読解 「広告」の頻出表現をマスターする！（多義語）

　広告問題は「特有表現」を知っておくことが非常に効果的な対策です。しかも今回の英文には，「広告でよく使われる」かつ「多義語としても重要」なものがいくつも出てきました。ここでしっかりチェックしておきましょう。

多義語 accommodate 動詞　核心：詰め込む
● 収容できる，宿泊させる　※人を詰め込む
● 適応させる　　　　　　　※人をある環境に詰め込む
● （要求を）受け入れる　　※相手の要求を自分に詰め込む

　8行目にaccommodation「宿泊（施設）」が出てきましたが，動詞のaccommodateは重要多義語です。「宿泊させる」という意味のほかに，難関大やビジネスの世界では「適応させる，受け入れる」の意味も使われるので，余裕があればチェック

しておきましょう。

> **多義語 book** 核心：予約帳簿に書き込む
> ● 名詞 本，帳面
> ● 動詞 予約する

　動詞の book「予約する」が大切です。日本語でも「ダブルブッキング（double-booking）」＝「予約が重なること」と使われていますね。

> **多義語 subject** 核心：対象を下に置く　※sub は「下」，ject は「投げる」
> ● 名詞　　主題，主語
> ● 名詞　　科目　　　※何かを語るときに心の下に置いておくもの
> ● 名詞　　被験者　　※研究者から見て下にいる対象
> ● 形容詞 〜の支配下にある（be subject to 〜）　※〜に対して下に置かれている
> ● 形容詞 〜の影響下にさらされている，〜を受けやすい，〜に左右される（be subject to 〜）

　27行目に出てきた **be subject to change** は，5つ目の意味で，直訳「変更の影響下にさらされている」→「**変更の可能性あり**」です。広告文でよく使われる表現で，be subject to weather condition「天候により変更の可能性あり」も合わせてチェックしておきましょう。

> **多義語 last** 核心：最後まで続く
> ● 形容詞 最後の
> ● 形容詞 最新の　※これまで出てきた中で最後の／この意味では latest を使うことが多い
> ● 動詞　 続く　※最後まで続く

　動詞の last「続く」は，広告問題でとても大事です。化粧品や日焼け止めの CM で「ラスティング（lasting）効果」＝「化粧が続く効果」と使われています。

> **多義語 serve** 動詞　核心：service する
> ● 仕える，勤務する，奉仕する　● （食べ物・飲み物を）出す　● 役立つ

　service とは「形のない商品」で，すべて「**形のない仕事をする**」ということです（決して，日本語の「（ドリンク）1本サービス」から連想される「おまけ」という意味ではありません）。本文（31行目）では「（食べ物・飲み物を）出す」

の意味で使われ，All meals are served from 〜「すべての食事は〜から出される[提供される]」となっています。

> **多義語 otherwise 副詞　核心：other な way**
> ● もしそうでなければ　　● その他の点では　　● 他の方法で

「もしそうでなければ」以外の2つの意味は，「他の(other)点・方法で(wise＝way)」→「その他の点では，他の方法で」と考えればOKです。本文（31行目）の unless specified otherwise は，直訳「（通常とは違う）他の方法で指定されない限り」→「特に指定がない限り，特に断りがない限り」という表現です（specifyは「具体的に述べる，指定する」）。大学受験では難しいとされていますが，ビジネスや資格試験では頻出なので押さえておきましょう。

設問文と選択肢の訳

問5　出発前の集まりに関する次の文のうち，正しいものはどれか。
① その集まりは寒い場所で開催される。
　　→ 3番目にある The meeting is also a great ice breaker.「この集まりは，みなさんと打ち解けるよい機会でもあります」の ice breaker は「（氷を壊すように）緊張をほぐす，仲良くなるきっかけになるもの」です（最近は日本語でも「アイスブレイク」という言葉で使われています）。実際に「寒い」わけではありません。
② **その集まりは約60分で終わる。**
③ その集まりは必ずしも重要ではない。
　　→ 1番目に Attendance is very important because 〜「〜なので，この集まりに参加することはとても大切です」とあります。
④ その集まりは，参加者が不安に感じるのに役立つような重要な情報を提供する。

文構造の分析

¹ *The following is from an advertisement* ⌈*for an African tour*⌉.
　　　　　S　　　V

² **Nairobi to Cape Town Overland Camping (56 Days)** ³ **Tour Overview**

⁴ (Beginning in Nairobi, Kenya), this ultimate African trip adventure takes us
　　　　　　　　　　　　　　　　　　　　　　S　　　　　　　　　　V　　O

south (through Uganda, Tanzania, Malawi, Zambia, Zimbabwe, Botswana and

Namibia) (before coming to an end in Cape Town, South Africa).

⁵ • **This tour includes a ride** ⌈**to the dormitory from the airport**⌉ **and 1 pre-**
　　　　S　　　V　　O

night accommodation there.

> **訳** ¹以下はアフリカツアーの広告です。² ナイロビからケープタウンまで陸路のキャンプ（56日間）³ ツアー概要 ⁴ ケニアのナイロビに始まって，この究極のアフリカ冒険旅行は，ウガンダ，タンザニア，マラウイ，ザンビア，ジンバブエ，ボツワナ，ナミビアを通って南に進み，南アフリカのケープタウンで終わりとなります。⁵ • このツアーには，空港から宿舎までの迎えの車と，そこでの前泊1泊分が含まれます。

> **語句** ² overland 形 地上の，陸路の／³ overview 名 概要／⁴ ultimate 形 究極の／adventure 名 冒険／come to an end 終わりを迎える／⁵ ride 名 乗る［乗せる］こと／dormitory 名 宿舎，寮／pre-night 形 前夜の（※ pre-は「前の」の意味）／accommodation 名 宿泊（施設）

> **文法・構文** ⁴ Beginning ～ は this ultimate African trip adventure を意味上のSとする分詞構文です。また，SV, before S´ V´. は直訳「S´ V´ する前にSV する」ですが，今回の和訳のように「SV して，S´ V´ する」と考えると英文の語順のまま，時系列で理解することができます。⁵ include はオーバーに言えば「イコール」と考える動詞です（***Rule 15*** ▶ p.162）。また今回の ride は，冠詞が付いていることからもわかるように「乗る［乗せる］こと」という名詞です。

⁶ Tour Style	Camping
⁷ Countries Visited	Kenya, Uganda, Tanzania, Malawi, Zambia, Zimbabwe, Botswana, Namibia, South Africa
⁸ Group Size	Max 28 - 30
⁹ Age Range	16 - 65 Years and Older

¹⁰ Length	56 Days
¹¹ Tour Price per Person	$2,905 **+ Masai Village Visit (Optional) $2,190** **+ Gorilla Trekking Permit (Optional) $780**

> 訳 ⁶ ツアーの種類　キャンプ ⁷ 訪れる国　ケニア，ウガンダ，タンザニア，マラウイ，ザンビア，ジンバブエ，ボツワナ，ナミビア，南アフリカ ⁸ グループ規模最大28～30人 ⁹ 年齢幅　16～65歳以上 ¹⁰ 期間　56日間 ¹¹ 1人あたりのツアー料金　2,905ドル　＋マサイ村訪問（オプション）2,190ドル　＋ゴリラトレッキング許可証（オプション）780ドル

> 語句 ¹⁰ length 名 長さ，期間／¹¹ per ～ 前 ～につき／optional 形 自分で選べる，任意の／permit 名 許可（証）

¹² Included　¹³ · Meals as indicated on the itinerary　¹⁴ · Accommodation　¹⁵ · Registered guides　¹⁶ · Transport [as per itinerary]

> 訳 ¹² ツアーに含まれるもの ¹³ · 旅程に記載の食事 ¹⁴ · 宿泊 ¹⁵ · 認定ガイド ¹⁶ · 旅程通りの移動手段

> 語句 ¹³ meal 名 食事／indicate 動 示す／¹⁵ registered 形 登録された，公認の／¹⁶ transport 名 交通手段／as per ～ ～通りの

¹⁷ Excluded　¹⁸ · International flights　¹⁹ · Travel and medical insurance　²⁰ · Visas　²¹ · Passports　²² · Vaccinations　²³ · Personal taxes (including airport departure and border taxes)　²⁴ · All optional activities　²⁵ · Sleeping bags　²⁶ · Pillows　²⁷ · Restaurant meals　²⁸ · Laundry

> 訳 ¹⁷ ツアーに含まれないもの ¹⁸ · 国際便 ¹⁹ · 旅行保険・医療保険 ²⁰ · ビザ ²¹ · パスポート ²² · ワクチン接種 ²³ · 個人が負担する税（出国税および国境税を含む）²⁴ · オプションの活動すべて ²⁵ · 寝袋 ²⁶ · 枕 ²⁷ · レストランでの食事 ²⁸ · 洗濯

> 語句 ¹⁷ exclude 動 除く／¹⁹ insurance 名 保険／²² vaccination 名 ワクチン接種／²³ airport departure tax 出国税／border tax 国境税／²⁶ pillow 名 枕／²⁸ laundry 名 洗濯

Lesson 8

²⁹ Important Touring Tips ³⁰· The travel plan is a guide ONLY and is subject to

S V C V
change. **³¹·** There is a mix of different nationalities, ages and cultures. **³²·** Space

O V S V S
[in the truck] is limited — (PLEASE) **DON'T BRING TOO MUCH**

V V O
LUGGAGE! **³³·** All meals are served (from the truck) (unless specified

S V
otherwise).

> 訳 **²⁹** 旅行上の重要な注意点 **³⁰·** 旅行プランは目安に過ぎず，変更の可能性があり
> ます。**³¹·** 様々な国籍，年齢，文化の方がいます。**³²·** トラック内のスペースは限
> られています ― 荷物をたくさん持ってきすぎないでください！**³³·** 特に指定の
> ない限り，すべての食事はトラックで提供されます。

> 語句 **²⁹** tip 名 秘訣，助言／**³⁰** be subject to change 変更の可能性がある／
> **³¹** nationality 名 国籍／**³²** luggage 名 手荷物／**³³** unless specified otherwise 特
> に指定のない限り／specify 動 細かく指定する

> 文法・構文 **³⁰** ONLY は大文字で強調されています。**³²** luggage は不可算名詞なので，much
> で修飾されています。

「重要な」を意味する単語

³⁴ Pre-departure Meeting ³⁵· Attendance is very important (because vital

S V C
information is shared and you will feel (more) at ease (once you know what to

S´ V´ S´ V´ (S) (V) (O)
expect)). **³⁶·** The pre-departure meeting lasts (roughly an hour). **³⁷·** The meeting

S V S
is (also) a great ice breaker.

V C

> 訳 **³⁴** 出発前の集まり **³⁵·** 重要な情報が共有されますし，何を予期すべきか知ってお
> くとより気持ちが安らぐでしょうから，この集まりに参加することはとても大切
> です。**³⁶·** 出発前の集まりはだいたい1時間ほどかかります。**³⁷·** この集まりは，
> みなさんと打ち解けるよい機会でもあります。

> 語句 **³⁵** attendance 名 参加／feel at ease 気持ちが安らぐ／once S´V´ いったんS´
> V´すれば／what to 原形 何を～するか／**³⁶** last 動 続く／roughly 副 おおよそ／
> **³⁷** ice breaker 場を和やかにするもの（※直訳は「氷を壊すもの」）

> 文法・構文 **³⁵** once ～ は「接続詞」で，once S´V´, SV.「いったんS´V´すると，SVだ」
> の形で使われます（「副詞」の once「一度，かつて」と区別してください）。

The following is from an advertisement for an African tour.

Nairobi to Cape Town Overland Camping (56 Days)

Tour Overview

Beginning in Nairobi, / Kenya, // this ultimate African trip adventure takes us south through Uganda, // Tanzania, // Malawi, // Zambia, // Zimbabwe, // Botswana // and Namibia / before coming to an end in Cape Town, / South Africa. /

- **This tour includes a ride to the dormitory from the airport / and 1 pre-night accommodation there.** //

Tour Style	Camping
Countries Visited	Kenya, Uganda, Tanzania, Malawi, Zambia, Zimbabwe, Botswana, Namibia, South Africa
Group Size	Max 28 - 30
Age Range	16 - 65 Years and Older
Length	56 Days
Tour Price per Person	$2,905 **+ Masai Village Visit (Optional) $2,190** **+ Gorilla Trekking Permit (Optional) $780**

Included
- Meals as indicated on the itinerary   • Accommodation   • Registered guides
- Transport as per itinerary

Excluded
- International flights   • Travel and medical insurance   • Visas   • Passports
- Vaccinations   • Personal taxes (including airport departure and border taxes)
- All optional activities   • Sleeping bags   • Pillows   • Restaurant meals
- Laundry

Important Touring Tips
- The travel plan is a guide ONLY / and is subject to change. //
- There is a mix of different nationalities, // ages // and cultures. //
- Space in the truck is limited // — **PLEASE DON'T BRING TOO MUCH LUGGAGE!** //
- All meals are served from the truck / unless specified otherwise. //

Pre-departure Meeting
- Attendance is very important / because vital information is shared / and you will feel more at ease once you know what to expect. //
- The pre-departure meeting lasts roughly an hour. //
- The meeting is also a great ice breaker. //

Lesson 8

日本語訳

　以下はアフリカツアーの広告です。
ナイロビからケープタウンまでの陸路のキャンプ（56日間）
ツアー概要
ナイロビに始まって／ケニア／／この究極のアフリカ冒険旅行は，ウガンダ…を通って南に進み，／／タンザニア，／／マラウイ，／／ザンビア，／／ジンバブエ，／／ボツワナ，／／ナミビア／ケープタウンで終わりとなります／南アフリカの。／／
・このツアーには，空港から宿舎までの迎えの車が含まれます／そして，そこでの前泊1泊分。

ツアーの種類	キャンプ
訪れる国	ケニア，ウガンダ，タンザニア，マラウイ，ザンビア，ジンバブエ，ボツワナ，ナミビア，南アフリカ
グループ規模	最大28〜30人
年齢幅	16〜65歳以上
期間	56日間
1人あたりのツアー料金	2,905ドル ＋マサイ村訪問（オプション）2,190ドル ＋ゴリラトレッキング許可証（オプション）780ドル

ツアーに含まれるもの
・旅程に記載の食事　　・宿泊　　・認定ガイド　　・旅程通りの移動手段
ツアーに含まれないもの
・国際便　　・旅行保険・医療保険　　・ビザ　　・パスポート　　・ワクチン接種
・個人が負担する税（出国税および国境税を含む）　　・オプションの活動すべて
・寝袋　　・枕　　・レストランでの食事　　・洗濯
旅行上の重要な注意点
・旅行プランは目安に過ぎず，／変更の可能性があります。／／
・様々な国籍の方がいます／／年齢／／文化。
・トラック内のスペースは限られています／／荷物をたくさん持ってきすぎないでください！／／
・すべての食事はトラックで提供されます／特に指定のない限り。／／
出発前の集まり
・この集まりに参加することはとても大切です／重要な情報が共有されますし，／何を予期すべきか知っておくとより気持ちが安らぐでしょうから。／／
・出発前の集まりはだいたい1時間ほどかかります。／／
・この集まりは，みなさんと打ち解けるよい機会でもあります。／／

このLessonで出てくるルール

Rule 47 解法 「入れ替え」選択肢のパターン（比較級）⇒ 問3
Rule 77 構文 「数字表現」の意味を正確にとる！⇒ 問4
Rule 40 読解 グラフ特有表現をマスターする！⇒ 問5

解答

問1 ③　　問2 ③　　問3 ②　　問4 ④　　問5 ②

問1 難易度 ★★★

　2行目にYet, 11% of U.S. adults do not use the internet, according to a 2018 Pew Research Center survey.「しかし，2018年のピュー研究所の調査によると，アメリカの成人の11％はインターネットを使っていないとのことだ」，5行目にBut that 11% figure is much lower than in 2000「しかし，この11％という数字は，2000年に比べると，だいぶ低くなっている」とあるので，これに合致する③が正解です（**much**は「比較級の強調」）。ちなみに2000年については7行目にThat year, nearly half (48%) of American adults did not use the internet.「その年には，成人アメリカ人の半分近く（48％）がインターネットを使っていなかったのである」とあるので，「48％→11％」と大幅に減少しています。

　nearlyは「わずかにその数値には達しない」場合に使われます。nearly halfで「50％にわずかに達しない（今回は48％）」ことを表すわけです（p.153）。

設問文と選択肢の訳

問1　2000年と比べて，2018年にインターネットを使っていないアメリカ人の割合は…
① ほとんど変わらなかった。
　→ 4行目に（選択肢と同じ）has changed littleが使われていますが，本文ではover the past three years「ここ3年間」と言っています。2000年と2018年の比較ではありません。
② 次第に増えた。
③ **かなり減った。**
④ 同じままだった。

問2 難易度 ★★☆

　設問では，2018年の調査結果において，「インターネットを使っていない成人アメリカ人の割合に<u>差がない区分</u>」が問われています（There is very little difference なので「ほとんど違いがない」／concerning 〜は前置詞「〜について」）。

　図表から差がない分類を探すと，上から3つ目のWhite・Black・Hispanicが11・13・12とほぼ同じ割合です。これはrace「人種」と言えるので，③が正解です。他の選択肢は，すべて割合に大きな差があります（男女間の差もありませんが，これは選択肢にありません）。

設問文と選択肢の訳

　問2　…における異なる区分に関して，2018年にインターネットを使っていない成人アメリカ人の割合にはほとんど差がない。
① 年齢　※図表で4番目の分類
② 学歴　※下から2番目の分類
③ 人種
④ 地域の種類　※一番下の分類

問3 難易度 ★★☆

　図表の一番下の分類では，Urbanの割合が最も低く，Ruralが最も高くなっています。これは，② The less urban the type of community, the higher the percentage of U.S. adults who do not use the internet. と合致します。

　選択肢はすべて，The [比較級] S´ V´, the [比較級] SV.「〜すればするほど，ますます…だ」の形で，前半・後半ともにbe動詞が省略されています（よく省略されます）。the less urban は「都会化がより少ないほど」といった意味合いです。

　②以外の選択肢はすべて「比較関係が逆」になっています。

>>> *Rule 47* 解法 「入れ替え」選択肢のパターン（比較級）

　内容一致問題では，「比較級」がよく使われます。選択肢に比較表現が出てきたらチェックして，**きっちりと大小関係**（「A＞B」「A＜B」「A＝B」など）**を把握**してください。

　ひっかけパターンとしては，「大小関係を入れ替える」ものが多いです。また，難関大では「そもそも比較なんかしてない」パターンもよく出ます。

例：本文——A＞B，C＞D
　　選択肢┌A＜B → ×　　※大小関係が逆。
　　　　　├A＞D → ×　　※そもそもAとDは比べていない。
　　　　　└B＜A → ○　　※大小関係がバッチリOK。

設問文と選択肢の訳

　問3　図表によると，下のどの文が正しいか。
① 学歴が高ければ高いほど，インターネットを使っていない成人アメリカ人の割合が高い。
　　→ 下から2番目の分類で，Less than HS（＝less than high school）「高卒未満」が最も高く，College+「大卒以上」が最も低いです。
② 地域の種類が都会から離れれば離れるほど，インターネットを使っていない成人アメリカ人の割合が高い。
③ 世帯収入が低ければ低いほど，インターネットを使っていない成人アメリカ人の割合が低い。
　　→ 下から3番目の分類で，＜$30Kが最も高く，$75K+が最も低いです。
④ 年齢が高ければ高いほど，インターネットを使っていない成人アメリカ人の割合が低い。
　　→ 上から4番目の分類で，18-29が最も低く，65+が最も高いです。

問4 難易度 ★★★

　かなりややこしい問題なので，まず数字表現を確認して，次に「図表と合致するもの（つまり解答として選べないもの）」から解説していきましょう（正しいことを考えていくほうが混乱しないからです）。

》》》 *Rule 77* 構文 「数字表現」の意味を正確にとる！

　more than oneはいくつかわかりますか？　「1つより多く」なので，「2以上」という意味です（つまり「1は入らない」のです）。基本的なことですが，きちんと習ったという人のほうが少ないので，しっかり確認していきましょう。

●「Xより多い」　more than X　over X　above X　※Xは含まない
●「X以上」　　　X or more
　　　　　　　　※直訳「X，もしくはそれより上」／not less than ～「少なくても～」でもOK
●「Xより少ない，X未満」fewer than X　less than X　※under X／below XでもOK
●「X以下」　　　X or less
　　　　　　　　※直訳「X，もしくはそれより下」／not more than ～「多くても～」でもOK

選択肢に書かれているのは「インターネットを使っている人の割合」ですが，図表に書かれているのは「インターネットを使っていない人の割合」なので，どちらかを100%から引いて計算します。

設問文と選択肢の訳

　問4　図表に基づくと，下のどの文が正しくないか。

① 世帯収入が75,000ドル以上の成人アメリカ人のうち，95%を超える人がインターネットを使っている。

　→ 図表の下から3番目の分類で，$75K+の割合が2%です。「75,000ドル以上→ネット不使用は2%」→「98%が使用」ということです。選択肢のMore than 95% of ～「95%より多くの～」と合致します。

② 50～64歳の成人アメリカ人のうち，88%未満の人がインターネットを使っている。

　→ 上から4番目の分類で，50-64の割合が13%です。「50～64歳→ネット不使用は13%」→「87%が使用」ということです。選択肢のFewer than 88% of ～「88%より少ない～」と合致します。

③ 黒人の成人アメリカ人のうち，86%を超える人がインターネットを使っている。

　→ 上から3番目のカテゴリーで，Blackが13%です。「黒人→ネット不使用は13%」→「87%が使用」ということです。選択肢のMore than 86% of ～「86%より多くの～」と合致します。

以上，すべて本文と合致するので，残った④を選べばOKです。

④ **学歴が高卒未満の成人アメリカ人のうち，65%未満の人がインターネットを使っている。**

　→ これが本文と合わないことを確認しましょう。下から2番目の分類で，Less than HSの割合が35%です。「高卒未満→ネット不使用は35%」→「65%が使用」ということです。

　一方，④のFewer than 65% of ～「65%より少ない，65%未満」を表すので，図表の数字と合いません。かなり苦しい問題ですが，図表問題でこれほど細かく考える機会もなかなかないので，ここはちょっと頑張って復習してみてください。

問5　難易度 ★★★

　設問では「ネット利用率が最も低いグループ」を聞いています。これは図表が表す「ネット不使用者の割合が最も高いグループ」と同じことです。設問文のthe lowest percentageにつられて「数字が低い」ものを探すと，③にひっかかります。

　図表を見ると，①に該当するRuralは22%，②に該当するLess than HSは35%，③に該当する<$30Kは19%，④に該当する65+は34%なので，最も割合の高い②が正解です。

問5　次の4つの成人アメリカ人のグループのうち，2018年のインターネット利用率が
　　　最も低いのはどれか。
① 農村地域に住んでいる人々　　　② **学歴が高卒未満の人々**
③ 世帯収入が30,000ドル未満の人々　④ 65歳以上の人々

≫≫ *Rule 40* 読解 グラフ特有表現をマスターする！

グラフの種類など
☐ figure　　　　　　　　　　　　　数字，図　※「人影，人物」という意味もある。
☐ Fig. X　　　　　　　　　　　　　図X　※figureの短縮形。
☐ table　　　　　　　　　　　　　表　※「タイムテーブル」と使われる。
☐ chart　　　　　　　　　　　　　表　※「オリコンチャート」でおなじみ。
　例：As shown in the chart, 〜　　表で示されているように〜
　例：Based on the chart, 〜　　　表に基づくと〜
☐ diagram　　　　　　　　　　　　図／図表　※「電車のダイヤが乱れた」で使われる。
☐ pie chart　　　　　　　　　　　円グラフ　※「円グラフ」はパイを切った形で表す。
☐ bar chart／bar graph　　　　　棒グラフ　※bar「棒」
☐ stacked (bar) chart　　　　　　積み上げ棒グラフ
☐ line graph　　　　　　　　　　　折れ線グラフ
☐ vertical axis　　　　　　　　　　縦軸
☐ horizontal axis　　　　　　　　　横軸
☐ 〜K　　　　　　　　　　　　　　1000　※「キロメートル」の「キロ」と同じ／
　　　　　　　　　　　　　　　　　　　　65Kなら65000のこと。

「ほとんど，約」の区別
☐ about／around／
　approximately／roughly　　　　約　　　　※その数値の前後両方OK。
☐ almost／nearly　　　　　　　　ほとんど　※その数値には達しない。
☐ barely　　　　　　　　　　　　かろうじて　※その数値をわずかに上回る。
※aboutは本来「周りに」で，「数値の周り」なら「上回っても下回ってもOK」

変化・増減
☐ *be* stable　　　　　　　　　　安定している
☐ remain steady　　　　　　　　　横ばいになる　※steady「安定した」
☐ level off　　　　　　　　　　　横ばいになる　※名詞levelは「水平線」。
☐ remain the same　　　　　　　　同じまま，変化がない
☐ come close to 〜　　　　　　　　〜に近づく

☐ reach a record low	過去最低に達する	
☐ top	～を上回る（動詞）	
☐ vary	変化する，異なる	
☐ fluctuate	変動する	
☐ rocket／skyrocket	急上昇する	
☐ grow steadily	着実に増える	
☐ increase by ～	～の分だけ増える	※差を表す by「～の分だけ」。
☐ increase to ～	～まで増える	※到達点を表す to「～まで」。
increase up to ～	～まで増える	
		※到達点を強調する up がついて up to になっただけ。

例：The share increased to 40%. シェアが40％に伸びた。

☐ rise	増える（自動詞），増加，上昇（名詞）	
☐ a growing number of ～	～の数の増加	
☐ decrease by ～	～の分だけ減る	※差を表す by。
☐ decrease to ～	～まで減る	※到達点を表す to。
☐ decline／fall／drop	減る，下がる（自動詞）	
☐ a decreasing number of ～	～の数の減少	

割合など

☐ degree	程度	
☐ increase／boost／gain／rise	増加	
☐ rapid growth	急増	
☐ considerable drop	かなりの下落	※drop「下落，減少」
☐ reduction	減少	
☐ proportion	割合	

※「プロポーションがいい」とは本来「体の割合（バランス）がいい」ということ。

☐ the proportion of *A* to *B*	AとBとの割合	

例：the proportion of three to one　3対1の割合

☐ rate	割合，率	※「為替のレート」などで使われている。
☐ the ratio of *A* to *B*	AとBの比	
☐ percentage	百分率，割合	

例：the percentages of the participants　参加者の割合

☐ share of ～	～の占有率	
☐ a comparison between *A* and *B*	AとBの比較	

文構造の分析

1 **¹** (For many Americans), going online is an important way [to connect (with
$\underset{\text{S}}{\underline{}}$ $\underset{\text{V}}{\underline{}}$ $\underset{\text{C}}{\underline{}}$
friends `and` family), shop, get news `and` search (for information)]. **²** Yet, 11%

of U.S. adults do not use the internet, (according to a 2018 Pew Research Center
$\underset{\text{S}}{\underline{}}$ $\underset{\text{V}}{\underline{}}$ $\underset{\text{O}}{\underline{}}$
survey). **³** The size of this group has changed (little) (over the past three years),
$\underset{\text{S}}{\underline{}}$ $\underset{\text{V}}{\underline{}}$
(despite ongoing government `and` social service programs [to encourage internet

use]). **⁴** `But` that 11% figure is much lower than (in 2000), [when the Center first
$\underset{\text{S}}{\underline{}}$ $\underset{\text{V}}{\underline{}}$ $\underset{\text{C}}{\underline{}}$ $\underset{\text{S´}}{\underline{}}$

> 関係副詞

began to study the social impact of technology]. **⁵** (That year), nearly half (48%)
$\underset{\text{V´}}{\underline{}}$ $\underset{\text{O´}}{\underline{}}$
of American adults did not use the internet.
$\underset{\text{S}}{\underline{}}$ $\underset{\text{V}}{\underline{}}$ $\underset{\text{O}}{\underline{}}$

訳 **¹** 多くのアメリカ人にとって，インターネットを使うことは，友人や家族と連絡を取ったり，買い物をしたり，ニュースを入手したり，情報を検索したりするための重要な手段である。**²** しかし，2018年のピュー研究所の調査によると，アメリカの成人の11％はインターネットを使っていないとのことだ。**³** インターネット利用を推奨する現行の政府および社会事業の制度にかかわらず，この割合はここ3年間ほとんど変わっていない。**⁴** しかし，この11％という数字は，科学技術が社会に与える影響を同研究所が最初に研究し始めた2000年に比べると，だいぶ低くなっている。**⁵** その年には，成人アメリカ人の半分近く（48％）がインターネットを使っていなかったのである。

語句 **¹** go online インターネットを使う／connect with ～ ～と連絡を取る／shop 動 買い物をする／search for ～ ～を探す・検索する／**²** according to ～ ～によると／survey 名 調査／**³** ongoing 形 現行の／social service program 社会事業制度／encourage 動 推奨する／**⁴** figure 名 数字／impact 名 影響

文法・構文 **¹** 1つ目のandは名詞2つ（friendsとfamily）を結び，2つ目のandは動詞4つ（connect／shop／get／search）を結んでいます。shopが動詞で使われていることに注意しましょう。**³** andはgovernmentとsocial serviceを結び，どちらも名詞programsにかかっています。**⁴** muchは比較級を強調する副詞です。また，, when ～ は2000を先行詞とする関係副詞の非制限用法です。

Who's not online?

% of U.S. adults who do not use the internet (2018)

U.S. adults	11%
Men	11
Women	12
White	11
Black	13
Hispanic	12
18-29	2
30-49	3
50-64	13
65+	34
<$30K	19
$30K-$49,999	7
$50K-$74,999	3
$75K+	2
Less than HS	35
High school	16
Some college	7
College+	3
Urban	8
Suburban	10
Rural	22

グラフ訳 インターネットを使っていないのは誰か？

インターネットを使っていない成人アメリカ人の割合％（2018年）

アメリカ人成人	
男性	
女性	
白人	
黒人	
ヒスパニック	
18〜29歳	
30〜49歳	
50〜64歳	
65歳以上	
30,000 ドル未満	
30,000〜49,999 ドル	
50,000〜74,999 ドル	
75,000 ドル以上	
高卒未満	
高卒	
大学単位取得済み	
大卒以上	
都心部	
郊外	
農村	

語句 Hispanic 名 ヒスパニック（ラテン・アメリカ系アメリカ人）／some college 大学単位取得済み（大学中退・在学中など，大学の単位は一部取得しているが，卒業までは至っていない人）／suburban 形 郊外の／rural 形 田舎の，農村社会の

> 複数名詞reasons → 羅列を予想

2 **6** A 2013 Pew Research Center survey found some key reasons [why some people do not use the internet]. **7** A third of non-internet users (34%) did not go (online) (because they had no interest [in doing so] or did not think ⟨{that} the internet was relevant to their lives⟩). **8** Another 32% of non-users said ⟨{that} the internet was too difficult to learn⟩. **9** Cost was (also) a barrier [for some adults [who were offline]] — 19% mentioned the high expense [of internet services or owning a computer].

訳 **6** 2013年にピュー研究所が行った調査では，一部の人々がインターネットを使わない主因がいくつか判明した。**7** インターネット非利用者の3分の1（34％）は，

インターネットを使うことに興味がなかったり，インターネットは自身の生活に関係のないものだと思っていたりという理由で，インターネットを使っていなかった。⁸ インターネット非利用者のうち，別の32％は，インターネットは難しすぎて使い方を覚えられないと述べた。⁹ 費用もまた，インターネットを使わない成人の一部にとっては障壁となっていた。インターネット非利用者のうち19％の人々が，インターネットサービスやコンピューター所有にかかる費用が高いことに言及した。

語句 ⁶ key reason 主因／⁷ a third of 〜 〜の3分の1／be relevant to 〜 〜と関係がある／⁹ barrier 图 障壁／mention 動 言及する／expense 图 費用，出費／own 動 所有する

文法・構文 ⁶ reasons／ways／problems／benefits などの複数名詞を見つけたら，後ろにはその内容の羅列が続くと予想しましょう。今回も次の文から「インターネットを使わない理由」が羅列されています。⁷ or は動詞2つ（had／did not think）を結んでいます。⁸ difficult／easy など「難易」を表す形容詞は，〈S is 難易 to 原形 （不完全）〉の形を作ります。It was too difficult to learn the internet . の the internet というカードをはがして先頭に持っていくイメージです。 The internet was too difficult to learn φ. となり，後ろははがれっぱなし（不完全）になります。今回は，さらにその形容詞が too ... to 〜「…すぎて〜できない」の形になっています。⁹ 費用を理由にインターネットを使わない成人がいることを示すデータを，—（ダッシュ）以下で具体的に説明しています。

3 ¹⁰ ⟨ As shown in the chart⟩, the 2018 survey found ⟨ that internet non-use is
　　　　　　　　　　　　　　　　　　　S　　　　　V　　O　　　　　S′
related to a number of factors, [including gender, race, age, household income,
　V′　　　　　　　O′

具体例の目印

educational level and community type]⟩.
　　　　S

訳 ¹⁰ 図表に示されている通り，2018年の調査では，インターネットの非利用は，性別，人種，年齢，世帯収入，学歴，地域の種類など，多くの要因と関連があることがわかった。

語句 ¹⁰ be related to 〜 〜に関係がある／including 〜 前 〜を含めて／race 图 人種／household income 世帯収入

文法・構文 ¹⁰ including は「具体例」の目印です。a number of factors の具体的な例を，including 〜 で説明し挙げています。また and は名詞6つ（gender／race／age／household income／educational level／community type）を結んでいます。

Lesson 9

157

For many Americans, // going online is an important way to connect with friends and family, // shop, // get news // and search for information. // Yet, 11% of U.S. adults do not use the internet, // according to a 2018 Pew Research Center survey. // The size of this group has changed little over the past three years, // despite ongoing government and social service programs / to encourage internet use. // But that 11% figure is much lower than in 2000, / when the Center first began to study the social impact of technology. // That year, nearly half // (48%) // of American adults did not use the internet. //

Who's not online?
% of U.S. adults who do not use the internet (2018)

U.S. adults	11%
Men	11
Women	12
White	11
Black	13
Hispanic	12
18-29	2
30-49	3
50-64	13
65+	34
<$30K	19
$30K-$49,999	7
$50K-$74,999	3
$75K+	2
Less than HS	35
High school	16
Some college	7
College+	3
Urban	8
Suburban	10
Rural	22

A 2013 Pew Research Center survey found some key reasons / why some people do not use the internet. // A third of non-internet users // (34%) // did not go online because they had no interest in doing so / or did not think the internet was relevant to their lives. // Another 32% of non-users said the internet was too difficult to learn. // Cost was also a barrier for some adults who were offline // — 19% mentioned the high expense of internet services or owning a computer. //

As shown in the chart, // the 2018 survey found that internet non-use is related to a number of factors, // including gender, // race, // age, // household income, // educational level // and community type. //

日本語訳

　多くのアメリカ人にとって，//インターネットを使うことは，友人や家族と連絡を取るための重要な手段である//買い物をしたり，//ニュースを入手したり，//情報を検索したりする。//しかし，アメリカの成人の11％はインターネットを使っていない//2018年のピュー研究所の調査によると。//この割合はここ3年間ほとんど変わっていない//現行の政府および社会事業制度にもかかわらず／インターネット利用を推奨する。//しかし，この11％という数字は，2000年に比べると，だいぶ低くなっている／科学技術が社会に与える影響を同研究所が最初に研究し始めたとき。//その年には，半分近く//（48％）//の成人アメリカ人がインターネットを使っていなかったのである。//

インターネットを使っていないのは誰か？
インターネットを使っていない成人アメリカ人の割合％（2018年）
成人アメリカ人
男性　女性
白人　黒人　ヒスパニック
18〜29歳　30〜49歳　50〜64歳　65歳以上
30,000ドル未満　30,000〜49,999ドル　50,000〜74,999ドル　75,000ドル以上
高卒未満　高卒　大学単位取得済み　大卒以上
都心部　郊外　農村

　2013年にピュー研究所が行った調査では，主因がいくつか判明した／一部の人々がインターネットを使わない。//インターネット非利用者の3分の1//（34％）は，//インターネットを使うことに興味がなかったからインターネットを使っていなかった／あるいはインターネットは自身の生活に関係のないものだと思っていたという理由で。//インターネット非利用者のうち，別の32％は，インターネットは難しすぎて使い方を覚えられないと述べた。//費用もまた，インターネットを使わない成人の一部にとっては障壁となっていた。//インターネット非利用者のうち19％の人々が，インターネットサービスやコンピューター所有にかかる費用が高いことに言及した。//
　図表に示されている通り，//2018年の調査では，インターネットの非利用は，多くの要因と関連があることがわかった//性別など//人種，//年齢，//世帯収入，//学歴，//地域の種類。//

Lesson 10　解答・解説

このLessonで出てくるルール

Rule 37 読解 「実験・研究」を主語にとる動詞をマスターする！
⇒ 問1

Rule 15 読解 「イコール」関係を作る表現に反応する！⇒ 問2

Rule 70 構文 〈SV that 〜〉は「Sは〜と思う・言う」の意味！
⇒ 問2

Rule 70 構文 〈SV that 〜〉は「Sは〜と思う・言う」の意味！
（応用編）⇒ 問3

Rule 35 読解 長文単語・語句をマスターする！（assume）⇒ 問3

Rule 35 読解 長文単語・語句をマスターする！（question）⇒ 問4

Rule 76 構文 〈S out＋動詞 O〉はS＞Oの関係になる！⇒ 問4

解答

問1 たとえば，アメリカ合衆国における言語使用の最近の調査によると，人口の約20パーセントが，家では英語以外の言語を話している（ということだ）。

問2 David Crystalの推定によると，世界中には英語ともう1つの言語という2か国語を使用する人が約2億3500万人存在し，世界の子どもの3分の2はバイリンガルの［2か国語が使われる］環境で育っていること。

問3 長年，バイリンガル能力［2か国語を使える能力］は，たとえば文化，旅行，貿易の観点で大人にとって役立つものであるかもしれない一方で，教育制度においては子どもにとって不利なものであると考えられていた。

問4 （非言語的知能のテストを含む）ほとんどすべてのテストにおいて，バイリンガルの［2か国語を話す］子どもたちはモノリンガルの［1言語のみを話す］同級生よりも優れていたという結果。

下線部和訳で一番大切なことは「構文」をきちんと把握することです。まずは**SVを見抜く**必要があります。**長いSに注意**しましょう。

(For example), a recent survey of language use in the United States reported
　　　　　　　　　　　　　　　　　　S　　　　　　　　　　　　　　　　　　　　　　V
〈 that 〉 approximately 20% of the population spoke a non-English language
　O　　　　　　　　　　　　　S′　　　　　　　　　　V′　　　　　　　O′
(at home), ～

● 〈[研究] show that ～〉のパターン

a recent survey of language use in the United States がS, reported がV, that ～がOになります。[調査] **reported that ～**の形です（この形は「実験・研究」系の文章で多用されます）。

直訳「[調査]は～を報告した」でも許容されますが，できれば「[調査]**によって～が報告された，**[調査]**によると～ということだ**」と自然な日本語にしたいところです。

一見，a recent survey of language がS, use がVと勘違いするかもしれませんが，「主語が単数形ならばuseに3単現のsがつくはず」「その後に動詞（reported）が出てくるのは変」ということで，useは動詞ではない（今回は名詞）と判断できます。

>>> *Rule 37* 読解 「実験・研究」を主語にとる動詞をマスターする！

実験・研究に関しては，決まった表現が多用されます。ということは，そういった表現を事前にチェックしておけば，読みやすさ・正確さ・スピードが随分変わります。

[研究] によってS′ V′だとわかっている
[研究] show that S′ V′　※主語は「研究（者），実験，結果，データ」など／thatは省略可

---

show以外に，find「発見する」，reveal「明らかにする」，report「報告する」，prove／demonstrate／confirm「証明する」，indicate「示す」，suggest「示唆する」，estimate「推定する」が頻出です。demonstrateに下線が引かれ，近い意味としてshowを選ぶ問題などもよく出ます。

● approximately ≒ about

接続詞thatの後なので，またS´V´が続くと考えます。that節中はapproximately 20% of the population「人口の約20％」がS´，spokeがV´で，a non-English languageがO´です。approximatelyは「おおよその，約」で，aboutと同じ意味です（「ほとんど，約」の区別は**Rule 40** ▶ p.153）。

問2 難易度 ★★★

figureは「姿，人物，数字，図」など様々な意味がある重要多義語ですが，下線部と同じ文にnumber「数」があることから，world figuresは「世界の数字」だと考えられます。直後を読んでいくと，worldwideやin the worldといった「世界」に関する語句があるので，この文が該当箇所だとわかります。ここをきっちり訳していくわけです。

● 1つ目のthat節

英文全体はDavid Crystal estimates {that} ～ で，実験表現が使われています（**Rule 37** ▶ p.161）。that節が2つ結ばれていますが，1つ目のthat節（ここではthatは省略されています）内ではbilingualism that includes English and another language「英語ともう1つの言語というバイリンガル能力（2か国語を使える能力）」がSで，representsがVです。

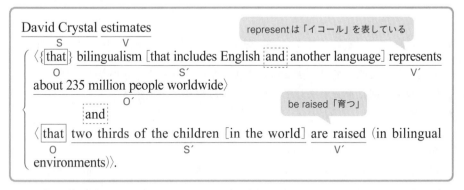

representは「示す，代表する」の訳語で覚えている受験生が多いのですが，**representを見たら，まずは「イコール」を考える**ことをオススメします。

⫸⫸ *Rule 15* 読解 「イコール」関係を作る表現に反応する！

大半の受験生がmeanを「意味する」と訳してしまうので，和訳が不自然になりがちです。そこで，**S mean O**の形なら，S＝Oというイコール関係を意識し

て，「**SはOですよ**」と考えればOKです。他にもinvolveは「含む」ですが，オーバーに言えば「イコール」と捉えることもできます。たとえば，ある先生が「受験には精神力が含まれるぞ」と言ったら，その先生の主張は「受験＝精神力」ということですよね。この「イコール」という発想は長文で大活躍します。また，representは，英英辞典で *be* equal to ～のようにイコール（equal）を使って説明されることもあります。

　下の表にある単語はどれも，まずは「イコール」で考えてみてください。かなりの場合にそれでうまくいきます。そして「イコール」でうまくいかない不自然なときにはじめて，単語帳などに書いてある意味（表の「よく示される訳語」）で検討してください。

イコール表現を意識する

英単語　　　　意味	よく示される訳語	重要なイメージ
be	～である	「イコール」を意識
mean	～を意味する	「イコール」を意識
refer to	～に言及する	「イコール」を意識
involve	～を含む［巻き込む］	広く解釈して「イコール」と考える
include	～を含む	広く解釈して「イコール」と考える
constitute	～を構成する	広く解釈して「イコール」と考える
represent	～を示す，～を代表する	広く解釈して「イコール」と考える
show	～を示す	広く解釈して「イコール」と考える
signify	～を示す［意味する］	広く解釈して「イコール」と考える

Lesson 10

　今回も representを「イコール」と考えると，bilingualism that ～ represents about 235 million people worldwide は「～のバイリンガル能力」＝「世界中の約2億3500万人（に相当する）」とわかります。つまり，「バイリンガル能力を持つ人が，世界中に約2億3500万人存在する」と考えればよいわけです。
※ representは Lesson 6（27行目）でも出ています。

発展 その前（9行目）にある include も「イコール」と考えてください。ただ今回の英文では解釈がかなり難しい（英語指導者でも勘違いがおきるほど）なので，ここは発展事項として流してOKです。

一応説明すると，bilingualism that includes English and another languageは「英語ともう1つの言語という（組み合わせの）バイリンガル能力」です。「英語＋もう1つ別の言語」を話せる人に言及しています。

これをもし「英語ともう1つの言語を含むバイリンガル能力」と訳すと，まるで「（どの組み合わせでも）2か国語ならばいい（たとえば「フランス語＋スペイン語」）」と考えられてしまうのです。

世界人口の半数近くがバイリンガルだと言われている現状を考えると，「バイリンガルが2億3500万人」だと少なすぎますよね。あくまで「英語＋α」が2億3500万人なのです。

●「分数」と「多義語raise」を正確に

2つ目のthat節では，two thirds of the children in the world「世界の子どもの3分の2」がS，are raised「育った」がVです。two thirdsは「3分の2」です（**分数は「分子（基数）→分母（序数）の順」で表記する**）。

また，are raised「育てられた」→「育った」です。raiseは本来「上げる」で（raise your hand「手を上げる」でおなじみです），そこから「親が子どもの年齢を上げる」→「育てる」となりました。

● 文末は「オウム返し」

以上をきちんと訳せればOKです。設問文は「どのようなこと」と聞いているので，文末は「〜こと」で終えましょう（文末を「オウム返し」する発想は**Rule 61** ▶ p.117）。普通に訳すと「David Crystalは〜と推定している」ですが，「David Crystalの推定によると，〜こと」とまとめると自然な解答になります。

ちなみにestimate「推測する，推定する」の意味を知らなくても，大体の意味を推測する必殺技があります。

>>> *Rule 70* 構文 〈SV that 〜〉は「Sは〜と思う・言う」の意味！

〈S V that 〜〉という形（直後にthat節）をとる動詞は「思う，言う」という意味になります。たとえば，I think［say］that he is rich. は言いますが，eat, run, haveなどはNGですよね。実は，直後にthat節をとる動詞は「認識，伝達」の意味をもつ動詞に限られるのです。

つまり，このルールを逆手に取れば「〈S V that 〜.〉は『Sは〜と思う・言う』って意味」という必殺技ができあがるわけです。これを使えば，知らない動詞が出てきても〈SV that 〜〉の形に注目するだけで，大体の意味がわかるようになります。

まずは構文ですが，全体は It was assumed that ～「～と考えられていた」の形で，that節中に while S´V´, SV.「S´V´する一方で SV だ」が入っています。

> it was assumed that ～「～と考えられていた」　　while S´V´, SV.「S´V´する一方で SV だ」
>
> (For many years) it was assumed 〈 that (while bilingualism might be an
> 　　　　　　　　　　it 　　　　　　　　　　　　　　　　　　S´　　　V´
> asset (for adults) — in terms of culture, travel, and trade, for example —) it
> C´　　　　　　　　　　　　　　　　　　　　　　　　　　　　　　　　　　　　　S
> was a handicap (for children) (in the educational system)〉.
> V　　C

assume は重要単語ですが，仮に知らなくても〈It is p.p. that ～〉の形に注目すれば，it was assumed that ～「～と考えられていた・言われていた」と判断できます。

>>> *Rule 70* 構文 〈SV that ～〉は「Sは～と思う・言う」の意味！（応用編）

前ページで〈SV that ～〉の形をとる動詞は「思う，言う」の意味だと確認しましたね。これを受動態に変えても，当然このルールが使えるわけです。

> SV that ～　　「～と思う・言う」
> 　↓　　※ that ～ を前に出して受動態 (be p.p.) に。
> That ～ is p.p. {by S}.　　※ by S は省略。
> 　↓　　※頭でっかちなので，仮主語構文に（It は仮主語，that ～ が真主語）。
> It is p.p. that ～　　「～と思われている・言われている」

〈It is p.p. that ～〉という形で p.p. が知らない単語でも，「～と思われている・言われている」と予想できてしまうのです。よく受験生がミスするのが，it is commonly held that ～ の形で，これは「一般的に～と思われている」という意味なんです（ちなみに hold には「思う」という意味がありますが，それを丸暗記しなくても，形に注目することで意味が推測できるわけです）。

● 対比を表す while

that 節中は while が「対比」の意味で，それを意識することで和訳のヒントにもなります（*Rule 22* ▶ p.29）。

while bilingualism might be an asset for adults では，was assumed に合わせて

過去形（might）になっているだけです。これは単なる「時制の一致」なので，（might自体は過去で訳す必要はなく）「バイリンガル能力は大人にとって役立つものであるかもしれない**一方で**」となります。そもそも **mightが過去を表すことはほとんどありません**。

　assetは難しいので，「handicapと対比されるもの」と考えるといいでしょう。また，assetを知っている人も「資産」と覚えているでしょうが，ここでは「比喩的な資産」なので，「役立つもの，強み，利点」くらいに意訳しましょう。

● in terms of 〜と and

　in terms of 〜は「〜の観点から」という大事な熟語です。in terms of culture, travel, and trade は「文化，旅行，貿易の観点で」です。

※〈**A, B, and C**〉の形は（英語に合わせて）「A，BとC」と訳すより，和訳では「**A，B，C**」「**AとBとC**」と訳したほうが自然です。また，**和訳では"—（ダッシュ）"を使わず**，日本語を適切につなげてください。

●「対比」を意識する

　後半it was a handicap for children in the educational systemのitはbilingualismを指しており，「（バイリンガル能力は）教育制度においては子どもにとって不利なものだ」です。handicapは日本語「ハンディキャップ」でも許容されるでしょうが，「不利，弊害」と推測できればベストです（ここからassetは「役立つもの，強み，利点」と推測できます）。

　「大人：文化・旅行・貿易の観点で役立つ」⇔「子ども：教育制度において不利」という対比関係になります。**構文が把握できたか／対比を意識してassetとhandicapを訳せたか**」を確認してみてください。

ここが 思考力 ▶ **この後の展開まで予想しよう**

　対比whileから「assetの意味を予想する」という思考系の要素が含まれていました。和訳問題としてはこれで完璧ですが，文章の構成を知る上でもよい素材なので，さらに考えていきましょう。

　13行目のFor many years「長年」に注目できると，「この後で内容がひっくり返る」ことまで予想できます。「長年〜だった」→「現在は違う」という過去と現在の対比です（**Rule 24** ▶ p.77）。さらにit was assumed that 〜も「話の展開が変わる目印」で，「〜と考えられていた」→「実際は違う」という流れが予想できます。こういった表現に注目できるようになると，長文の読み方が変わっていきます（次のルール参照）。

>>> *Rule 35* 読解 長文単語・語句をマスターする！（assume）

□ **assume「思う／引き受ける／（態度・性質を）とる，ふりをする」**
　assumeは本来「取り入れる」で，そこから「考えを取り入れる」→「思う」，「責任を取り入れる」→「引き受ける」，「態度を取り入れる」→「態度をとる」となりました。
　また，長文では単に「思う」ではなく，**「（証拠なしに）思い込む」という**
イメージが大事です。「最初は〜と思い込んでいた」→「しかし，実際は違う」のように，assumeが使われた後で話の展開がひっくり返ることがよくあるからです。**名詞形assumption**も同じく**「思い込み，（証拠なしに）当然**
だと思うこと」を表し，後で内容がひっくり返ることが多いです。

　今回の英文では，「昔からの思い込み（バイリンガル能力は子どもに不利)」→「実際はそうではない（バイリンガル能力は子どもにも有益）」といった展開が予想できるのです。

問4 難易度 ★★★

　下線部のある文は，文頭で〈this + 名詞〉（This negative view of bilingualism）を使って，前の内容（バイリンガル能力は教育制度において子どもに不利）をまとめています（*Rule 4* ▶ p.44)。動詞はwas questioned「疑問視された」です。questionは長文で重要な働きをする単語です。

>>> *Rule 35* 読解 長文単語・語句をマスターする！（question）

□ **question「質問／質問する，疑問／疑問に思う，疑う」**
　長文ではquestionに反応するようにしてください。「疑問（に思う)」という意味で使われることがよくあり，**「一般論や従来の考えを疑う」→「新しい**
内容（主張)」という流れになることが多いです。

　つまり，この後では「バイリンガル能力は子どもに不利じゃない」という内容が続くはずだと予想できます（問3の「ここが思考力」で解説した通りの流れです)。**study**は**「研究（する)」**の意味があり，その研究の結果が問われています（studyは実験・研究系の英文で多用されるので，*Rule 36* ▶ p.184でまとめてあります)。

● to *one's* surprise に反応する

　最終段落の2文目は「研究内容，対象」，3文目は「研究者の予想」，そして4文目で「研究結果」が書かれているので，4文目（24行目）を該当箇所だと判断します。文頭の **To their surprise**「（彼らが）驚いたことに」にも反応できるようにしてください（***Rule 45*** ▶ p.33）。この後ろには当然「驚いた内容」→「重要情報」がくるはずです。今回はhoweverで重要情報がくることがわかってしまいますが，howeverが使われないときに，surpriseに反応できることが大切です。

● 〈out + 動詞〉をチェック

　動詞outperformには語句注がついて「優れている」と書かれていますが，とても大事な単語です。〈out + 動詞〉という形に注目してください。

≫≫≫ *Rule 76* 構文 〈S out + 動詞 O〉はS＞Oの関係になる！

> **基本形**：out + 動詞 「〜よりも，もっと 動詞 だ」
> **具体例**：outgrow「〜より成長する」／outlive「〜より長生きする」／
> 　　　　　outweigh「〜より重要である」
> **イメージ**：〈S out + 動詞 O〉はS＞Oの関係になる
> ※このイメージを持っていれば，out-で始まる知らない動詞を見たときも，大体の意味がとれてしまいます。

　outperform も 〈out + 動詞〉の形なので, bilingual children outperformed their monolingual peers は「バイリンガル＞モノリンガル」という関係だとわかります。語句中にある「優れている」という訳語とも一致しますね。ちなみに，perform は本来「完全に行う」で（per は perfect），「行う，成し遂げる」という意味で使われます。outperform で「〜よりも，もっとうまく行う」→「〜より優れている」です。

● その他（virtually／including／文末オウム返し）

　virtually「事実上，ほとんど，ほぼ」という重要単語です（形容詞 virtual から「バーチャルの，仮想の」というイメージばかりが先行してしまいますが，「事実上の」という意味も重要です）。on virtually all of the tests で「ほとんどすべてのテストにおいて」となります。

　including 〜 は「〜を含めて」です。ここは具体例なので解答に含めなくてもOKですが，**「記述は書いておいたほうが無難（*Rule 61* ▶ p.116）」**なので，訳せるなら解答に含めておいたほうが安心です。

　「どのような結果が得られたか」と問われているので，解答は「〜の結果」とまとめます。「〜のテストにおいて，バイリンガルの子どもたちは…より優れていた

という結果」とすればOKです。

> ここが **思考力** ▶ **あらかじめ話の展開を予測しておく**
>
> 　今回の問題は，単に下線部の後ろを読んで「研究結果」を探して解く受験生がほとんどですが，本書で解説した **for many years／assume／this＋名詞／question** に注目することで，研究結果を探す前に「どんな研究結果か？」を予測できるのです。これにより，該当箇所を速く・確実に見つけられるようになります。
>
> 　また，発展事項ですが，今回の答案に「研究者の予想（第3段落3文目）」を入れて「〜と予想していたが，実際には…だったという結果」とすると，完璧な答案になります（ここまでできる受験生はいないでしょうが，参考までに）。
>
> 　具体的には，解答を「研究者は，非言語的知能の測定では，モノリンガルとバイリンガルは同程度だが，言語を使う測定ではバイリンガルのほうが得点が低い結果が出るだろうと予測したにもかかわらず」と始めるわけです。

Lesson 10

文構造の分析

1 ¹ ⟨As the world becomes more interconnected⟩, it is increasingly apparent
　　S′　　　　V′　　　　　　C′　　　　仮S　V　　　　　　　C

> 変化を表す表現 →「比例」のas

> 否定語による倒置

⟨that bilingualism is the rule and not the exception⟩. ² Not only do some
　真S　　　S′　　　V′　　C′
countries support bilingual populations (because of cultural and linguistic
　　S　　　V　　　　　O
diversity [within its citizenry]), but also increased global mobility has enlarged
　　　　　　　　　　　　　　　　　　　　　　　　　　　S　　　　　　　V
the number of people [who have become bilingual] (at all levels of society).
　　　　　O

> 研究 report の形

³ (For example), a recent survey of language use in the United States reported
　　　　　　　　　　　　　　　S　　　　　　　　　　　　　　　　　V
⟨that approximately 20% of the population spoke a non-English language (at
　O　　　　　　　　　S′　　　　　　　V′　　　　　O′
home), a proportion [that has increased by 140% since 1980]⟩. ⁴ These numbers
　　　　　　　　　　　　　　　　　　　　　　　　　　　　　　　　S

> approximately 20% of the population の同格

> 固有名詞 → 具体例

are higher ⟨when considering world figures⟩: ⁵ David Crystal estimates ⟨{that}
V　　C　　　　　　　　　　　　　　　　　　　　　　　S　　　　V　　　O
bilingualism [that includes English and another language] represents about 235
　　S′　　　　　　　　　　　　　　　　　　　　　　　　　　V′　　　O′

> イコール表現

> イコール表現

million people worldwide⟩ and ⟨that two thirds of the children [in the world]
　　　　　　　　　　　　　　　　　O　　　　　　　S′
are raised (in bilingual environments)⟩.
V′

訳 ¹世界が相互の結びつきを強めるにつれて，バイリンガル能力がむしろ当たり前
のものである[直訳：当たり前のもので例外ではない]ということがますます明白
になっている。²国民の中に文化および言語の多様性があるという理由でバイリ
ンガルの人々を支えている国があるだけでなく，世界中を移動しやすくなったこ
とにより，あらゆる社会水準において，バイリンガルになった人の数が増加して
きてもいる。³たとえば，アメリカ合衆国における言語使用の最近の調査による
と，人口の約20％が，家では英語以外の言語を話しており，この割合は1980年
から140％増加したということだ。⁴世界全体の数字はもっと高いものである。
⁵デイビッド・クリスタルは，英語ともう1つの言語という2か国語を使う人は世
界中で約2億3500万人に相当し，世界の子どもの3分の2はバイリンガル環境で

育っていると推定している。

語句 ¹interconnected 形 互いにつながった，関連している／apparent 形 明らかな／rule 名 当たり前のこと／exception 名 例外／²bilingual 形 2か国語が使える／citizenry 名 国民／mobility 名 移動性／enlarge 動 拡大する，増大させる／level of society 社会水準／³survey 名 調査／approximately 副 およそ（＝about）／proportion 名 割合／⁴figure 名 （通例figuresで）数値／⁵estimate 動 推定する／represent 動 相当する／raise 動 育てる

文法・構文 ¹文頭Asは，becomes／more／increasinglyなど「変化を表す表現」があるので，「比例（～するにつれて）」の意味だと予想できます。²not onlyという「否定の副詞句」が文頭に置かれたため，その後ろの文は「疑問文の語順」に倒置されています。またandは形容詞2つ（cultural／linguistic）を結び，どちらも名詞diversityにかかっています。³a proportion that ～ はapproximately 20% of the populationの同格で，この人口比に補足説明を加えています。また，ここでのbyは「差（～の分だけ）」を表し，「140％分増加」ということです。【参考（完全に受験レベルを超えている内容なのでスルーしてOK）】最後のa proportion that has increased by 140% since 1980が，reported that ～ のthat節に含まれるか，含まれないかは，どちらにも判断できます。とりあえずここでは（受験生にとって簡単なので）最後まで含めた形で構文をとっています。もしat homeで終わっていると考えると，「調査で報告された内容が"約20％の人が～"」のみで，その後の同格a proportion以降は筆者による補足説明と考えられます。⁴when以下は，分詞構文considering ～ の前に接続詞whenが残った形です。⁵固有名詞David Crystalに注目すると，この文は「具体例」だと判断できます。「世界全体でのバイリンガルの人々の割合が高い」ということを具体的に説明しています。

⟨this +名詞⟩ → まとめ表現

2 ⁶(Recently), evidence [indicating ⟨that this common experience has a systematic and significant impact (on cognitive functioning)⟩] has accumulated.

過去を表す表現／assume → 対比を予想

⁷(For many years) it was assumed ⟨that ⟨while bilingualism might be an asset (for adults) — in terms of culture, travel, and trade, for example —⟩ it was a handicap (for children) (in the educational system)⟩. ⁸The idea was ⟨that learning (in two languages) imposed an additional burden (on schoolchildren [who must learn two vocabularies, two sets of grammar, and probably two sets of cultural habits and expectations])⟩.

訳 ⁶最近，このありふれた経験が認知機能に体系的および重大な影響を及ぼすことを示す証拠が集まってきた。⁷長年，バイリンガル能力は，たとえば文化，旅行，貿易の観点で大人にとって役立つものであるかもしれない一方で，教育制度においては子どもにとって不利なものであると考えられていた。⁸それは，2言語での学習は，2言語分の語彙，2言語分の文法体系，そしておそらく2か国分の文化的習慣や期待される行動を習得することを生徒に求め，余計な負担を課しているという考えだった。

語句 ⁶evidence 名 証拠／indicate 動 示す／common 形 普通の，ありふれた／systematic 形 体系的な／cognitive 形 認知の／functioning 名 機能／accumulate 動 蓄積する／⁷assume 動 想定する，思い込む／asset 名 有利なもの／handicap 名 不利な条件／⁸impose A on B A を B に課す／additional 形 追加の，余計な／burden 名 重荷／vocabulary 名 語彙／grammar 名 文法／expectation 名 期待

文法・構文 ⁶〈this + 名詞 〉は「まとめ表現」の目印です。ここまでの内容を common experience「ありふれた経験」とまとめた上で，次の話へ展開しています。indicating 〜 functioning は分詞のカタマリで，名詞 evidence を修飾しています。⁸「2言語学習による負担」の「具体例」が two 〜／two sets of 〜／two sets of 〜と羅列されています。

〈This + 名詞 〉→ まとめ表現　　　　思い込みを否定

3 ⁹This negative view of bilingualism was (at least) questioned (by the results of a study [by Peal and Lambert]). ¹⁰They gave a battery of intelligence tests (to French-speaking children in Montreal [who were also fluent English speakers]).

¹¹They expected to find 〈that monolingual and bilingual children would be equivalent (on measures of nonverbal intelligence)〉 but 〈that bilinguals would obtain lower scores (on verbal measures)〉. ¹²(To their surprise), however, bilingual children outperformed their monolingual peers (on virtually all of the tests), [including tests of nonverbal intelligence].

訳 ⁹バイリンガル能力に対するこの否定的な捉え方は，ピールとランバートによる研究の結果によって少なくとも疑問視されることになった。¹⁰彼らは，フランス語を第一言語としており，英語も流暢に話すモントリオールの子どもたちに対して，一連の知能テストを行った。¹¹彼らは，非言語的知能の測定ではモノリンガルの子どもたちもバイリンガルの子どもたちも同程度だが，言語を使う測定では

バイリンガルのほうが得点が低いという結果が出るだろうと見込んでいた。**¹²**しかし，驚いたことに，非言語的知能のテストを含むほとんどすべてのテストにおいて，バイリンガルの子どもたちはモノリンガルの同級生よりも優れていたのであった。

語句 **⁹**question 動 疑問視する（※「疑問」という名詞の意味が有名ですが，今回のように「疑問視する」という動詞の意味が重要です）／**¹⁰**a battery of 〜 一連の〜／fluent 形 流暢な／**¹¹**monolingual 形 1か国語を使用する／equivalent 形 同等である／measure 名 測定／nonverbal 形 言葉によらない，非言語の／obtain 動 得る／**¹²**to one's surprise 人が驚いたことに／outperform 動 上回る，しのぐ／peer 名 同等の人，同輩／virtually 副 実質的には，ほとんど／including 〜 前 〜を含めて

文法・構文 **⁹**〈This +│名詞│〉は「まとめ表現」の目印です。ここまでの内容がわからなくても，negative view of bilingualism「バイリンガル能力に対する否定的な捉え方」という内容だと判断できます。**¹¹**but は that のカタマリ2つ（that monolingual and bilingual children 〜 intelligence／that bilinguals 〜 measures）を結び，この2つの that 節が find の共通の O になっています。

As the world becomes more interconnected, // it is increasingly apparent that bilingualism is the rule / and not the exception. // Not only do some countries support bilingual populations / because of cultural and linguistic diversity within its citizenry, // but also increased global mobility has enlarged the number of people who have become bilingual / at all levels of society. // For example, // a recent survey of language use in the United States / reported that approximately 20% of the population spoke a non-English language at home, // a proportion that has increased by 140% since 1980. // These numbers are higher when considering world figures: // David Crystal estimates bilingualism that includes English and another language / represents about 235 million people worldwide / and that two thirds of the children in the world are raised in bilingual environments. //

Recently, // evidence indicating that this common experience / has a systematic and significant impact on cognitive functioning / has accumulated. // For many years / it was assumed that while bilingualism might be an asset for adults // — in terms of culture, // travel, // and trade, // for example // — it was a handicap for children in the educational system. // The idea was that learning in two languages imposed an additional burden on schoolchildren // who must learn two vocabularies, // two sets of grammar, // and probably two sets of cultural habits and expectations. //

This negative view of bilingualism / was at least questioned by the results of a study by Peal and Lambert. // They gave a battery of intelligence tests / to French-speaking children in Montreal / who were also fluent English speakers. // They expected to find that monolingual and bilingual children would be equivalent / on measures of nonverbal intelligence // but that bilinguals would obtain lower scores on verbal measures. // To their surprise, // however, // bilingual children outperformed their monolingual peers / on virtually all of the tests, // including tests of nonverbal intelligence. //

日本語訳

　世界が相互の結びつきを強めるにつれて，//バイリンガル能力が当たり前のものということがますます明白になっている/例外ではない。//バイリンガルの人々を支えている国があるだけでなく/国民の中に文化および言語の多様性があるという理由で，//世界中を移動しやすくなったことにより，バイリンガルになった人の数が増加してきてもいる/あらゆる社会水準において。//たとえば，//アメリカ合衆国における言語使用の最近の調査によると，/人口の約20％が，家では英語以外の言語を話しており，//この割合は1980年から140％増加している。//世界全体の数字はもっと高いものである。//デイビッド・クリスタルは，英語ともう1つの言語という2か国語を使う人は～を推定している/世界中で約2億3500万人に相当し，/世界の子どもの3分の2はバイリンガル環境で育っていることを。//

　最近，//このありふれた経験を示す証拠が/認知機能に体系的および重大な影響を及ぼす/集まってきた。//長年，/バイリンガル能力は，大人にとって役立つものであるかもしれない一方で…と考えられていた/文化の観点で/旅行/貿易/たとえば//教育制度においては子どもにとって不利なものである。//それは，2言語での学習は，生徒に余計な負担を課しているという考えだった/生徒は2言語分の語彙を習得しなければならない，//2言語分の文法体系，//そしておそらく2か国分の文化的習慣や期待される行動。//

　バイリンガル能力に対するこの否定的な捉え方は，/ピールとランバートによる研究の結果によって少なくとも疑問視されることになった。//彼らは一連の知能テストを行った/フランス語を第一言語とするモントリオールの子どもたちに対して/英語も流暢に話す。//彼らは，モノリンガルの子どもたちもバイリンガルの子どもたちも同程度だろうという結果が出ると見込んでいた/非言語的知能の測定では//だが，言語を使う測定ではバイリンガルのほうが得点が低いだろう。//驚いたことに，//しかし，//バイリンガルの子どもたちはモノリンガルの同級生よりも優れていたのであった/ほとんどすべてのテストにおいて，//非言語的知能のテストを含む。//

Lesson 11　解答・解説

▶問題 別冊 p.45

このLessonで出てくるルール

Rule 41 解法　まずは「形」から考える！⇒ 問2
Rule 73 構文　「任意倒置」のパターン ⇒ 問4
Rule 1 読解　消えたbutに気づいて「主張」を発見する！⇒ 問4
Rule 36 読解　「実験・研究」系での頻出表現をマスターする！⇒ 問5

解答

問1 (1) ④　　(2) ②　　(3) ③　　(4) ②　　(5) ②　　(6) ②
問2 a ア　　b ウ　　c イ
問3 2000年に低所得世帯で生まれた約1万700人の子ども
問4 (1) ×　　(2) ×　　(3) ○　　(4) ○　　(5) ○　　(6) ○　　問5 ③

問1 (1) 難易度 ★★★

colleagueは「一緒に（co）集まり（league）を作る人」→「**同僚**」です（league は野球の「セ・リーグ」などで日本語でも使われています）。これに近いのは, ④ associate「同僚」です。動詞associateは, associate *A* with *B*「AとBを結びつける」が有名ですが,「結びつきがある人」→「同僚, 友人」と考えるといいでしょう。

英語圏の人は年齢の上下・肩書を気にしない傾向があり, colleague／coworker／associate「同僚」は日本人のイメージよりはるかによく使われます。

選択肢の訳

(1) 同僚
① 大学　※colleagueとcollegeは見間違いやすいので注意。　② 親戚　③ 教授
④ 同僚

(2) 難易度 ★★☆

conductは「行う」で, **conduct a study**「研究［調査］を行う」は超頻出フレーズです。今回はan older study（by ~）conducted ~ で, 過去分詞になってstudyを修飾しています。正解は② carried outで,「会議室の外へ（out）運ぶ

（carry）」→「**実行する**」と考えればOKです。どちらも「実験・研究」系の英文では欠かせない表現です。

選択肢の訳

（2）実施された
① 〜に焦点を合わせた　　② **実施された**　　③ 〜と協力した
④ 〜に専念した，〜をテーマにした

（3）難易度 ★★☆

　assessは「**評価する**」で，名詞形**assessment**「評価」は「環境<u>アセスメント</u>（環境の影響を<u>評価</u>するもの）」で使われています。正解は③ evaluateで，「価値（value）をつける」→「**評価する**」となりました。実験・研究の評価で使われるわけです。

選択肢の訳

（3）評価する
① 課税する　　② アクセスする，近づく，利用する　　③ **評価する**　　④ 批判する

（4）難易度 ★★☆

　harsh「（態度・言動が）厳しい」は難しい単語です（東大の和訳問題で出たときに知らなかった東大受験者が多かった単語です）。今回は下線部の前後から考えてみましょう。they tend to be easily <u>annoyed</u>, (4) <u>harsh</u>, and <u>less patient</u>のように，andでannoyed／harsh／less patientが結ばれています。**前後がマイナスの感情**（annoyed「イライラした」，less patient「我慢強くない」）なので，この流れに合う，② unpleasant「不愉快な，感じの悪い」を選べばOKです。pleasant「人を楽しませる（please）ような」→「楽しい，感じのよい」に否定のunがついたのが<u>unpleasant</u>です。

選択肢の訳

（4）（態度・言動が）厳しい，不快な
① 前向きな　　② **感じの悪い**　　③ 優しい　　④ 必死の

（5）難易度 ★★☆

　consequenceは「一緒に（con）後ろに続く（sequence）」→「**影響，結果**」で，今回はhave serious consequences for 〜「〜に深刻な影響を与える」の形で

す。正解は②impacts onです（impactについては***Rule 36*** ▶ p.187）。

　実験・研究では「何かしらの影響・結果」が大事ですから，当然「影響，結果」といった表現は頻出ですし，意味も重要です。特に今回のconsequenceなどは大半の受験生が見落としているので，しっかりチェックしておきましょう（語彙問題でよく狙われます）。

選択肢の訳

(5) 〜への影響

①〜の違い　　**②〜への影響**　　③〜にとっての成功　　④〜に対する罰

(6) 難易度 ★★☆

effect「結果，効果，影響」の形容詞形がeffective「効果的な」で，同じくinfluence「影響」の形容詞形が，②influential「影響がある，効力のある」です。

選択肢の訳

(6) 効果的な

① 愛情のこもった　　**② 影響がある，効力のある**　　③ おおまかな　　④ 歓迎する

問2 難易度 ★★★

　文を入れる問題ですが，こういうときでさえ「まずは形から」という鉄則があります。

≫≫ ***Rule 41*** 解法 まずは「形」から考える！

　空所に語句や文を入れる問題では，多くの受験生が「適切な訳，自然な意味になるもの」を最初に考えてしまいますが，それだと「訳すのに時間がかかる」「知らない単語がある→訳せない→解けない」ことになってしまいます。

　英語は「形」が大事な言語です。「形」には「品詞・語順・文型・語法」などがありますが，まずは「品詞」を考えることが大事です。出題者も「普段から品詞を意識して読んでいますか？」と言わんばかりに，品詞の問題を出してきます。英文に空所があった場合，必ずどんな品詞が入るかを考える習慣をつけましょう。

　今回は単純な空所補充（単語を入れる問題）ではないのですが，鉄則は変わりません。**まずは形から考えて選択肢を絞り，その後に意味を考える**のが効率的で確実です。

【空所（　a　）】

　この英文が空所の前で完成していることに注目してください。affectの目的語が2つ（reading scoresとhow the children approached learning）です。このことから，文の形に影響を与えないものが入る（たとえば副詞やand SVなど）とわかります。この時点で，選択肢の**イ**はアウトです（howのカタマリで名詞節になるため）。**ア**と**ウ**を比較して文脈でも解けますが，一旦保留しましょう（こういった問題では最初が難しく，保留するのが得策なことが頻繁にあります）。

【空所（　b　）】

　空所の前で文が完成しています（They can also be careless or unhappyはSVCになる）ので，やはり**イ**は消えます。次に文脈を考えると，前の文から，they tend to be easily annoyed, harsh, and less patient with their children. They can also be careless or unhappyという流れで，マイナス表現続きの**ウ** and easily annoyed, careless, and unhappy parents engage less with their childrenが適切だとわかります。よって，先ほど保留にした空所aには**ア**が入ると判断します。

【空所（　c　）】

　the strength of the new study is in showing 〜「その新しい研究の強みは〜を示していることにある」という意味で，in showing（　c　）の形から，空所にはshowの目的語（名詞のカタマリ）が入るので，**イ** how hunger as a baby and in early childhood can result in slight but significant differences in learning abilities later in childhoodだと即答できるのです。

選択肢の訳

ア しかし，総合的な影響は，もっと幼い時点での食料不足に比べると弱かった

イ 乳児期および早期幼児期の飢えがどのようにして，その後の幼児期における学習能力に，わずかではあるが重大な差をもたらし得るのか

ウ そして，イライラしやすく，いいかげんで，浮かない気持ちの親はあまり子どもに向き合わない

問3　難易度 ★★★

　these childrenは〈**this**［**these**］＋**名詞**〉の形なので，「**前の内容をまとめている**」と考えます（**_Rule 4_** ▶ p.44）。この前からchildrenに関する内容を探すと，直前にabout 10,700 children born in low-income households in 2000「2000年に低所得世帯で生まれた約1万700人の子ども」が見つかります（過去分詞born 〜が後ろから修飾）。ここをきっちり訳します。

ちなみに, these children の説明なので, 文末オウム返し (**Rule 61** ▶ p.117) で「〜の子ども (たち)」とまとめるわけですが, 今回はそのまま訳すだけでその形になります。

問4 難易度 ★★☆

　(1)〜(6) を順番に見てみましょう。

(1) 食料が十分にある家庭で生まれた子どもは全員, 幼稚園でよい成績を収めた。

　→ 単に「貧しい (食料が十分になかった) 子どもは成績が低くなりやすい」とあるだけで,「食料が十分にある子どもがよい成績を収めた」とは書かれていません。この内容が推測できたとしても, All は言い過ぎです (「過剰」選択肢のパターンですね。**Rule 46** ▶ p.124)。

(2) 人生の初期の段階で食料不安を経験した子どものほうが, 幼稚園に入園する時点で, 学習レディネス (進んで学習しようとする姿勢) がより備わっている。

　→ 全体が「食料不安を経験した子どもには悪影響がある」という内容で, 8行目に The new study, 〜, suggests that such early experiences of hunger in the family are likely to make those children less ready for kindergarten than .... 「〜新しい研究論文によると, 家庭におけるそのような幼少期の飢えの経験により, その子どもたちは, …よりも, 幼稚園への準備が整わなくなる可能性があると示唆している」, 63行目に He also says that it makes clear "the effects that food insecurity can have on a child's readiness to learn, 〜." 「彼はまた, その研究によって,『〜子どもの学習レディネスに食料不安が及ぼし得る影響』も明らかにされていると言う」とあります。選択肢とは比較関係が逆です。

　ちなみに, 63行目は本来 make OC「OをCにする」の形で, make "the effects 〜" clear「〜の影響を明らかにする」でしたが, 今回はO部分 ("the effects 〜") が長いので, make clear "the effects 〜"(make CO) という語順になっています。**SVOCの任意倒置 "SVCO"** のパターンです。

≫≫ *Rule 73* 構文 「任意倒置」のパターン

　英語を勉強していると, 文法・読解問わず「倒置」という言葉が頻繁に使われるのですが, 一口に「倒置」といっても, 大きく分けて2種類の倒置があります。

- 任意倒置：**文型によってパターンが決まっている**
- 強制倒置：**文頭に否定語がきたら倒置**（疑問文の語順に）

「強制倒置」は文法の問題集に必ず載っていますが、「任意倒置」は文法で出題されることが少ないので、きちんと説明されることがあまりありません。「任意倒置」はカードをシャッフルするイメージ（英単語の順番が入れ替わるだけ）で、文型ごとにパターンが決まっています。

任意倒置：文型ごとのパターン

	元の文		倒置の文	
第1文型	**SVM**	→	**MVS**	※M(場所・方向を示す副詞(句))が前に出て、SVが入れ替わる
第2文型	**SVC**	→	**CVS**	※S＝Cの左右が入れ替わるだけ
第3文型	**SVO**	→	**OSV**	※Oが文頭に出るだけ
第4文型	**SVO₁O₂**	→	**O₂SVO₁**	※O₂が文頭に出るだけ
第5文型	**SVOC**	↗	**OSVC**	※Oが文頭に出るだけ
		↘	**SVCO**	※O＝Cの左右が入れ替わるだけ

訳すときは「元の形に戻して訳す」でも「英文と同じ語順で訳す」でも、どちらでもOKです（きちんと構文を理解できていることをアピールできそうなほうを優先してください）。

(3) アンナ・ジョンソンの研究には、食料不安、栄養バランス、食料不足に関する質問が含まれている。

→ 20行目 Johnson says researchers asked parents a range of questions that ～, like ... とあります。like は「具体例」の目印で、この後に具体的な質問がきます。本文 did you worry your food would run out before you could buy more?「食料を買い足すことができる前に食料が尽きてしまうという心配をしましたか？」が選択肢の food insecurity「食料不安」に、could you afford to eat balanced meals?「栄養バランスのよい食事をとるだけの金銭的余裕がありましたか？」が nutritional balance「栄養バランス」に、were you ever hungry because there wasn't enough food?「食料不足が理由で空腹を感じたことはありましたか？」が food shortages「食料不足」に対応するので、選択肢の内容と合致します。

(4) 飢えを経験することによる影響は、人生の初期段階でのほうが強大である。

→ 35行目に Moreover, the younger the children were when the family struggled with hunger, the stronger the effect on their performance once they started school.「さらに、家庭が飢えに苦しんでいたときの子どもの年齢が幼ければ幼いほど、学校に通い始めてから彼らの成績が受ける影響が強かった」とあります（**The 比較級 S´V´, the 比較級 SV.「S´V´すればするほどSVだ」**の形）。

選択肢の内容と合致します。

（5）子どもの脳の成長は，その親の飢えに影響を受ける。

　→ 50行目にThey could also be an indirect result of parents being hungry, which also affects a child's development, says Johnson.「それらは，親が空腹であるとの間接的な結果である可能性もあり，それが子どもの成長にも影響を与えるのだとジョンソンは言う」とあり，選択肢の内容と合致します。この文は「主張」になっていますが，ここでbutは使われていません。このような「消えたbut」に気づくポイントは，実は**直前の**「**否定文**」にあります。

≫≫ *Rule 1* 　読解　消えたbutに気づいて「主張」を発見する！

　主張を伝えるとき，not *A* but *B*「AでなくBだ」の形が基本なので，「butの後には主張がくる」と言われがちです。しかし実際にはこの形がそのまま使われるとは限りません。実際には，not *A* で文が切られ，（文が切れた以上は直後にある接続詞butは不要になるので）not *A*. {B̶u̶t̶} *B*. という形がよく使われます。それゆえ，notを見たら，その後に肯定文がくることが多いわけです。その肯定文の前にButを補って意味が通れば，その肯定文は主張なのです。

消えたbutを見つけ出す
● **基本**
not 　*A*　 but 　*B*　 　　　*A* は一般論，*B* は主張
● **Butが消滅する**
not 　*A*　. B̶u̶t̶ 　*B*　. 　（Aの後にピリオドがあれば，接続詞Butは不要）
● **Butのバリエーション**（消えるだけでなく，But以外の単語が使われることも多い）
not 　*A*　.
　　Instead, 　*B*　.「Aではない。（Aではなくて）その代わりにBだ」
　　Indeed, 　*B*　.「Aではない。（Aではなくて）実際はBだ」
　　In fact, 　*B*　.「Aではない。（Aではなくて）実際はBだ」
　　Rather, 　*B*　.「Aではない。（Aではなくて）むしろBだ」
※ not only *A* but also *B*「AだけでなくBも」でもbutが消えることがよくあります。

　直前の文にHowever, these effects aren't necessarily because the children themselves went hungry.「しかし，こういった影響が生じるのは，必ずしも子ども自身が飢えを経験したことが要因とは限らない」とありますね。今回はnot only *A*, but also *B*「AだけでなくBも」のバリエーションで，**not necessarily *A*. {But}They could also be *B*.**「必ずしもAというわけではない。Bの可能性

もある」の形になっているのです（**not necessarily ～ は部分否定**）。この消えたbutに気づくことで，「原因は子ども自身の飢えとは限らず，親の飢えかも」という主張をつかみ，選択肢の内容が正しいと確実に判断することができます。

（6）クックによると，ジョンソンの研究結果は，子どもの成長を支えるための政府による食料援助政策の重要性を証明しているということだ。

→ 66行目に The findings further show the importance of government food assistance programs, says Cook.「この研究結果はさらに，政府による食料支援政策の重要性を示しているとクックは言う」とあり，選択肢の内容と合致します。本文の The findings「その研究結果」＝「Johnsonの研究結果」で，さらに本文 show→選択肢 prove に言い換えられています。〈研究 show {that} S´ V´〉のパターンで，**show は prove に言い換え可能**でしたね（*Rule 37* ▶ p.161）。

（1）～（6）の訳

（1）食料が十分にある家庭で生まれた子どもは全員，幼稚園でよい成績を収めた。
（2）人生の初期の段階で食料不安を経験した子どものほうが，幼稚園に入園する時点で，学習レディネス（進んで学習しようとする姿勢）がより備わっている。
（3）アンナ・ジョンソンの研究には，食料不安，栄養バランス，食料不足に関する質問が含まれている。
（4）飢えを経験することによる影響は，人生の初期段階でのほうが強大である。
（5）子どもの脳の成長は，その親の飢えに影響を受ける。
（6）クックによると，ジョンソンの研究結果は，子どもの成長を支えるための政府による食料援助政策の重要性を証明しているということだ。

問5 難易度 ★★☆

全体の話は一貫して「幼少期の飢えは子どもに悪影響」という内容なので，③が適切です。ちなみに fall behind は直訳「～の後ろに（behind）落ちる（fall）」→「後れをとる」という熟語で，本文でも 12行目に使われています。

選択肢の訳

① 貧しい地域社会で育った子どもは，親になったときに苦労する。
→ 後半の when they become parents「親になったとき」がアウトです。ちなみに，前半の raise は「育てる」という意味です。本来「上げる」で，そこから「親が子どもの年齢を上げる」→「育てる」，「集めたお金を積み上げる」→「お金を集める」という意味が生まれました。この選択肢のように，受動態で be raised「育つ」と使われることが多いです（p.164にも出てきましたね）。
② 学校で落第した子どもには，仕事をよく理解している親が必要だ。

③ 人生の最初の数年間で飢えを経験した子どもは，同級生に後れを取る。

④ 親が裕福な子どもは，幼少期の食料の重要性を知っているかもしれない。

→ ②，④のどちらも本文で言及されていません。

>>> *Rule 36* 読解 「実験・研究」系での頻出表現をマスターする！

手順・説明など1

☐ classify, divide　　分類する，分ける

☐ group　　グループ化する

☐ analyze　　分析する

☐ analysis　　分析

☐ represent　　表す，代表する

☐ refer to ～　　～を表す

☐ describe, illustrate　　説明する　※「イラスト」は本文を説明する絵のこと。

☐ show, display, reveal　示す

☐ estimate　　推定する

☐ see if ～　　～かどうか確かめる　※ifは名詞節「～かどうか」。

☐ find out if ～　　～かどうか確かめる，解明する

☐ calculate　　計算する

☐ measure　　測る　※「メジャー（巻尺）」は「測るもの」。

☐ weigh　　重さを量る，～の重さがある

　　　　　　　　※名詞形はweight（品詞の区別も重要）。

☐ account for ～　　～を説明する，～を占める

☐ make up ～　　～を占める

　　例：In 2012, China made up about one-fifth of the smartphone market.
　　　　2012年は，中国がスマートフォン市場の約5分の1を占めた。

☐ lead ～　　～の中で一番である　※「～を引っ張る」→「～の中で一番」。

☐ apply *A* to *B*　　AをBに適用する

☐ This is true in ～　　これは～において当てはまる

☐ *A* is followed by *B*　　Aの次にBがくる

手順・説明など2

☐ aim, purpose, goal　　目的　※goal「最後にあるゴール」→「目的」

☐ aim to ～　　～するのを目指す

☐ research, study　　研究，調査

☐ survey　　調査

☐ conduct a survey on ～　　～に関する調査を行う　※onは「意識の接触（～について）」。

☐ carry out a study　　調査を行う

☐ previous research　　先行研究

- [ ] researcher 　　　　　　　研究者
- [ ] colleague, coworker, associate 同僚
- [ ] leader 　　　　　　　　　指導者
- [ ] participant 　　　　　　　参加者
- [ ] statistics 　　　　　　　　統計
- [ ] investigate, examine 　調査する
- [ ] test 　　　　　　　　　　検査 (する), 試験 (する)
- [ ] assess, evaluate 　　　評価する
- [ ] identify 　　　　　　　　特定する, 発見する
- [ ] trial 　　　　　　　　　　試み, 試験
- [ ] instruction 　　　　　　　指示
- [ ] item 　　　　　　　　　　項目, 品物　※「アイテム」とは「ひとつひとつのモノ」。
- [ ] component 　　　　　　　要素
- [ ] category 　　　　　　　　区分
- [ ] unit 　　　　　　　　　　単位
- [ ] the former 　　　　　　　前者
- [ ] the latter 　　　　　　　後者
- [ ] means 　　　　　　　　　手段　※mean「意味する」, meaning「意味」とは別の語。
- [ ] term 　　　　　　　　　　期間, (専門)用語
- [ ] factor 　　　　　　　　　要因, 要素
- [ ] aspect 　　　　　　　　　側面
- [ ] ability {of *A*} to ～ 　{Aが}～する能力
- [ ] react to ～, respond to ～ ～に反応する
- [ ] tend to ～ 　　　　　　～する傾向がある, ～しがちである
- [ ] tendency to ～ 　　　　～する傾向
- [ ] *be* likely to ～ 　　　　～しそうだ, ～する可能性が高い
- [ ] range 　　　　　　　　　範囲
- [ ] a {wide} range of ～ 　幅広い～

手順・説明など3
- [ ] furthermore 　　　　　　さらに
- [ ] in the following way 　以下の方法で　※following「次の, 以下の」
- [ ] the above passage 　　上記の文　※above「上の」
- [ ] because of ～, due to ～ ～が原因で
- [ ] according to ～ 　　　　～によると
- [ ] based on ～ 　　　　　～に基づくと
- [ ] focus on ～ 　　　　　～に焦点を当てる
- [ ] *be* determined by ～ 　～によって決まる

- ☐ *be* influenced by 〜　　　〜に影響される
- ☐ *be* related with 〜　　　〜と関連している
- ☐ *be* relevant to 〜　　　〜と関連する
- ☐ correlation　　　　　　相関関係

手順・説明など4

- ☐ depending on chance　無作為に，でたらめに（＝ randomly / at random）
  - ※SV, depending on chance. の形で，分詞構文として使われる。
  - 例：The researchers selected them depending on chance.
    - 研究者たちはそれらを無作為に選んだ。
- ☐ regardless of age　　　年齢に関係なく
- ☐ multiple answers allowed　複数回答可
- ☐ as of 〜　　　　　　　　〜現在　例：as of June 2021　2021年6月現在
- ☐ in the ○-year period　○年（の期間）において　※period「期間」
- ☐ As S´V´, SV.　　　　　S´V´するにつれてSVだ。　※比例のas。
- ☐ It is said that 〜, S is said to 〜
  - 　　　　（Sは）〜と言われている
- ☐ It is thought [believed] that 〜, S is thought [believed] to 〜
  - 　　　　（Sは）〜と考えられている
- ☐ It seems that 〜, S seems to 〜
  - 　　　　（Sは）〜するようだ
- ☐ It is expected that 〜, S is expected to 〜
  - 　　　　（Sは）〜すると予期［期待］されている，（Sは）〜する見込みである

結果・データなど1

- ☐ result　　　　　　　　結果
- ☐ finding　　　　　　　発見，（通例 findings で）明らかになったこと，結論
- ☐ data　　　　　　　　　データ
- ☐ As the data indicates, 〜　データが示しているように，〜
- ☐ conclude　　　　　　　結論を下す
- ☐ average　　　　　　　平均
- ☐ amount　　　　　　　総計
- ☐ the amount of 〜　　　〜の量
- ☐ the number of 〜　　　〜の数
  - ※a number of 〜「いくつかの〜，たくさんの〜」と区別する。
- ☐ the rate of increase in the number of 〜　〜の数の増加率
- ☐ gap　　　　　　　　　差
- ☐ quality　　　　　　　質

186

☐ quantity	量	

結果・データなど2

☐ affect	影響を与える	
☐ effect	結果，効果，影響	
	※ have an effect on ～「～に影響を与える」	
☐ effective	効果的な	
☐ influence	影響，影響を与える	
	※ have an influence on ～「～に影響を与える」	
☐ influential	影響がある，効力のある	
☐ impact	影響，影響を与える	
	※ have an impact on ～「～に影響を与える」	
☐ consequence	(通例 consequences で) 影響，結果	
	※ have consequences for ～「～に影響を与える」	
☐ implication	暗示するもの，影響，結果	

結果・データなど3

☐ up to ～	(最大で) ～まで	
☐ among ～	～の中で	
☐ *A* out of *B*, *A* in *B*	B のうちの A	
例：one person out of five　5人のうち1人		
☐ except for ～	～を除いて	
☐ with the exception of ～	～を除いて　※直訳「～という例外を持って」	
☐ but ～	～を除いて (前置詞)	
☐ one but ～	～を除いてひとつ	
☐ estimated ～	推定の，見積もりの	
☐ *be* consistent with ～	～と一致する	
☐ in the long run	長期的に見ると	

変化・増減で使える副詞

☐ relatively	比較的に	
☐ relatively high [low]	比較的高い [低い]	
☐ increasingly	ますます	
☐ slightly	わずかに	
☐ steadily	絶え間なく	
☐ gradually	徐々に	
☐ rapidly	急速に	
☐ slowly	ゆっくり	

比較

- ☐ compare　　　　　　　　　　比較する
- ☐ *be* similar in ～　　　　　　　～が似ている　※直訳は「～において（in）似ている」。
- ☐ there is very little difference in ～　～にほとんど違いがない
- ☐ in that SV　　　　　　　　　SVという点において，SVだから　※両方の意味が重要。
- ☐ *be* similar in that SV　　　SVという点において似ている
- ☐ *be* equal to ～　　　　　　　～と同等である
- ☐ *be* proportional to ～　　　～に比例して
- ☐ second [third] -est　　　　　2番目 [3番目] に～な　※the second lowest「2番目に低い」
- ☐ in comparison with ～　　　～と比較すると
- ☐ compared to [with] ～　　　～と比較すると
- ☐ in contrast to ～　　　　　　～とは対照的に
- ☐ on the other hand　　　　　一方で　※副詞句
- ☐ while ～, whereas ～　　　～の一方で　※接続詞

文構造の分析

1 **¹**Growing up (in a hungry household (in the first couple of years of life)) can
<u>S</u>
hurt 〈how well a child performs (in school) (years later)〉, (according to a new
<u>V</u> <u>O</u> <u>S′</u> <u>V′</u>
study). **²**An estimated 13.1 million children live (in homes [without enough
<u>S</u> <u>V</u>
food]), (according to the most recent figures [from the U.S. Department of
Agriculture (USDA)]). **³**Many of those children experience hunger (during their
<u>S</u> <u>V</u> <u>O</u>
first few years of life), or their parents are hungry and stressed out (about food)
<u>S</u> <u>V</u> <u>C</u>
(during those years — the most important time [for a child's development]).

> those years の同格

> **訳** **¹**新しい研究によると，生後2～3年間を飢えた家庭で育つと，何年か後に子ども
> の学校の成績に悪影響が出る可能性があるということだ。**²**米国農務省（USDA）
> が出している最新の数値によると，推計1310万人の子どもが食料不足の家庭で
> 暮らしている。**³**こういった子どもの多くは，生後数年の間に飢えを経験する。あ
> るいは彼らの親が，子どもの成長にとって最も重要なタイミングであるその期間
> にお腹を空かせ，食料に関するストレスで参っている。

> **語句** **¹**grow up 育つ／household 名 家庭／hurt 動 害を与える，損なう／perform 動
> 行う，成績を上げる／according to ～ ～によると／**²**estimated 形 推定の／
> recent 形 最近の／figure 名 数字（※figureは本来「ハッキリした人影」で，そこから
> 「姿，人物」「(ハッキリした) 数字，図」という意味になりました）／U.S. Department of
> Agriculture (USDA) 米国農務省／**³**experience 動 経験する／be stressed out
> ストレスで参ってしまう／development 名 発達

> **文法・構文** **¹**Growing up ～ のカタマリを分詞構文と予想してしまっても，カタマリの
> 後ろに can hurt（V）が続いていることから，Growing up ～ のカタマリは動名詞
> の主語だったと予想を修正することができます。**³**—（ダッシュ）以下で，those
> years（＝their first few years of life）を具体的に説明しています。

2 **⁴**The new study, (published (in the latest issue of the journal *Child*
<u>S</u>
Development)), suggests 〈that such early experiences of hunger [in the family]
<u>V</u> <u>O</u> <u>S′</u>

> 研究 suggest ～ の形

> 〈such ＋ 名詞〉 → まとめ表現

are likely to make those children less ready (for kindergarten) than their
 　　　　　　V′　　　　　　　　　O′　　　　　　C′
classmates [who came from homes [with enough to eat]]〉. ⁵ It shows 〈that kids
　　　　　　　　　　　　　　　　　　　　　　　　　　　　　　S　V　　O　S′

研究 show ～ の形

[who experienced food insecurity (in their first five years of life)] are more
　　　　　　　　　　　　　　　　　　　　　　　　　　　　　　　　　　　V′

be likely to 原形 の構文反復

likely to fall behind (in social, emotional, and learning skills) (when they begin
　　　　　　　　　　　　　　　　　　　　　　　　　　　　　　　　　　(S)　　(V)
kindergarten)〉.
　　(O)

訳 ⁴『チャイルド・デベロップメント』誌の最新号で発表された新しい研究論文によ
ると，家庭におけるそのような幼少期の飢えの経験により，その子どもたちは，十
分な食料のある家庭に生まれた同級生よりも，幼稚園への準備が整わなくなる可
能性があると示唆している。⁵ そのことは，生後5年間で食料不安を経験した子ど
もは，幼稚園に入園すると，社会的技能，情緒的スキル，そして学習能力におい
て後れを取る可能性が高いことを示している。

語句 ⁴ latest issue 最新号／journal 图 雑誌／be likely to 原形 ～する可能性が高い／
kindergarten 图 幼稚園／⁵ insecurity 图 不確実，不安定さ／fall behind 後れを
取る

文法・構文 ⁴ published ～ は分詞構文で，S に説明を加えています。全体は 研究 suggest
～ の形で，次の文でも同じ形が使われています。また that 以下は 〈such＋名詞〉と
いうまとめ表現が使われていて，ここまでの内容を early experiences of hunger「幼
少期の飢えの経験」とまとめています。⁵ and は形容詞3つ（social／emotional／
learning）を結んでいて，いずれも skills を修飾しています。前文と同様に 研究
show ～の形と are likely to 原形 が使われており，どちらも「飢えを経験した子
どもが後れを取る」という内容を述べています。

Sの同格

3 ⁶ Anna Johnson, a psychologist and an author of the new study, says 〈that
　　　　　　　S　　　　　　　　　　　　　　　　　　　　　　　　　　V　　O
kids [who start kindergarten (delayed in their learning)] tend to stay behind and
S′　　　　　　　　　　　　　　　　　　　　　　　　　　　　　　　V′
never catch up〉. ⁷ Johnson and her colleague used data [from an older study by
　　　V′　　　　　　　　　S　　　　　　　　　　　　　V　　O
the U.S. Department of Education [conducted between 2000 and 2006]], [which
followed about 10,700 children [born in low-income households (in 2000)]]. ⁸ It
　　　　　　　　　　　　　　　　　　　　　　　　　　　　　　　　　　　　　　　S
asked the parents of these children (about various aspects of their lives,
　V　　　　O

190

[including the quantity and quality of food [in their households]]). ⁹ Johnson
S

says ⟨{that} researchers asked parents a range of questions [that are part of a
V   O   S′   V′   O′
standardized USDA measure for food security], [like "(In the last 12 months), did

you worry ⟨{that} your food would run out (before you could buy more)⟩? (In
S   V   O   S′   V′   (S) (V)   (O)
the last 12 months), could you afford to eat balanced meals? (In the last 12
S   V   O
months), were you (ever) hungry (because there wasn't enough food)?]" ¹⁰ The
V   S   C   V′   S′
researchers collected the data (at different time points [in the children's lives]):
S   V   O

(when they were 9 months old), (when they were 2 years old), and (when
S′   V′   C′   S′   V′   C′
they were in nursery school). ¹¹ (When the children started kindergarten), the
S′ V′   S′   V′   O′
scientists tested the kids (on their math and reading skills (measures of their
S   V   O
learning development)). ¹² They (also) worked (with the kids' teachers) (to assess
S   V
their ability [to pay attention in class], their tendency [to have a bad temper or
be over-excited], and their desire [to learn] (all measures for emotional and
social skills)).

Lesson 11

訳 ⁶ 心理学者で，この新しい研究論文の著者であるアンナ・ジョンソンは，学習が
遅れた状態で幼稚園に入園した子どもは，できが悪いまま，決して遅れを取り戻
すことがない傾向にあると言う。⁷ ジョンソンと同僚は，2000年〜2006年の間
に米国教育省が行った先行研究のデータを用いたのだが，この研究は，2000年
に低所得世帯で生まれた約1万700人の子どもを追跡調査したものだった。⁸ 研
究ではその子どもたちの親に，家にある食料の量や質など，生活の様々な側面に
ついて質問した。⁹ ジョンソンによると，研究者たちは親に「ここ12か月で，食
料を買い足すことができる前に食料が尽きてしまうという心配をしましたか？こ
こ12か月，栄養バランスのよい食事をとるだけの金銭的余裕がありましたか？こ
こ12か月で，食料不足が理由で空腹を感じたことはありましたか？」など，USDA
が定める食料安全保障の統一基準に含まれる様々な質問を投げかけたということ
だ。¹⁰ 研究者たちは，子どもたちの人生の様々な時点においてデータを収集した。

具体的には生後9か月，2歳，保育園児のときである。**11** 子どもたちが幼稚園に入園すると，科学者たちは子どもたちの算数および読解能力（彼らの学習発達の評価基準）をテストした。**12** 彼らはまた，子どもたちの教師と協力して，授業をちゃんと聞く力，不機嫌になったり興奮しすぎたりする傾向，そして学習意欲（情緒的スキルおよび社会性を測るあらゆる評価基準）を評価した。

語句 **6** stay behind 後に残る，後れを取る／catch up 追いつく，遅れを取り戻す／**7** U.S. Department of Education 米国教育省／conduct 動 実施する／follow 動 追跡調査をする／low-income 形 低収入の／**8** various 形 様々な／aspect 名 側面／including 〜 前 〜を含めて／quantity 名 量／**9** a range of 〜 様々な〜／standardized 形 統一された，標準化された／measure 名 測定，評価基準／food security 食料安全保障／run out 尽きる／can afford to 原形 （経済的に）〜する余裕がある／balanced 形 バランスの取れた／meal 名 食事／**10** time point 時点／nursery school 保育園／**12** assess 動 評価する／pay attention in class 授業をよく聞く／tendency 名 傾向／have a bad temper 機嫌が悪い／over-excited 形 興奮しすぎる／desire 名 欲望

文法・構文 **6** a psychologist and an author of the new study は Anna Johnson の同格で，この人がどんな人なのかを説明しています。また，delayed in their learning は kids を意味上のS とする分詞構文で，kids are delayed in 〜 という「受動」の関係なので過去分詞から始まっています（この delay は他動詞「遅らせる」）。**7** , which followed 〜 は an older study を先行詞とする関係代名詞の非制限用法です。**8** including は「〜を含めて」という訳語が有名ですが，A including B「A，たとえばB」という形で具体例を示すときに使われます。今回も，various aspects of their lives の具体的な内容を，including 以下で説明しています。**9** including と同様に，前置詞 like の後ろにも「具体例」が続くと考えるとわかりやすいです。今回も，「様々な質問」の具体例を like 以下で3つ挙げています。**10** コロン（:）以下で at different time points 〜 lives を具体的に説明しています。また and は when のカタマリ3つを結んでいます。**12** 1つ目の and は3つの名詞（their ability to 〜／their tendency to 〜／their desire to 〜）を結んでいて，3つとも assess のOになっています。

4 **13** (Looking carefully (at this data)), Johnson found ⟨that high levels of hunger (in the household) (at a young age) were (strongly) related with poor performance [in kindergarten]⟩. **14** (Moreover), (the younger the children were (when the family struggled with hunger)), the stronger the effect [on their performance] {was} (once they started school). **15** (In other words), Johnson says, "(When children were 9 months old), those [who experienced food

192

insecurity] were more likely, (five years later in kindergarten), to have lower

reading and math scores than similar low-income 9-month-olds [who didn't
_____ O _____
experience food insecurity]." **16** They were (also) more likely to be over-excited
_____ S _____ V _____ C
and have a bad temper (in the classroom).
V O

> **訳** **13** ジョンソンはこのデータをじっくりと観察して，幼少期の家庭における重度の
> 飢えは，幼稚園における成績の低さと強く関連していることに気づいた。**14** さら
> に，家庭が飢えに苦しんでいたときの子どもの年齢が幼ければ幼いほど，学校（幼
> 稚園）に通い始めてから彼らの成績が受ける影響が強かった。**15** つまり「生後9
> か月のときに食料不安を経験した子どもは，同じように低所得世帯ながらも食料
> 不安を経験しなかった生後9か月の子どもに比べて，5年後に幼稚園における読
> 解および算数のスコアが低い傾向にありました」とジョンソンは言う。**16** 彼らは
> また，教室内で興奮しすぎたり，不機嫌になったりする傾向も強かった。

> **語句** **13** high level of ~ 重度の~／be related with [to] ~ ～と関連がある／**14** the
> 比較級 S´V´, the 比較級 SV. S´V´すればするほど，ますますSVだ／struggle
> with ~ ～に苦しむ／effect on ~ ～に対する影響／once S´V´ いったんS´V´
> すると／**15** those who ~ ～な人々／similar 形 似ている，同じような

> **文法・構文** **13** Looking ~ はJohnsonを意味上のSとする分詞構文です。**14** the 比較級
> S´V´, the 比較級 SV.「S´V´すればするほど，ますますSVだ」の構文で，今回
> は後半の動詞the stronger the effect on their performance {was} が省略されてい
> ます。また，once ~ は「接続詞」で，once S´V´, SV.「いったんS´V´すると，
> SVだ」の形で使われます（副詞のonce「一度，かつて」と区別してください）。
> **15** be likely to 原形「～する可能性が高い」のlikelyと to 原形 の間に，five years
> later in kindergarten という修飾語が入り込んだ形です。**16** and は動詞2つ（be ~
> ／have ~）を結んでいます。

5 **17** Experiencing hunger (at age 2) had a (similarly) strong negative effect on
_____ S _____ V
children's social, emotional, and mental abilities [in kindergarten]. **18** Hunger
_____ O _____ S
[experienced (at preschool)] (also) seemed to affect reading scores and ⟨ how
_____ V _____ O _____ O
the children approached learning⟩, but the overall effects were weaker than food
S´ V´ O´ S V C
shortages [at earlier ages]. **19** Johnson says ⟨ that nursery school children are (at
_____ S V O S´
least) getting some access [to food] (in their nursery school classrooms or their
V´
child care centers)⟩. **20** Little babies and very young children, (on the other hand),
O´ _____ S _____

don't have this option.
V   O

訳 **17** 2歳での飢えの経験も，幼稚園における子どもの社会的，情緒的，そして知的能力に同じように強い悪影響を与えた。**18** 幼稚園に入ってから経験した飢えもまた，読解のスコアおよび子どもの学習への向き合い方に影響を与えるようだったが，総合的な影響は，もっと幼い時点での食料不足に比べると弱かった。**19** ジョンソンは，保育園児は保育園の教室や託児所において，少なくとも食料を入手するいくらかの機会があると言う。**20** 一方で，小さな赤ちゃんや幼児にはこの選択肢がないのである。

語句 **17** have an effect [influence] on ～ ～に影響を与える／similarly 副 同様に，似たような／mental ability 知能／**18** preschool 名 幼稚園／affect 動 影響する／approach 動 取り掛かる，取り組む／overall 形 総合的な，全体的な／**19** get access to ～ ～を入手する／child care center 託児所／**20** on the other hand 一方で

文法・構文 **17** andは形容詞3つ（social／emotional／mental）を結び，共通してabilitiesを修飾しています。**18** affectは動詞「影響する」，effectは名詞「影響」なので気をつけてください。andは名詞のカタマリ2つ（reading scores／how the children approached learning）を結んでいます。**20** this option「この選択肢」とは，前文で説明されている「保育園児が保育園の教室または託児所で食料を入手するいくらかの機会があること」です。

> not Aに注目 → 消えるbutを予想

6 **21** (However), these effects aren't necessarily because the children themselves
                         S   V   S´
went hungry. **22** They could (also) be an indirect result [of parents being hungry],
V´   C´   S   V   C

> 前文の否定文とペアを作る肯定文（butの消滅）

> 動名詞の意味上のS

[which also affects a child's development], says Johnson. **23** (According to her),
                                              V   S
previous research shows ⟨that (when parents are hungry), they tend to be
      S   V   O   (S) (V) (C)   S´   V´

> 研究 show ～ の形

(easily) annoyed, harsh, and less patient (with their children)⟩. **24** They can
         C´   S   V
(also) be careless or unhappy and (easily) annoyed, careless, and unhappy
        C
parents engage (less) (with their children). **25** "They're not getting down to their
      S   S   V
children's level, (for example by doing a puzzle and talking about colors, or
      O

holding the child (in their lap) and singing songs (to them))," she says. ²⁶ "All of

these things we know to be important (for supporting early brain development)."
　O　　　 S　 V　　 C

訳 ²¹ しかし，こういった影響が生じるのは，必ずしも子ども自身が飢えを経験したことが要因とは限らない。²² それらは，親が空腹であることの間接的な結果である可能性もあり，それが子どもの成長にも影響を与えるのだとジョンソンは言う。²³ 彼女によると，先行研究によって，親は空腹のときに子どもに対してイライラしやすく，手厳しくなり，忍耐強くない傾向があることがわかっている。²⁴ また，いいかげんになったり浮かない気持ちになったりすることもある。そして，イライラしやすく，いいかげんで，浮かない気持ちの親はあまり子どもに向き合わない。²⁵ 「彼らは，たとえばパズルをして色について話したり，子どもを膝に抱いて歌を歌ってあげたりして子どもの目線までおりていくということをしていないのです」と彼女は言う。²⁶ 「私たちは，こういったことがすべて，幼児期の脳の成長を支えるのに重要だということを知っています。」

語句 ²¹ not necessarily ～（部分否定）必ずしも～ではない／²² indirect 形 間接的な／result 名 結果／²³ previous 形 以前の／tend to 原形 ～する傾向がある／annoyed 形 むかついている／harsh 形 手厳しい／patient 形 忍耐強い／²⁴ careless 形 いいかげんな，そそっかしい／engage with ～ ～と向き合う，～と関わる／²⁵ lap 名 膝

文法・構文 ²¹ not necessarily ～ は「必ずしも～ない」という「部分否定」です（all, every, always, altogether など「全部」を表す語が否定文で使われると「すべてが［必ずしも］～というわけではない」という「部分否定」の意味になります）。また，because は今回のように C のカタマリを作ることがあります。²² ここでの could は「過去」ではなく「可能性（ことによれば～があり得る）」を表します。また，, which ～ は parents being hungry を先行詞とする関係代名詞の非制限用法です。²³ 研究 show ～ の形（***Rule 37*** ▶ p.161）を使うことで，前文の「親が空腹だと子どもの成長に影響がある」という主張を裏付けています。²⁶ We know all of these things to be important ～. (SVOC) が本来の語順ですが，OSVC の語順に倒置が起こっています。このような倒置は「任意倒置」といわれ，一部の語句を強調したり，読み手が読みやすい情報構造にするためになされます（***Rule 73*** ▶ p.180））。

7 ²⁷ "The findings [from the study] weren't surprising, (in the sense ⟨that
　　　　　S　　　　　　　　　　　　 V　　 C

they're consistent with previous research⟩)," says John Cook, the lead scientist [at
 S′　　　 V′　　　　　　 O′　　　　　　　 V　　 S

> John Cook の同格

Boston Medical Center's Children's Health Watch]. ²⁸ A growing number of
　　　　　　　　　　　　　　　　　　　　　　　　　　　　　　　　 S

studies [in brain science and social science] show 〈that hunger [experienced
                                                    V   O   S′

研究 show ～ の形

early in life] can have serious consequences (for a child's development)〉. ²⁹Cook
              V′   O′   S

says 〈{that} the strength of the new study is in showing 〈how hunger [as a baby
V   O   S′   V′   (S)

and in early childhood] can result in slight but significant differences [in
                                      (V)   (O)

因果表現

learning abilities later (in childhood)]〉〉. ³⁰He (also) says 〈that it makes clear
                                              S   V   O   S′   V′   C′

"the effects [that food insecurity can have φ on a child's readiness to learn],
O′

[which is a vital factor for them (to achieve better results in school)]〉."

「重要な」を意味する形容詞   意味上のS

訳 ²⁷「先行研究と一致しているという点では，この研究結果は驚くには当たりませんでした」と，ボストン・メディカル・センターのチルドレン・ヘルス・ウォッチにおける第一線の科学者であるジョン・クックは言う。²⁸ますます多くの脳科学および社会科学の研究によって，生後の初期に経験した飢えが子どもの成長に深刻な影響をもたらす可能性があることがわかっている。²⁹クックは，この新しい研究の強みは，乳児期および早期幼児期の飢えがどのようにして，その後の幼児期における学習能力に，わずかではあるが重大な差をもたらし得るのかを示していることにあると言う。³⁰彼はまた，その研究によって，「子どもが学校でよい成績を収めるために極めて重要な要因である，子どもの学習レディネスに食料不安が及ぼし得る影響」も明らかにされていると言う。

語句 ²⁷ finding 图 研究結果／in the sense that S′V′ S′V′という点では（※the sense に同格のthatがくっついた形です）／be consistent with ～ ～と一致している／lead 形 （名詞の前で）主要な，トップの／²⁸ consequence 图 影響，結果／²⁹ result in ～ ～という結果になる／slight 形 わずかな／³⁰ readiness to learn 学習レディネス（※学習者の心身の条件が準備されていて，学習しようとする姿勢がある状態のこと）／vital 形 極めて重要な／achieve 動 成し遂げる

文法・構文 ²⁷ the lead scientist at ～ はJohn Cookの同格で，どのような人なのかを説明しています（このleadは「形容詞」で，「主要な，トップの」という意味）。²⁸ 研究 show ～ の形を使って，「幼児期の飢えは成長に悪影響をもたらす」という主張を裏付けています。²⁹ asは「時（～のときの）」を表しています。また，butは形容詞2つ（slight／significant）を結んでいます。³⁰ it makes "the effects that ～ in school" clear（SVOC）が本来の語順ですが，Oに当たる名詞が長いため，SVCOの語順に倒置されています。SVOCはO＝Cの関係が成り立ち，OとCを入れ替

えても意味は変わりませんよね(***Rule 73*** ▶ p.180)。また, , which ～ は a child's readiness to learn を先行詞とする関係代名詞の非制限用法です。

研究 show ～ の形

8 ³¹ The findings (further) show the importance [of government food assistance
   S   V   O
programs], says Cook. ³² "These programs are very effective (in ensuring both the
                              V   S   S   V   C
food security and the health of school children and enabling them to go to school
[ready to learn])," he says. ³³ Making sure ⟨{that} kids get enough to eat⟩ is good
                   S   V   S   V C
(for society) (in the long run), he says, (because hunger [experienced early in
                                 S   V   S′
life] can (really) set the direction [for a child's "ability [to compete (in the job
           V′   O′
market) and to earn enough money to survive (as a member of society)]])."

訳　³¹ この研究結果はさらに, 政府による食料支援政策の重要性を示しているとクックは言う。³²「そういった政策は, 食料安全保証と学童の健康の両方を確保し, また彼らが, 学習レディネスを備えた状態で学校に通えるようにするのにとても効果的です」と彼は述べる。³³ 子どもたちが十分な食料を得られるようにすることは, 長い目で見れば社会にとってよいことであると彼は言うが, それは, 人生の初期段階で飢えを経験すると実際に, 子どもの「労働市場で競争し, 社会の一員として生き残るのに十分なお金を稼ぐ能力」の方向性が定まってしまう可能性があるからである。

語句　³¹ food assistance 食料支援／program 名 政策, 計画／³² ensure 動 確保する／³³ make sure {that} ～ 確実に～する, ～を確実にする／in the long run 長期的に見れば／set 動 設定する, 決める／direction 名 方向性／compete 動 競争する／survive 動 生き残る, どうにかやっていく

文法・構文　³² 2つ目の and は2つの -ing (ensuring ～／enabling ～) を結んでいます。また ready to learn は, 直前の them (= school children) を修飾する形容詞のカタマリが後ろに回った形です。³³ Making sure ～のカタマリを分詞構文と誤読してしまっても, 後ろに is (V) が続いているため, 動名詞の主語だったと判断することができます。また, and は2つの to 不定詞 (to compete ～／to earn ～) を結んでいます。

Growing up in a hungry household / in the first couple of years of life / can hurt how well a child performs in school years later, // according to a new study. // An estimated 13.1 million children live in homes without enough food, // according to the most recent figures from the U.S. Department of Agriculture // (USDA). // Many of those children experience hunger during their first few years of life, // or their parents are hungry and stressed out about food during those years // — the most important time for a child's development. //

The new study, // published in the latest issue of the journal *Child Development*, // suggests that such early experiences of hunger in the family / are likely to make those children less ready for kindergarten / than their classmates // who came from homes with enough to eat. // It shows that kids who experienced food insecurity / in their first five years of life / are more likely to fall behind in social, // emotional, // and learning skills / when they begin kindergarten. //

Anna Johnson, // a psychologist and an author of the new study, // says that kids who start kindergarten delayed in their learning / tend to stay behind and never catch up. // Johnson and her colleague used data from an older study / by the U.S. Department of Education / conducted between 2000 and 2006, // which followed about 10,700 children born in low-income households in 2000. // It asked the parents of these children about various aspects of their lives, // including the quantity and quality of food in their households. // Johnson says / researchers asked parents a range of questions / that are part of a standardized USDA measure for food security, // like "In the last 12 months, // did you worry your food would run out before you could buy more? // In the last 12 months, // could you afford to eat balanced meals? // In the last 12 months, // were you ever hungry because there wasn't enough food?" // The researchers collected the data at different time points in the children's lives: // when they were 9 months old, // when they were 2 years old, // and when they were in nursery school. // When the children started kindergarten, // the scientists tested the kids on their math and reading skills // (measures of their learning development). // They also worked with the kids' teachers / to assess their ability to pay attention in class, // their tendency to have a bad temper or be over-excited, // and their desire to learn // (all measures for emotional and social skills). //

Looking carefully at this data, // Johnson found that high levels of hunger in the household / at a young age / were strongly related with poor performance in kindergarten. // Moreover, // the younger the children were when the family struggled with hunger, // the stronger the effect on their performance / once they started school. // In other words, // Johnson says, // "When children were 9 months old, // those who experienced food insecurity were more likely, // five years later in kindergarten, // to have lower reading and math scores / than similar low-income 9-month-olds / who didn't experience food insecurity." // They were also more likely to be over-excited / and have a bad temper in the classroom. //

日本語訳

　飢えた家庭で育つと／生後2～3年間を，／何年か後に子どもの学校の成績に悪影響が出る可能性があるということだ／／新しい研究によると。／／推計1310万人の子どもが食料不足の家庭で暮らしている／／米国農務省／(USDA) が出している最新の数値によると。／／こういった子どもの多くは，生後数年の間に飢えを経験する。／／あるいは彼らの親が，その期間にお腹を空かせ，食料に関するストレスで参っている／子どもの成長にとって最も重要なタイミングである。／／

　この新しい研究論文は／『チャイルド・デベロップメント』誌の最新号で発表され／／家庭におけるそのような幼少期の飢えの経験により…ことを示唆している／子どもたちは，幼稚園への準備を整わなくなる可能性がある／同級生よりも／／十分な食料のある家庭に生まれた。／／そのことは，食料不安を経験した子どもが…ことを示している／生後5年間で／社会的に後れを取る可能性が高い／／情緒的，／そして学習面のスキル／幼稚園に入園すると。／／

　アンナ・ジョンソンは／心理学者で，この新しい研究論文の著者であるが，／／学習が遅れた状態で幼稚園に入園した子どもは…と言う／できが悪いまま，決して遅れを取り戻すことがない傾向にある。／／ジョンソンと同僚は，先行研究のデータを用いた／米国教育省によって／2000年～2006年の間に行われた／／この研究は，2000年に低所得世帯で生まれた約1万700人の子どもを追跡調査したものだった。／／研究ではその子どもたちの親に，生活の様々な側面について質問した／／家にある食料の量や質など。／／ジョンソンによると／研究者たちは親に様々な質問を投げかけた／USDAが定める食料安全保障の統一基準に含まれる／／「ここ12か月で，…」など／／「食料を買い足すことができる前に食料が尽きてしまうかもしれないという心配をしましたか？／／ここ12か月，／栄養バランスのよい食事をとるだけの金銭的余裕がありましたか？／／ここ12か月で，／食料不足が理由で空腹を感じたことはありましたか？」。／／研究者たちは，子どもたちの人生の様々な時点においてデータを収集した。／／具体的には生後9か月のとき，／／2歳のとき，／／保育園児のときである。／／子どもたちが幼稚園に入園すると，／／科学者たちは子どもたちの算数および読解能力をテストした／／(学習の進展度合いの評価基準)。／／彼らはまた，子どもたちの教師と協力して，授業をちゃんと聞く力の評価も行った，／／不機嫌になったり興奮しすぎたりする傾向，／／そして学習意欲／／(情緒的スキルおよび社会性を測るあらゆる評価基準)。／／

　このデータをじっくりと観察して，／／ジョンソンは家庭における重度の飢えは…と気づいた／幼少期の，／幼稚園における成績の低さと強く関連している。／／さらに，／／家庭が飢えに苦しんでいたときの子どもの年齢が幼ければ幼いほど，／彼らの成績が受ける影響が強かった／学校 (幼稚園) に通い始めてから。／／つまり／／ジョンソンは言う／「生後9か月のときに／食料不安を経験した子どもは，傾向にありました／5年後に幼稚園における／読解および算数のスコアが低い／同じように低所得世帯の生後9か月の子どもに比べて／食料不安を経験していなかった」。／／彼らはまた，興奮しすぎたりする傾向も強かった，／教室内で不機嫌になったりする。／／

Experiencing hunger at age 2 / had a similarly strong negative effect on children's social, // emotional, // and mental abilities in kindergarten. // Hunger experienced at preschool also seemed to affect reading scores / and how the children approached learning, // but the overall effects were weaker / than food shortages at earlier ages. // Johnson says / that nursery school children are at least getting some access to food / in their nursery school classrooms / or their child care centers. // Little babies and very young children, // on the other hand, // don't have this option. //

However, // these effects aren't necessarily because the children themselves went hungry. // They could also be an indirect result of parents being hungry, // which also affects a child's development, // says Johnson. // According to her, // previous research shows that when parents are hungry, // they tend to be easily annoyed, // harsh, // and less patient with their children. // They can also be careless or unhappy // and easily annoyed, // careless, // and unhappy parents engage less with their children. // "They're not getting down to their children's level, // for example / by doing a puzzle / and talking about colors, // or holding the child in their lap / and singing songs to them," // she says. // "All of these things we know to be important for supporting early brain development." //

"The findings from the study weren't surprising, // in the sense that they're consistent with previous research," // says John Cook, // the lead scientist at Boston Medical Center's Children's Health Watch. // A growing number of studies in brain science and social science / show that hunger experienced early in life / can have serious consequences for a child's development. // Cook says the strength of the new study is in showing how hunger / as a baby / and in early childhood / can result in slight but significant differences in learning abilities later in childhood. // He also says that it makes clear / "the effects that food insecurity can have on a child's readiness to learn, // which is a vital factor for them to achieve better results in school." //

The findings further show the importance of government food assistance programs, // says Cook. // "These programs are very effective in ensuring both the food security / and the health of school children // and enabling them to go to school ready to learn," // he says. // Making sure kids get enough to eat is good for society in the long run, // he says, // because hunger experienced early in life / can really set the direction for a child's "ability to compete in the job market / and to earn enough money to survive as a member of society." //

2歳での飢えの経験は／同様に，子どもの社会的…に悪影響を強く与えた／／情緒的／／そして幼稚園における知的能力。／／幼稚園に入ってから経験した飢えもまた，読解のスコアに影響を与えるようだった／および子どもの学習への向き合い方／／が，総合的な影響は弱かった／もっと幼い時点での食料不足に比べると。／／ジョンソンは言う／保育園児は少なくとも食料を入手するいくらかの機会がある／保育園の教室において／あるいは託児所。／／小さな赤ちゃんや幼児は／／一方で／／この選択肢がないのである。／／

　しかし，／／こういった影響が生じるのは，必ずしも子ども自身が飢えを経験したことが要因とは限らない。／／それらは，親が空腹であることの間接的な結果である可能性もあり，／／それが子どもの成長にも影響を与えるのだ／とジョンソンは言う。／／彼女によると，／／先行研究によって，親は空腹のときに…ことがわかっている／／イライラしやすい傾向がある，／／手厳しくなり，／／子どもに対して忍耐強くない。／／また，いいかげんになったり浮かない気持ちになったりすることもある。／／そして，イライラしやすく，／／いいかげんで，／／浮かない気持ちの親はあまり子どもに向き合わない。／／「彼らは，子どもの目線までおりていくということをしていないのです／たとえば／パズルをして／色について話したり，／／子どもを膝に抱いて／歌を歌ってあげたりして」／／と彼女は言う。／／「私たちは，こういったことがすべて，幼児期の脳の成長を支えるのに重要だということを知っています。」／／

　「この研究結果は驚くには当たりませんでした／先行研究と一致しているという点では」／／と，ジョン・クックは言う／／ボストン・メディカル・センターのチルドレン・ヘルス・ウォッチにおける第一線の科学者。／／ますます多くの脳科学および社会科学の研究によって，／生後の初期に経験した飢えが…ことがわかっている／子どもの成長に深刻な影響をもたらす可能性がある。／／クックは，この新しい研究の強みは，飢えがどのようにして…を示していることにあると言う／乳児期／および早期幼児期の／その後の幼児期における学習能力に，わずかではあるが重大な差をもたらし得るのか。／／彼はまた，…が明らかにされていると言う／その研究によって，「子どもの学習レディネスに食料不安が及ぼしうる影響／子どもが学校でよい成績を収めるためにきわめて重要な要因」。／／

　この研究結果はさらに，政府による食料支援政策の重要性を示している／／とクックは言う。／／「そういった政策は，食料安全保証と…の両方を確保するのにとても効果的です／学童の健康／そして，彼らが学習レディネスを備えた状態で学校に通えるようにする」／と彼は述べる。／／子どもたちが十分な食料を得られるようにすることは，長い目で見れば社会にとってよいことである／／と彼は言う／／なぜなら人生の初期段階で飢えを経験すると／実際に，子どもの「労働市場で競争する能力」の方向性が定まってしまう可能性がある／「そして社会の一員として生き残るのに十分なお金を稼ぐ」。／／

Lesson 11

Lesson 12　解答・解説

▶問題 別冊 p.51

このLessonで出てくるルール

Rule 30 読解 provide型の動詞は意味が類推できる！
Rule 18 読解 「従属接続詞」に反応する！⇒ 問1

解答

問1 父が何とか他の車を借りたときには，（父の兄弟である）ジョン伯父さんは亡くなってしまっていた。

問2 ⑤　　**問3** ニワトリとヤギを守ること［ニワトリとヤギの番をすること］。

問4 fat

問5 語り手は犬と仲良くしていると他人から思われたくなかったから［他人に思ってほしくなかったから］。

問6 ① ○　　② ×　　③ ×　　④ ×　　⑤ ×

設問解説に入る前に2点，重要なことを確認します。今回のような英文（エッセーや物語など）では，いつも以上に知らない単語が出てきて苦労したと思います（単語帳を相当やりこんだ人でも知らない単語がガンガン出てきます）。そこで，今回の英文を使って，**未知の単語の推測方法**を2つ確認しましょう。

1つ目は，SV that ～では「思う，言う」の意味になるルールの復習です（***Rule 70*** ▶ p.164）。この英文にある実例で確認します。

● 29行目　I figured we'd bring him along to guard the chickens and goats.

I figured {that} we'd bring ～という形なので，「私たちは連れてくると思った・言った」と考えれば十分です。辞書にも**動詞figureは「考える，思う」**などの意味が載っています。

● 45行目　I swore he even smiled at me.

swore はswear「誓う，断言する」の過去形ですが，これを知っている受験生は少ないでしょうし（まして過去形sworeはなおさら），知っている人も「誓う」の意味だけという人が大半でしょう。

そこで，**sworeを知らなくても**，I swore {that} he even smiled at me. の形に注目できれば，**「思った，言った」という推測**ができるのです。「彼（犬）は僕に微笑みかけさえしたと思った」くらいは読み取れますね。むしろこっちのほうが

「誓う」という意味にとらわれてしまうより，自然な訳になるのです。

2つ目はprovide型の動詞をマスターすることで，意味が類推できる方法です。

>>> *Rule 30* 読解 provide型の動詞は意味が類推できる！

基本形：**provide** 人 **with** 物　　人 に 物 を与える
- ☐ provide 人 with 物　　人 に 物 を与える
- ☐ supply 人 with 物　　人 に 物 を与える
- ☐ furnish 人 with 物　　人 に 物 を与える [備え付ける]
- ☐ feed 人 with 物　　人 に 物 を与える [食べ物を与える]
- ☐ present 人 with 物　　人 に 物 を与える
- ☐ fill *A* with *B*　　AをBで満たす
- ☐ face *A* with *B*　　AにBを直面させる
- ☐ confront *A* with *B*　　AにBを直面させる
- ☐ equip *A* with *B*　　AにBを備え付ける
- ☐ endow 人 with 才能　　人 に 才能 を与える
- ☐ acquaint 人 with ～　　人 に～を知らせる

■熟語の丸暗記が減る

「たくさんあるなぁ…」と思うかもしれませんが，この中には熟語として扱われるものもたくさんあります。たとえば熟語 *be* filled with ～「～でいっぱいである」は，本来は fill *A* with *B*「AをBで満たす」というprovide型のfillが受動態になっただけなんです。ここでまとめて整理することで熟語の丸暗記も大幅に減ります。

■知らない動詞も推測できる

実はprovide型に属する動詞は，もっとたくさんあります。ですから，もし知らない動詞が，〈V 人 with 物〉の形になっていたら，「provide型ではないか」と当たりをつけて「与える」で意味を考えてみてください。もちろん100%ではありませんが，意味が通ってしまうことは頻繁にあります。

「provide型で類推できてしまう実例」として，この英文にあるものを確認してみましょう。
- 4行目 the doctor diagnosed him with tuberculosis
diagnose「診断する」を知らなければ（多くの受験生は知らないので），〈diagnose 人 with 物〉の形から試しにprovide型で考えてみると，「医者は彼に結核を与えた」から，「結核という判断を与えた」くらいの推測がつくのです。

なお，tuberculosis を知らない受験生も多いでしょうが，これは直後に a deadly disease that seizes the lungs とあり，少なくとも「病気」だとわかります。ちなみに tuberculosis は読み方が似ている「ツベルクリン反応（結核かどうかを判断する）」と結び付けるとよいです（昔は結核で亡くなった人も多く，偉人に関する英文でもよく出てくる単語なんです）。

● 37行目 they certainly don't lavish them with rubber toys and fancy food

　lavish「惜しみなく与える，無駄使いする」なんて知っている受験生はほとんどいないので，lavish them with 〜 を provide 型で考えてみると「彼ら（犬）にゴム製おもちゃや高級な食べ物を与える」と推測できます。

● 52行目 the good Lord blessed me with seven children

　bless は「祝福する」という意味を知っているだけでかなりのレベルですが，この使い方を知っている人はさすがにいないので，やはり形に注目して，「私に7人の子どもを与えた」と考えれば意味が通ります（さらにこの文の意味から the good Lord も「神様」などの意味が推測できます）。

問1　難易度 ★★☆

　下線部和訳は構文を把握することが大前提です。今回は従属接続詞 by the time 〜「〜するころには」が使われ，By the time S′V′, SV.「S′V′するころには SV だ」の形になっていることがポイントになります（後ほど **Rule 18** でまとめます）。

> And (by the time my father managed to borrow another car), his brother
> 　　　　　 S′　　　　　　 V′　　　　　　　　　 O′　　　　　 S
> was dead.
> 　V　 C

● 従属節

manage to 〜「何とか〜する，うまいこと〜する」から，by the time my father managed to borrow another car「父が何とか他の車を借りたころまでには［借りたときには］」です。**another** は「もう1台」よりも，今回は「故障していた伯父のトラックとは別の，もう1つの」→「**他の**」としたほうが自然です。

● 主節

　和訳問題では指定がなければ「代名詞はそのままでも OK」なのですが，今回は「his brother を明らかにする」という指示があるので，was dead を手がかりに「亡くなった人」を探せば，my uncle John だとわかります。これを「ジョン伯父さん」と訳せば OK です。

ちなみに「記述の答案は丁寧に（***Rule 61***▶ p.116)」という発想で，元のhis brotherを踏まえて「父の兄弟であるジョン伯父さん」とすることもできます（こまで細かく答案を作る人は英語指導者でも少ないですが，発想として知っておいて損はありませんよ）。

his brother was deadは「ジョン伯父さんは亡くなっていた」です（deadは形容詞「死んだ，死んでいる」）。

>>> *Rule 18* 読解 「従属接続詞」に反応する！

（1）従属接続詞は，まず「形」を意識する

従属接続詞がとる形　※従属接続詞のカタマリは副詞節を作ります。

接続詞 S´V´, SV.　　※SV 接続詞 S´V´. のように副詞節が後ろにきてもOK。

（2）「形」の次は「意味」をチェックする

従属接続詞の一覧をチェックする機会はめったにないと思います。少し大変ですが，ここでしっかりマスターしておきましょう。

重要な従属接続詞

☐ **時**：when 〜するとき／while 〜する間／before 〜する前に／after 〜した後に／till, until 〜するまで（ずっと）／since 〜して以来（ずっと）／as soon as 〜するとすぐに／the moment, the minute, the instant 〜するとすぐに／by the time 〜するころには／whenever, every time 〜するときはいつでも

☐ **条件**：if もし〜なら／suppose, supposing, provided, providing もし〜なら／unless 〜しない限り／once いったん〜すれば／in case 〜するといけないから／as long as, so long as 〜する限りは／as far as, so far as, insofar as 〜する限りは／assuming 〜と仮定すれば／given {the fact} 〜を考慮すると，〜を仮定すると

☐ **対比**：while 〜する一方で／whereas 〜する一方で

☐ **逆接・譲歩**：though, although 〜だけれども／while 〜であるものの／even if（実際はわからないが）たとえ〜でも／even though（実際そうであるが）たとえ〜でも／whether 〜してもしなくても

☐ **理由**：because（なぜなら）〜だから／since, as 〜だから／in that 〜という点において，〜だから／now that 今やもう〜だから

☐ **場所**：where 〜するところで／wherever 〜するところはどこでも

☐ **様態**：as 〜のように／as if, as though まるで〜のように

ちなみに, Now that S´V´, SV.「今やもうS´V´なのでSVだ」が16行目で使われています。

問2　難易度 ★★★

　文脈（伯父が亡くなって父1人で農場を経営→支えるのは私とジェフリー）と, 空所直後のtoと合うものを考えると, 正解は⑤です。 be up to ～「～次第である, ～の責任である」の形で, It was now up to me and Geoffrey to ～「～することは, 今や私とジェフリーの責任だった」となります。

　be up to ～ は重要多義語ですが, かなり苦手とする受験生が多いようです。核心は「到達する」です。toだけでも「～まで」を表せるのですが, **upをつけることで「上げていって～まで到達する」**という, 「到達」の意味がハッキリするわけです。

多義語 *be* up to ～　核心：到達する

● (最大で)～まで　　　　　　　※up toを1つの前置詞として扱う。
　　　　　　　　　　　　　　　　　　例：Count up to 10.　10まで数えなさい。
● ～に並んで・匹敵して　　　※相手と同じレベルに到達する。
● (仕事を)することができて　※仕事ができるレベルに到達する。
● ～次第で, ～の責任で　　　※決定権が「～に到達する」。
● たくらんで　　　　　　　　　※たくらんでいることに意識が到達する。

問3　難易度 ★★☆

　指示語（That）の内容が問われています。確かに「答えは前」にあるかもしれませんが,「後ろにヒントがある」ので, これをぜひ利用してください。下線部の文は, That's what ～ となっていて, つまり, That = what he did best at the estate の関係になっています。このwhat以下「彼（犬）が農園で一番うまくできたこと」が大きなヒントになります。

※he = Khambaで, 飼っている動物など, 愛着がある場合は（itではなく）he／sheを使うことがよくあります。

　以上から「犬がうまくできたこと」をヒントに探すと, 29行目に I figured we'd bring him along to guard the chickens and goats.「ニワトリとヤギの番をさせるために連れてこようと思ったんだ」とあります。「ガード（見張り）がうまいので連れてきた」と考え, そこを訳して, **文末はオウム返し**（**Rule 61** ▶ p.117）にすればOKです。

skinnyは「皮（skin）のような」→「痩せこけた」という意味です。「スキニージーンズ（細いジーンズ）」で使われています。反対語はこの段落の最終文にあるfatです。

普通はこれ以上解説されないでしょうし、確かにこれがシンプルです。ただここでちょっとこの本でしかできない解説を「ここが思考力」でしてみたいと思います。

※複雑で難しい話なので、わかる範囲でかまいません。目を通してみてください。

ここが　思考力▶　「比較対象の省略」を利用する

下線部はas (4) skinnyで終わっています。これは「比較対象の省略」が起きているのです（as 〜 as ... で、後半のas以下が省略されています）。

この文の先頭Unlike most other Malawian dogsで他の犬と比較しているので、「比較相手は一度言えばわかるでしょ」と言わんばかりの省略です。省略を補えば、but still just **as** (4) skinny {**as** most other Malawian dogs}「{他のマラウイの犬と同じくらい} 痩せこけていた」ということです。つまりskinnyは「普通のマラウイの犬の特徴」だとわかります。

そして、39行目にIn all my life, I'd never seen a fat dog.「私は生まれてこのかた、太った犬を見たことがなかった」とあります。「見たことがなかった」→「fatは特殊」なわけです。以上から、「普通はskinny」⇔「特殊だとfat」の関係がわかるので、skinnyの反意語としてfatが適切だとわかります。

この発想があればfatの意味を知らなくても解けるのです。「**比較対象の省略**」はよくあることなので、出題者の本当の狙いは、「比較対象の省略を意識してね。そうすれば最後はskinnyが普通で、fatが特殊だと気づくよね」という、実はとてつもなくレベルの高い問題なんです。

ここまで気づける受験生は東大・京大・早慶合格者でも1％もいないでしょうから、今はみなさんに理解できないことがあってもまったく心配はありません。ただ、「fat（の意味）を知ってるかどうか」なんていう視点ではないことだけ感じ取ってもらえればと思います。

補足 ちなみに "big" という答えがかなりまぎらわしいですが、残念ながら不正解です。「比較対象の省略」から考えれば理解できるでしょうが、「大きくて痩せている」ことがあり得るし、実際このカンバという犬はbigかつskinnyだからです。

　直後の文を読み，ここが叫んだ理由だと判断して，この英文をきちんと訳せば
OK です。

> I didn't want people thinking 〈{that} I was friends (with a dog)〉.
> S　　V　　　　O　　　　　C　　　　　　S′　V′　　C′

　wantが作るSVOCの形といえば，want 人 to ~「人 に~してほしい」が有名
ですが，今回は want 人 -ing「人 に~してほしい」というかなり難しい形です
（受験レベルを超えた形なので，無理に覚える必要はありません）。

　I didn't want people thinking {that} S′V′「私は人にS′V′と思ってほしくなか
った」となります。

　ちなみに，thinkingを分詞とみなしてpeopleを修飾すると考えると，（×）「~
と考えている人がほしくなかった」となり，明らかに意味が変なのでアウトです。

　be friends with ~ は「~と親しい，~と仲がよい」で，解答は「語り手は，犬
と仲良くしていると他人に思ってほしくなかったから」となります。「語り手がこ
のように言った理由」が問われているので，「語り手は~」と始め，「~から」と
締めくくりましょう。

> 補足 下線部にあるセリフは，その後の "Go chase some chickens or something!" につながりま
> す。このように1人のセリフが分断されることはよくあるので知っておいてください。つまり
> "A" .... "B"の場合，"A + B" .... と同じなのです。ということは，当然，その後のセリフもヒン
> トになるはずです。今回の場合，下線部の表現がわからなくても，「ニワトリでも追っかけてろ」
> と言った理由を考えれば解けるのです。

　①~⑤を順番に見てみましょう。
① ジョン伯父さんは，亡くなる前は語り手の父と一緒に農場の経営をしていた。
　→ 16行目に Now that my father's brother and business partner was gone, he
had to manage the farm alone.「父の兄弟であり，ビジネスパートナーである人
が今やもう亡くなったのだから，父は独りで農場の経営をしないといけなかった」
などとあります。「ジョン伯父さんが亡くなって，父が独りで経営しなくてはなら
なくなった」→「亡くなる前は一緒に経営していた」と判断します。

② カンバは全身真っ白で，変なにおいがした。

→ 選択肢の all にツッコミを入れます（**Rule 46** ▶ p.124）。本文では31行目に He was all white with large black spots across his head and body「全身の毛が真っ白で，頭部と胴体には大きな黒ぶちがあり」とあります。この文には all があるものの，with 以下で「黒ぶちがある」と書かれているため，選択肢の all over「全身真っ白」はアウトです。

③ アフリカの他のほとんどの地域では，人々は仕事のためではなく娯楽のために家で犬を飼っていた。

→ 36行目に In most other parts of Africa, dogs are used to protect homes and farms.「アフリカの他の地域のほとんどでは，犬は家と農場を守るために利用される」（*be* used to 原形「～するために使われる」）とあります。その後も No one buys them as pets like they do in America, and they certainly don't lavish them with rubber toys and fancy food.「アメリカで人々がするように犬をペットとして購入する人はおらず，ゴム製のおもちゃや高級な食べ物を気前よく与えることは決してない」とあり，「アフリカ：家や農場を守る（仕事）」⇔「アメリカ：ペット（娯楽）」という**対比**になっています。選択肢では rather than ～ を使って「対比」を表していますが（**Rule 22** ▶ p.29），その対比関係が本文と逆です。

④ ソクラテスによると，カンバは彼の娘たちを友達とみなしていた。

→ 選択肢は **see A as B「AをBとみなす」**が使われています（**Rule 71** ▶ p.118）が，そういった内容は本文にありません。むしろ，52行目の the good Lord blessed me with seven children, but all of them are girls who don't take much interest in dogs.「偉大な神は俺に7人の子どもを恵んでくれたが，その全員とも犬にそれほど興味のない女の子たちだろ」から，「カンバは彼の娘たちを友達とみなしていなかった」とわかります。

⑤ カンバが動物の赤ちゃんの面倒を見ていると，語り手の母親は嬉しそうにした。

→ カンバが動物の赤ちゃんの面倒を見るという事実は本文にありませんが，65行目の Whenever this happened, my mother would lean out of the kitchen and pitch one of her shoes at his head.「こういったことが起こるたびに，私の母はキッチンから身を乗り出し，彼の頭に向かって自分の靴を片方投げたものだった」，67行目の "Stop that, you crazy dog!" she'd scream「『やめなさい，あほ犬！』と母が叫んだものだ」などから，選択肢の looked happy とは合致しません。

① ジョン伯父さんは，亡くなる前は語り手の父と一緒に農場の経営をしていた。

② カンバは全身真っ白で，変なにおいがした。

③ アフリカの他のほとんどの地域では，人々は仕事のためではなく娯楽のために家で犬を飼っていた。

④ ソクラテスによると，カンバは彼の娘たちを友達とみなしていた。

⑤ カンバが動物の赤ちゃんの面倒を見ていると，語り手の母親は嬉しそうにした。

文構造の分析

1 ¹ (In January 1997), (when I was nine years old), my family experienced a
　　　　　　　　　　　　　S´ V´　　C´　　　　　　S　　　　　V
sudden ¦and¦ tragic loss.
　　O

> **訳** ¹ 1997年1月，私が9歳のとき，私の家族は突然の痛ましい死を経験した。

> **語句** ¹ sudden 形 突然の／tragic 形 痛ましい／loss 名 喪失，死

> **文法・構文** ¹, when 〜 は January 1997 を先行詞とする関係副詞の非制限用法で，1997
> 年の1月が（筆者にとって）どんな年月だったのか説明を加えています。

〈S＋be動詞〉の省略

2 ² (One afternoon), (while working the fields), my uncle John became very
　　　　　　　　　　　　　　　　　　　　　　　　　　　S　　　　V
sick ¦and¦ fainted. ³ My father rushed him (to the small clinic in Wimbe), [where
　C　　　V　　　　　S　　　V　　O
the doctor diagnosed him (with tuberculosis), a deadly disease [that seizes the
　　S´　　　V´　　　O´

tuberculosis の同格

lungs]]. ⁴ They advised him to go (right away) (to Kasungu Hospital — an hour's
　　　　　　S　　　V　　O　　C
drive). ⁵ But Uncle John's truck wasn't working. ⁶ And (by the time my father
　　　　　　　　S　　　　　　　V　　　　　　　　　　　　　　　　S´
managed to borrow another car), his brother was dead.
　　V´　　　　　O´　　　　　　S　　　V　　C

> **訳** ² ある午後，農場の耕作をしているときに，ジョンという名の伯父さんがひどく
> 体調を崩して意識不明になった。³ 父は大急ぎで伯父さんをウィンベにある小さ
> な診療所に連れていったのだが，そこで医師は伯父さんを，肺を侵す致死性の病
> 気である，結核と診断した。⁴ 医師たちは，伯父さんが車で1時間の距離にあった
> カスング病院へすぐに行くよう勧めた。⁵ しかし，ジョン伯父さんのトラックは
> 故障していた。⁶ そして，父がなんとか他の車を借りたときには，ジョン伯父さ
> んは亡くなってしまっていた。

> **語句** ² work 動 耕す／field 名 農場，畑／faint 動 気を失う／³ rush 動 大急ぎで運ぶ／
> diagnose 動 診断する／tuberculosis 名 結核／deadly 形 命に関わる／seize 動
> 侵す／lung 名 肺／⁴ advise 人 to 原形 人 に〜するよう忠告する／⁵ work 動
> 機能する，作動する／⁶ by the time S´V´, SV. S´V´するまでには，SVだ／
> manage to 原形 なんとか〜する

> **文法・構文** ² while working は while {he was} working 〜 から「副詞節中のS＋be動
> 詞」が省略された形です。³, where 〜 は the small clinic in Wimbe を先行詞とす

る関係副詞の非制限用法です。また a deadly disease 〜 は tuberculosis の同格で，どんな病気なのかを説明しています。⁴ → ⁴ Kasungu Hospital がどのような場所にあるのかを―（ダッシュ）以下で説明しています。⁶ by the time は見落としがちな接続詞なので，しっかりチェックしておきましょう。

動名詞の意味上の S

3 ⁷ It was the first time [I experienced someone dying], and the first time [I ever saw my parents cry]. ⁸ I (especially) felt bad (for Geoffrey, [who was now left without a father]). ⁹ (All the following day), people came by his house (to comfort his mother) and (to pay their respects). ¹⁰ (Every so often), I saw him walk (out of his house), (crying and looking confused). ¹¹ "Cousin, what next?" he asked me. ¹² "What will happen?" ¹³ All [I could think to say φ] was, "I don't know."

訳 ⁷ 私が誰かの死を経験するのも，両親が泣く姿を見るのもそれが初めてだった。⁸ 私は特に，今や父親を失ったジェフリーをかわいそうに思った。⁹ 翌日はずっと，人々が彼の家に立ち寄って，彼の母親をなぐさめ，哀悼の意を示していった。¹⁰ 私は時々，彼が泣きながら混乱した様子で家から出てくる姿を目にした。¹¹「ねえ，次は何？」と彼は私に尋ねた。¹²「次は何が起こるの？」¹³ 私はどう言葉をかけたらいいか考えたが，思い浮かんだのは「わからない」という言葉だけだった。

語句 ⁷ see 人 原形 人が〜するのを見る／⁸ feel bad for 〜 〜をかわいそうに思う／⁹ come by 〜 〜に立ち寄る／comfort 動 なぐさめる／pay one's respect 哀悼の意を示す／¹⁰ every so often 時々／confused 形 混乱している／¹³ think to 原形 〜しようと思っている

文法・構文 ⁷ someone dying の someone は「動名詞の意味上の S」で，「誰かが死ぬこと」という意味です。また，and は名詞のカタマリ 2 つ（the first time 〜／the first time 〜）を結んでいます。see は知覚動詞で see 人 原形 「人」が〜するのを見る」の形になっています。⁸, who 〜 は Geoffrey を先行詞とする関係代名詞の非制限用法です。先行詞が「固有名詞」の場合，非制限用法を使うことが多いです。また，〜 was now left without a father. は直訳「今や父親なしで（この世に）取り残された」→「父親を失った」となります。⁹ and は 2 つの to 不定詞（to comfort 〜／to pay 〜）を結んでいます。¹⁰ crying 〜 は him（= Geoffrey）を意味上の S とする分詞構文です（今回のように，分詞構文の意味上の S が主節の S と一致しないこともあります）。¹³ All {that} I could think to say φ から目的格の関係代名詞が省略されています。

212

4 ¹⁴ (Following Uncle John's death), <u>things</u> <u>became</u> <u>very difficult</u>. ¹⁵ (Now that
                                S   V   C

<u>my father's brother</u> and <u>business partner</u> <u>was gone</u>), <u>he</u> <u>had to manage</u> <u>the farm</u>
           S′   V′   S   V   O

(alone). ¹⁶ <u>It</u> <u>was</u> now (up to me and Geoffrey) to help keep the farm successful.
          仮S   V   真S

> | Weの同格 |

> | help {to} | 原形 「〜するのを助ける」 |

¹⁷ <u>We</u> <u>all</u> <u>feared</u> ⟨that <u>difficult times</u> <u>were</u> on their way⟩.
    S   V   O   S′   V′

> **訳** ¹⁴ ジョン伯父さんの死後から，状況はきわめて困難になった。¹⁵ 父の兄弟であ
> り，ビジネスパートナーである人が今や亡くなったのだから，父は独りで農場の
> 経営をしないといけなかった。¹⁶ 農場経営の成功を維持できるように支えること
> は今や，私とジェフリーにかかっていた。¹⁷ 私たちは全員，苦しい日々がやって
> くることを恐れていた。

> **語句** ¹⁴ following 〜 前 〜に続いて／thing 名 (thingsで) 状況，事情／¹⁵ now that
> S′V′, SV. 今やもうS′V′だから，SVだ／manage 動 経営する／¹⁶ up to 〜 〜次
> 第である，〜にかかっている／help {to} 原形 〜するのを助ける／¹⁷ on one's
> way (物事が) 進行中である，向かっている途中である

> **文法・構文** ¹⁴ Following 〜 は本来分詞構文ですが，もはや辞書では「前置詞」と分類さ
> れています。¹⁵ now that 〜 は見落としがちな接続詞なので，しっかりチェックし
> ておきましょう。S′ は「父の兄弟であり，ビジネスパートナーである人」という
> 1人を指しているため，動詞はwasになっています。¹⁶ 後半はkeep OC「OをC
> の状態に保つ」の形が使われています。

> | 限定の副詞 |

5 ¹⁸ Not long (after Uncle John's funeral), <u>my uncle Socrates</u> <u>lost</u> <u>his job</u> [at a
                                                  S   V   O

big tobacco estate [in Kasungu]]. ¹⁹ <u>The family's home</u> <u>was</u> (also) there, [which
                                        S   V

<u>meant</u> ⟨{that} <u>they</u> <u>were forced to move back</u> (to our village)⟩]. ²⁰ Uncle
  V   S′   V′

> | イコール表現 |

Socrates <u>had</u> <u>seven daughters</u>, [which was great news (for my sisters)]. ²¹ I
   S   V   O   S

myself could not care (less) about a bunch of girls. ²² But (as I helped my uncle
               V   O   S′ V′   O′

> | Sの強調 |

unload the moving truck), <u>something</u> <u>leaped out</u> (onto the ground).
          C′   S   V

> **訳** ¹⁸ ジョン伯父さんの葬儀から間もなく，ソクラテスという名の伯父さんがカスン

グの大きなタバコ農園での職を失った。**¹⁹** 一家の住む家もそちらにあったので, 彼らは私たちの村に戻ることを余儀なくされることとなった。**²⁰** ソクラテス伯父さんには7人の娘がいて, それは私の姉妹たちにとってはとても喜ばしいことだった。**²¹** 私自身は, たくさんの女の子たちのことはちっとも気にならなかった。**²²** しかし, 伯父さんが引っ越しトラックの荷を下ろすのを私が手伝っていると, 何かが地面に向かって飛び出した。

> **語句** **¹⁸** not long after 〜 〜から間もなく／funeral 名 葬儀／estate 名 農園／**¹⁹** be forced to 原形 〜せざるを得ない（※force 人 to 原形「人 に余儀なく〜させる」の受動態)／move back 戻る／**²⁰** news 名 知らせ, 情報／**²¹** a bunch of 〜 たくさんの 〜／**²²** help 人 原形 人 が〜するのを手伝う／unload 動 荷下ろしする／moving truck 引っ越しトラック／leap 動 跳ぶ

> **文法・構文** **¹⁸** Not long は after 〜「〜の後」の範囲を限定して,「〜のすぐ後」→「〜から間もなく」となります。**¹⁹** , which 〜 は非制限用法の関係代名詞で, 先行詞は直前の内容（一家の住む家もそちらにあったこと）です。**²⁰** , which 〜 は非制限用法の関係代名詞で, 先行詞は直前の内容（ソクラテス伯父さんに7人の娘がいたこと）です。**²¹** could not care less は直訳「（これ以上）気にしないことはあり得ない」→「まったく気にならない」となります。前の文の my sisters との対比で「私は違う」ということです。また再帰代名詞 myself は S の強調のために置かれています。**²²** as 〜 は「時（〜するとき）」を表しています。

6 **²³** (At my feet) stood a big slobbering dog. **²⁴** "Get back!" Socrates shouted, and shooed the dog away. **²⁵** But it came (right) back, (its eyes looking straight up at me). **²⁶** "That's our dog, Khamba," he said. **²⁷** "I figured ⟨{that} we'd bring

our dog の同格

him (along) (to guard the chickens and goats)⟩. **²⁸** That's ⟨what he did φ (best) (at the estate)⟩."

> **訳** **²³** 私の足元には, よだれをたらした大型犬が立っていた。**²⁴**「下がれ！」とソクラテス伯父さんは大きな声で言い, シッシッと言って犬を追い払った。**²⁵** しかし犬はすぐに戻ってきて, 私のほうをまっすぐ見上げていた。**²⁶**「そいつはうちの犬で, カンバっていうんだ」と伯父さんは言った。**²⁷**「ニワトリとヤギの番をさせるために連れてこようと思ったんだ。**²⁸** それが, そいつが農園で一番うまくできたことだからな。」

> **語句** **²³** slobber 動 よだれを流す／**²⁴** shoo 動 シッシッと言って追い払う／**²⁷** figure 動 考える, 判断する／guard 動 番をする, 守る／goat 名 ヤギ

文法・構文 ²³ 第1文型の倒置（SVM → MVS）の形です。²⁴ and は動詞2つ（shouted／shooed）を結んでいます。²⁵ its eyes looking 〜 は独立分詞構文です。分詞構文のSと主節のSが一致しない場合，今回のように分詞構文の冒頭に意味上のSを置きます。²⁷ we'd bring 〜 は，we would bring 〜 の縮約形です。

7 ²⁹ Khamba was the most unusual thing [I'd ever seen φ]. ³⁰ He was all white (with large black spots [across his head and body]), (as if someone had chased

仮定法過去完了

him [with a bucket of paint]). ³¹ His eyes were brown and his nose was peppered with bright pink dots.

訳 ²⁹ カンバは，私がそれまでに見た中で最も不思議な生き物だった。³⁰ 全身の毛が真っ白で，頭部と胴体には大きな黒ぶちがあり，まるで絵の具の入ったバケツを持った誰かに追いかけられたかのようだった。³¹ 目は茶色で，鼻には鮮やかなピンクの斑点がちりばめられていた。

語句 ²⁹ unusual 形 普通でない，不思議な／³⁰ spot 名 ぶち，斑点／as if S´V´ まるでS´V´のように／chase 動 追いかける／bucket 名 バケツ／paint 名 ペンキ, 絵の具／³¹ be peppered with 〜 〜がちりばめられている

文法・構文 ³⁰ as if 〜 の後ろに仮定法過去完了が続く形です。

8 ³² (Unlike most other Malawian dogs), Khamba was (also) big — but (still) just as skinny. ³³ (In most other parts of Africa), dogs are used (to protect homes and farms). ³⁴ No one buys them (as pets) (like they do in America), and they (certainly) don't lavish them (with rubber toys and fancy food). ³⁵ (In Malawi), dogs lived on mice and table scraps. ³⁶ (In all my life), I'd never seen a fat dog.

訳 ³² カンバはまた，他のマラウイの犬の大半とは違って，大きかった。しかし，それと同じくらい痩せこけてもいた。³³ アフリカの他の地域のほとんどでは，犬は家と農場を守るために利用される。³⁴ アメリカで人々がするように犬をペットとして購入する人はおらず，ゴム製のおもちゃや高級な食べ物を気前よく与えることは決してない。³⁵ マラウイでは，犬はネズミやテーブルの食べ残しを食べて暮らしていた。³⁶ 私は生まれてこのかた，太った犬を見たことがなかった。

語句 ³² skinny 形 痩せている／³⁴ like S´V´ S´V´するように／lavish 動 気前よく与え

る／fancy 形 高級な／³⁵ live on 〜 〜を食べて暮らす／mouse 名 ネズミ（※複数形はmice）／scrap 名 くず

【文法・構文】 ³³ be used to 原形 は，受動態 be used「使われる」に to 不定詞の副詞的用法（目的「〜するために」）がくっついた形です（used to 原形「かつて〜した」／be used to -ing「〜することに慣れている」と区別してください）。³⁴「〜のように」という意味の like は本来前置詞ですが，今回のように接続詞として使われることも多いです（辞書にも接続詞としての使い方が載っています）。

9 ³⁷ (As Khamba sat (there) (watching me)), a thick strand of drool hung (from his tongue). ³⁸ And he smelled funny, (like moldy fruit). ³⁹ (As soon as Socrates walked (inside)), he jumped (on his hind legs) and planted both paws (on my chest). ⁴⁰ "Eh, get (away)!" I shouted. ⁴¹ I didn't want people thinking ⟨{that} I was friends (with a dog)⟩. ⁴² "Go {and} chase some chickens or something!" ⁴³ But Khamba didn't move (a bit). ⁴⁴ I swore ⟨{that} he (even) smiled (at me)⟩.

【訳】 ³⁷ カンバがそこに座って私のほうを見ていると，彼の舌からどろっとしたよだれがどんどん垂れてきた。³⁸ そして彼からは，カビの生えた果物のような，変なにおいがした。³⁹ ソクラテス伯父さんが屋内に入るやいなや，カンバは後ろ足でジャンプして両方の前足を私の胸に乗せた。⁴⁰「おい，あっち行けよ！」と私は怒鳴った。⁴¹ 私は，犬と友達なのだと人から思われたくなかったのだ。⁴²「ニワトリでも追っかけてろ！」⁴³ しかし，カンバはびくともしなかった。⁴⁴ 間違いなく，彼は私に笑いかけてさえいた。

【語句】 ³⁷ thick 形 厚い，太い，どろっとした／strand 名 より糸／hang from 〜 〜からぶら下がる（※過去分詞は hung from 〜）／³⁸ funny 形 変な／like 〜 前 〜のような／moldy 形 カビの生えた／³⁹ hind 形 後ろの／plant 動 置く／paw 名 前足／⁴¹ want 人 -ing（通例否定文で）人 に〜してほしい／⁴³ not 〜 a bit まったく〜ない／⁴⁴ swear 動 誓う，断言する

【文法・構文】 ³⁷ as 〜 は「時（〜するとき）」を表しています。また，watching 〜 は Khamba を意味上のSとする分詞構文「〜して」です。³⁸ 前置詞 like 〜 は「〜のような」を表し，今回は smelled funny「変なにおいがした」の内容をより具体的に説明しています。³⁹ and は動詞2つ（jumped／planted）を結んでいます。⁴² go と chase の間に and が省略されています（口語体では，よく go に続く and が省略されます）。⁴⁴ I swore 〜 は直訳「私は〜を誓った」→「絶対に〜した，〜したと断言してもよい」という意味です。

10 **45** (Early the next morning), I tripped (over something) (on my way to the

toilet). **46** It was Khamba, (lying square in my doorway), (ears raised) and

(waiting). **47** "I thought ⟨{that} I told you to leave me alone⟩," I said, (then)

stopped. **48** I (certainly) didn't want people to see me *talking* to a dog.

> **訳** **45** 翌朝早く，私はトイレに行く途中で何かにつまずいた。**46** それはカンバだった。
> 私の部屋の戸口で堂々と寝転んでおり，耳を立てて待っていた。**47**「僕にかまうな
> って言ったと思うけど」と私は言い，そこで口をつぐんだ。**48** 私は絶対に，犬に
> 「話しかけているところ」を人に見られたくなかったのだ。

> **語句** **45** trip over ～ ～につまずく／on *one's* way to 名詞 名詞 へ行く途中で／
> **46** square 副 しっかりと，断固として／**48** want 人 to 原形 人に～してほしい／
> talk to ～ ～に話しかける，～と話す

> **文法・構文** **46** lying ～ は It (＝Khamba) を意味上のSとする分詞構文です。さらに, ears
> raised が ears を意味上のSとする独立分詞構文，waiting は It (＝Khamba) を意
> 味上のSとする分詞構文です。**48** see は知覚動詞で see 人 -ing「人 が～するのを
> 見る」の形になっています。

11 **49** (Walking back), I met Socrates (in the courtyard). **50** He pointed (to the

thing now [attached to my shadow]). **51** "I see ⟨{that} you found a friend⟩," he

said. **52** "(You know), the good Lord blessed me (with seven children), but all of

them are girls [who don't take much interest in dogs]. **53** I think ⟨{that} Khamba

is happy (to have found a pal)⟩." **54** "I'm no friend (to a dog)," I said. **55** Socrates

laughed, "(Sure), (sure). Tell that (to *him*)."

> **訳** **49** 歩いて引き返すと，私は中庭でソクラテス伯父さんに会った。**50** 伯父さんは，今
> や私の影にくっついてきている「物」を指さした。**51**「友達を見つけたみたいだ
> な」と伯父さんは言った。**52**「ほら，偉大な神は俺に7人の子どもを恵んでくれた
> が，その全員とも犬にそれほど興味のない女の子たちだろ。**53** カンバは相棒を見
> つけて嬉しいんだろうな」**54**「僕は犬の友達なんかじゃない」と私は言った。**55** ソ
> クラテス伯父さんは「おう，おう。『彼』にそう言っておけよ」と笑った。

> **語句** **49** courtyard 名 中庭／**50** point to ～ ～を指さす／*be* attached to ～ ～にくっ
> ついている／shadow 名 影／**51** see that S´V´ S´V´ ということがわかる，S´V´
> に気づく／**52** you know ねえ，ほら／the Lord 名 (キリスト教の)神／bless 動

祝福する，授ける／⁵³ be happy to 原形 ～して嬉しい／pal 名 相棒，友人

文法・構文 ⁴⁹ Walking ～ は I を意味上の S とする分詞構文です。⁵¹ see は that 節をとると「～ということがわかる，～に気づく」という意味です。知覚動詞としての使い方（p.59）と区別してください。

12 ⁵⁶ (After that), I gave up trying to get rid of Khamba. ⁵⁷ (In fact), I started to
enjoy his company. ⁵⁸ And (as much as I hated to admit it), he and I became
friends. ⁵⁹ He slept (outside my door) (each night), and (when it got cold), he
snuck (inside the kitchen) and curled up (by the pots and pans). ⁶⁰ And ((just)

「譲歩」の as

第1文型 → 「存在・移動」の意味

like Socrates said), he made a good watchdog [over our chickens and goats],
(protecting them (from the hyenas and wild dogs [that roamed the dark
countryside])).

訳 ⁵⁶ その後，私はカンバを追い払おうとするのを諦めた。⁵⁷ 実は，私は彼と一緒にいるのが楽しくなっていった。⁵⁸ そして，認めたくはなかったが，彼と私は友達になった。⁵⁹ 彼は毎晩私の部屋のドアの外で眠り，寒くなると，キッチンの中にこっそり入って鍋やフライパンのそばで丸まって寝た。⁶⁰ そして，まさにソクラテス伯父さんが言った通り，彼はうちのニワトリとヤギを守る優秀な番犬となり，暗い田舎をうろつくハイエナや野犬からそれらを守った。

語句 ⁵⁶ try to 原形 ～しようとする／get rid of ～ ～を追い払う／⁵⁷ one's company（one と）一緒にいること／⁵⁸ {as} 形容詞／副詞 as ～ ～だけれども／hate to 原形 ～したくない／admit 動 認める／⁵⁹ sneak 動 こっそり入る／curl up 丸まって寝る／⁶⁰ make a good ～ 立派な～になる／watchdog 名 番犬／hyena 名 ハイエナ／roam 動 うろつく

文法・構文 ⁵⁸ 形容詞／副詞 as ～は，「譲歩（～だけれども）」もしくは「理由（～なので）」を意味しますが，冒頭に as が付いた as 形容詞／副詞 as ～ も同様に「譲歩」・「理由」を表します（こちらが本来の形です）。⁵⁹ sneak の過去形は原則 sneaked ですが，くだけた文体では snuck が用いられることがあります（ただし，snuck は誤りとされることもあるので，英作文などでは使わないように注意しましょう）。⁶⁰ 「～のように」という意味の like は本来前置詞ですが，今回のように接続詞として使われることも多いのでしたね（p.216）。made a good watchdog は「優秀な番

犬となった」という第2文型（SVC）です。また，protecting 〜 はhe（= Khamba）を意味上のSとする分詞構文です。

13 ⁶¹ (Even still), Khamba liked to play games (with baby animals). ⁶² He chased
　　　　　　　　 S　　　　　 V　　　 O　　　　　　　　　　　　　　　 S　 V
them (around the compound), (causing the little goats to bleat and the mama
O

因果表現

hens to flare their wings and hiss). ⁶³ (Whenever this happened), my mother
　　　　　　　　　　　　　　　　　　　　　　　　　 S′　　 V′　　 S
would lean (out of the kitchen) and pitch one of her shoes (at his head). ⁶⁴ "Stop
　 V　　　　　　　　　　　　　　　　 V　　　 O
that, you crazy dog!" she'd scream, and my sisters and I would laugh. ⁶⁵ *Look*
　 O　　　　　　　 S　　 V　　　　　 S　　　　　　　 V　　　　　 V
⟨*who's talking* (*to animals now*)⟩!
O　S′　　　 V′

訳 ⁶¹ とはいえ，カンバは動物の赤ちゃんをからかうのが好きだった。⁶² 彼は敷地の
まわりで彼らを追いかけまわし，そのせいで子ヤギがメーメーと鳴いたり，母親
のメンドリが翼を広げてシャーッと鳴いたりした。⁶³ こういったことが起こるた
びに，私の母はキッチンから身を乗り出し，彼の頭に向かって自分の靴を片方投
げたものだった。⁶⁴「やめなさい，あほ犬！」と母が叫ぶと，姉妹たちと私は笑っ
たものだった。⁶⁵ ほら見ろ，今，動物に向かって話しかけてるのは誰だっていう
んだ（母さんのほうじゃないか）！

語句 ⁶¹ play games with 〜 〜をもてあそぶ／⁶² compound 图 敷地／cause 人 to
原形 人 に〜させる／bleat 動 メーと鳴く／hen 图 めんどり／flare 動 広げる／
hiss 動 シューッと鳴く／⁶³ lean out of 〜 〜から身を乗り出す／pitch 動 投げる

文法・構文 ⁶² causing 〜 は，直前の内容を意味上のSとする分詞構文です。分詞構文の
意味上のSは主節のSと一致させるのが原則ですが，一致しないこともあるので
したね（p.212）。また，1つ目のandはcauseの共通のOC（the little goats to bleat／
the mama hens to flare 〜）を結んでいます。⁶³ wouldは「過去の習慣（〜したも
のだった）」を表しています。⁶⁴ wouldはどちらも「過去の習慣（〜したものだっ
た）」を表しています（she'dはshe <u>would</u>の縮約形です）。⁶⁵ 犬と「友達」である
ことを伯父さんなどにからかわれてきたことを見返す主人公のこの発言が，物語
のオチになっています。

In January 1997, // when I was nine years old, // my family experienced a sudden and tragic loss. //

One afternoon, // while working the fields, // my uncle John became very sick and fainted. // My father rushed him to the small clinic in Wimbe, // where the doctor diagnosed him with tuberculosis, // a deadly disease that seizes the lungs. // They advised him to go right away to Kasungu Hospital // — an hour's drive. // But Uncle John's truck wasn't working. // And by the time my father managed to borrow another car, // his brother was dead. //

It was the first time I experienced someone dying, // and the first time I ever saw my parents cry. // I especially felt bad for Geoffrey, // who was now left without a father. // All the following day, // people came by his house to comfort his mother / and to pay their respects. // Every so often, // I saw him walk out of his house, // crying and looking confused. //

"Cousin, / what next?" // he asked me. // "What will happen?" //

All I could think to say was, // "I don't know." //

Following Uncle John's death, // things became very difficult. // Now that my father's brother and business partner was gone, // he had to manage the farm alone. // It was now up to me and Geoffrey / to help keep the farm successful. // We all feared that difficult times were on their way. //

Not long after Uncle John's funeral, // my uncle Socrates lost his job at a big tobacco estate in Kasungu. // The family's home was also there, // which meant they were forced to move back to our village. // Uncle Socrates had seven daughters, // which was great news for my sisters. // I myself could not care less about a bunch of girls. // But as I helped my uncle unload the moving truck, // something leaped out onto the ground. //

At my feet stood a big slobbering dog. //

"Get back!" // Socrates shouted, // and shooed the dog away. // But it came right back, // its eyes looking straight up at me. //

"That's our dog, / Khamba," // he said. // "I figured we'd bring him along to guard the chickens and goats. // That's what he did best at the estate." //

Khamba was the most unusual thing I'd ever seen. // He was all white with large black spots across his head and body, // as if someone had chased him with a bucket of paint. // His eyes were brown and his nose was peppered with bright pink dots. //

Unlike most other Malawian dogs, // Khamba was also big // — but still just as skinny. // In most other parts of Africa, // dogs are used to protect homes and farms. // No one buys them as pets like they do in America, // and they certainly don't lavish them with rubber toys and fancy food. // In Malawi, // dogs lived on mice and table scraps. // In all my life, / I'd never seen a fat dog. //

日本語訳

　1997年1月，//私が9歳のとき，//私の家族は突然の痛ましい死を経験した。//

　ある午後，//農場の耕作をしているときに，//ジョンという名の伯父さんがひどく体調を崩して意識不明になった。//父は大急ぎで伯父さんをウィンベにある小さな診療所に連れていった//そこで医師は伯父さんを結核と診断した//肺を侵す致死性の病気である。//医師たちは，伯父さんがカスング病院へすぐに行くよう勧めた//車で1時間の距離にあった。//しかし，ジョン伯父さんのトラックは故障していた。//そして，父がなんとか他の車を借りたときには，//ジョン伯父さんは亡くなってしまっていた。//

　私が誰かの死を経験するのはそれが初めてだった//両親が泣く姿を見るのも初めてだった。//私は特に，ジェフリーをかわいそうに思った//今や父親を失った。//翌日中ずっと，//人々が彼の家に立ち寄って，彼の母親をなぐさめ，/哀悼の意を示していった。//私は時々，//彼が家から出てくる姿を目にした//泣きながら混乱した様子で。//

　「ねえ，/次は何？」と彼は私に尋ねた。//「今度は何が起こるの？」//

　私はどう言葉をかけたらいいか考えたが，思い浮かんだのは…だけだった//「わからない」という言葉。//

　ジョン伯父さんの死後から，//状況はきわめて困難になった。//父の兄弟であり，ビジネスパートナーである人が今や亡くなったのだから，//父は独りで農場の経営をしないといけなかった。//今や，私とジェフリーにかかっていた/農場経営の成功を維持できるように支えることは。//私たちは全員，苦しい日々がやってくることを恐れていた。//

　ジョン伯父さんの葬儀から間もなく，//ソクラテスという名の伯父さんがカスングの大きなタバコ農園での職を失った。//一家の住む家もそちらにあったので，//彼らは私たちの村に戻ることを余儀なくされることとなった。//ソクラテス伯父さんには7人の娘がいたのだが，//それは私の姉妹たちにとってはとても喜ばしいことだった。//私自身は，たくさんの女の子たちのことはちっとも気にならなかった。//しかし，伯父さんが引っ越しトラックから荷を下ろすのを私が手伝っていると，//何かが地面に向かって飛び出した。//

　私の足元には，よだれをたらした大型犬が立っていた。//

　「下がれ！」//とソクラテス伯父さんは大きな声で言い，//シッシッと言って犬を追い払った。//しかし犬はすぐに戻ってきて，//私のほうをまっすぐ見上げていた。//

　「そいつはうちの犬で，/カンバっていうんだ」と伯父さんは言った。//「ニワトリとヤギの番をさせるために連れてこようと思ったんだ。//それが，そいつが農園で一番うまくできたことだからな。」//

　カンバは，私がそれまでに見た中で最も不思議な生き物だった。//全身の毛が真っ白で，頭部と胴体には大きな黒ぶちがあり，//まるで絵の具の入ったバケツを持った誰かに追いかけられたかのようだった。//目は茶色で，鼻には鮮やかなピンクの斑点がちりばめられていた。//

　他のマラウイの犬の大半とは違って，//カンバはまた大きかった。//しかし，それと同じくらい痩せこけてもいた。//アフリカの他の地域のほとんどでは，//犬は家と農場を守るために利用されるものだ。//アメリカで人々がするように犬をペットとして購入する人はおらず，//ゴム製のおもちゃや高級な食べ物を気前よく与えることは決してない。//マラウイでは，//犬はネズミやテーブルの食べ残しを食べて暮らしていた。//私は生まれてこのかた，太った犬を見たことがなかった。//

As Khamba sat there watching me, // a thick strand of drool hung from his tongue. // And he smelled funny, // like moldy fruit. // As soon as Socrates walked inside, // he jumped on his hind legs / and planted both paws on my chest. //

"*Eh,* / get away!" // I shouted. // I didn't want people thinking I was friends with a dog. // "Go chase some chickens or something!" //

But Khamba didn't move a bit. // I swore he even smiled at me. //

Early the next morning, // I tripped over something on my way to the toilet. // It was Khamba, // lying square in my doorway, // ears raised and waiting. //

"I thought I told you to leave me alone," // I said, // then stopped. // I certainly didn't want people to see me *talking* to a dog. //

Walking back, / I met Socrates in the courtyard. // He pointed to the thing now attached to my shadow. //

"I see you found a friend," // he said. // "You know, // the good Lord blessed me with seven children, // but all of them are girls who don't take much interest in dogs. // I think Khamba is happy to have found a pal." //

"I'm no friend to a dog," // I said. //

Socrates laughed, // "Sure, / sure. // Tell that to *him.*" //

After that, // I gave up trying to get rid of Khamba. // In fact, // I started to enjoy his company. // And as much as I hated to admit it, // he and I became friends. // He slept outside my door each night, // and when it got cold, // he snuck inside the kitchen and curled up by the pots and pans. // And just like Socrates said, // he made a good watchdog over our chickens and goats, // protecting them from the hyenas and wild dogs that roamed the dark countryside. //

Even still, // Khamba liked to play games with baby animals. // He chased them around the compound, // causing the little goats to bleat / and the mama hens to flare their wings and hiss. // Whenever this happened, // my mother would lean out of the kitchen / and pitch one of her shoes at his head. //

"Stop that, you crazy dog!" // she'd scream, // and my sisters and I would laugh. // *Look who's talking to animals now!* //

カンバがそこに座って私のほうを見ていると，//彼の舌からどろっとしたよだれがどんどん垂れてきた。//そして彼からは変なにおいがした//カビの生えた果物のような。//ソクラテス伯父さんが屋内に入るやいなや，//カンバは後ろ足でジャンプして/両方の前足を私の胸に乗せた。//

　「おい，/あっち行けよ！」//と私は怒鳴った。//私は，犬と友達なのだと人から思われたくなかったのだ。//「ニワトリでも追っかけてろ！」//

　しかし，カンバはびくともしなかった。//間違いなく，彼は私に笑いかけてさえいた。//

　翌朝早く，/私はトイレに行く途中で何かにつまずいた。//それはカンバだった。//私の部屋の戸口で堂々と寝転んでおり，/耳を立てて待っていた。//

　「僕にかまうなって言ったと思うけど」//と私は言い，//そこで口をつぐんだ。//私は絶対に，犬に「話し」かけているところを人に見られたくなかったのだ。//

　歩いて引き返すと，/私は中庭でソクラテス伯父さんに会った。//伯父さんは，今や私の影にくっついてきている「物」を指さした。//

　「友達を見つけたみたいだな」//と伯父さんは言った。//「ほら，//偉大な神は俺に７人の子どもを恵んでくれたが，//その全員とも犬にそれほど興味のない女の子たちだろ。//カンバは相棒を見つけて嬉しいんだろうな」//

　「僕は犬の友達なんかじゃない」//と私は言った。//

　ソクラテス伯父さんは笑った。//「おう，/おう。//『彼』にそう言っておけよ」。//

　その後，//私はカンバを追い払おうとするのを諦めた。//実は，//私は彼と一緒にいるのが楽しくなっていった。//そして，認めたくはなかったが，//彼と私は友達になった。//彼は毎晩私の部屋のドアの外で眠り，//寒くなると，//キッチンの中にこっそり入って鍋やフライパンの近くで丸まって寝た。//そして，まさにソクラテス伯父さんが言った通り，//彼はうちのニワトリとヤギを守る優秀な番犬となり，//暗い田舎をうろつくハイエナや野犬からそれらを守った。//

　とはいえ，//カンバは動物の赤ちゃんをからかうのが好きだった。//彼は敷地のまわりで彼らを追いかけまわし，//そのせいで子ヤギがメーメーと鳴いたり，/母親のメンドリが翼を広げてシャーッと鳴いたりした。//こういったことが起こるたびに，//私の母はキッチンから身を乗り出し，/彼の頭に向かって自分の靴を片方投げたものだった。//

　「やめなさい，あほ犬！」//と母が叫ぶと，//姉妹たちと私は笑ったものだった。//ほら見ろ，今，動物に向かって話しかけてるのは誰だっていうんだ（母さんのほうじゃないか）！//